바울 서신 강의

바울 서신 강의

지은이 | 양진일
초판 발행 | 2025.5.28

등록번호 | 제 2022-000023호
펴낸이 | 이현걸
펴낸곳 | 미션앤컬처

주소 | 서울시 동작구 여의대방로 22길 121
전화 | 02-877-5613 / 010-3539-3613
팩스 | 02-877-5613
E-mail | missionlhg@naver.com

표지 디자인 | 이시우
내지 디자인 | 정영수
인쇄 | (주)한솔에이팩스

책 값은 뒤표지에 있습니다.
ISBN 979-11-988636-7-6

바울 서신 강의

봄은 그저 아름다운 시간입니다. 봄의 햇살도 공기도 봄을 닮아 참으로 따스합니다. 이렇게 아름다운 시간에는 모두가 친구가 될 수 있습니다. 낯선 이를 만나도 반가운 인사를 나누고픈 이 좋은 계절에 「바울 서신 강의」를 출간하게 된 것을 기쁘게 생각합니다.

신약 성경은 총 27권입니다. 그 가운데 21권이 서신서입니다. 서신서가 신약 전체의 사분의 삼을 차지할 만큼 신약 성경에는 많은 서신서가 있습니다. 그중에 삼분의 이 가까운 서신의 저자가 바울입니다. 무엇보다 오랜 기독교 역사에서 바울의 편지는 언제나 사랑받아 왔습니다. 기독교 신앙을 가진 분들이 믿어야 할 교리의 알짬과 실천의 핵심이 바울의 서신 안에 고스란히 담겨 있다고 믿어왔기 때문입니다. 그만큼 바울의 편지는 기독교 신앙인들에게 보물창고와도 같습니다.

어떤 분들은 현실 종교로서의 기독교가 믿음의 대상인 예수님보다 바울을 더 중요시하고 있다고 문제 제기를 하기도 합니다. 이러한 문제 제기는 바울에 대한 신앙인들의 사랑이 참 지극함으로 인해 발생한 것입니다. 심지어 어떤 분들은 바울이 예수님의 메시지를 왜곡하였다고 비판하기도 합니다. 헤브라이즘이 말하는 믿음을 헬레니즘의 믿음으로 전환시켜 너무나 값싼 구원을 남발하도록 만든 장본인이 바울이라고 주장하는 것입니다. 과연 그러할까요?

이 책은 로마서부터 빌레몬서까지 바울의 편지들 안에 담겨 있는 주요한 내용들을 다루고 있습니다. 인간 바울에 대한 이해와 함께 바울의 편지들을 제대로 이해할 수 있는 핵심적인 내용들을 다루고 있습니다. 이전의 책들과 마찬가지로 「바울 서신 강의」도 저의 강의를 그대로 풀어놓았기에 가독성이 좋습니다. 강의 현장에 함께하고 계신다는 마음으로 읽어주실 것을 부탁드립니다. 책을 읽어나가면서 바울이 꿈꾸었던 하나님 나라 백성의 삶, 그리스도의 몸된 교회를 건설하고자 하는 열망이 더욱 커져가기를 소망합니다.

이 책을 사랑하는 어머니에게 바칩니다. 집을 떠나 독립했던 20살의 그날부터 지금까지 매일 밤마다 어머니에게 문안 전화를 드리고 있습니다. 통화의 끝에는 항상 서로를 사랑한다는 고백으로 마칩니다. 저는 어머니를 통해 하나님과의 관계가 시작되었고 한국 교회에 속한 한 지체가 되었으며 목회자로서의 꿈을 꾸게 되었습니다. 어머니와의 만남을 허락해주신 하나님께 무한 감사의 고백을 올려드립니다. 올해 85세이신 어머니는 제가 출간한 책을 모두 꼼꼼히 읽으셨습니다. 인생의 마지막 시간들을 성경 읽기와 필사로 채워나가시는 어머니의 삶에 이 책이 조금이라도 기쁨을 안겨주는 선물이 되었으면 좋겠습니다.

언제나 그러하듯 많은 분들에게 은혜의 빚을 지고 살고 있습니다. 모든 분들에게 머리 숙여 감사를 표합니다. 길벗 모임을 통해 저의 성경 연구를 지속적으로 격려해주시고 응원해 주시는 분들, 허심탄회하게 속마음을 나눌 수 있는 친구들, 저의 성경 선생이신 김회권 교수님, 저를 초대해주셔서 말씀을 나눌 수 있도록 기회를 주신 목사님들, 정성스레 책을 만들어주고 계신 친구 이현걸 목사님, 멋진 신앙의 걸음을 내딛어가고 있는 공동체 식구들, 무엇보다 고단하고 힘겨운 인생의 여정을 홀로 걷지 아니하고 좋은 길벗을 만날 수 있도록 해주신 하나님께 감사를 올려드립니다.

2025년 5월 28일
양진일 목사

개론 및 로마서 1~5장

먼저 바울 서신에 대한 간략한 설명과 함께 바울 서신을 기록한 인간 바울에 대한 이야기로 시작하겠습니다. 신약 성경 27권 가운데 바울 서신은 13권입니다. 바울이 기록한 편지가 신약에서 많은 분량을 차지하고 있음을 알 수 있습니다. 바울 서신은 주후 50년에서 64년 사이에 기록되었다고 봅니다. 바울은 64년 네로 황제에 의해 순교를 당했다고 봅니다. 그렇다면 바울 서신은 아무리 늦어도 64년 이전에 기록되었다고 봅니다. 그래서 바울 서신의 기록 시점을 50년에서 64년 사이로 보는 것입니다. 바울 서신은 신약 중에 가장 먼저 저작되고 교회에 유포되고 회람된 문서입니다.

오늘날은 개인이 책을 소유하는 것이 그리 낯설지 않은 시대이지만 인쇄술이 발명되기 전까지는 개인이 책을 소유한다는 것은 아주 드문 일이었습니다. 부유한 사람이 아니라면 책을 소유한다는 것은 상상도 할 수 없었습니다. 고대 사회에서는 인구 100명당 5명 내지 10명 정도가 글을 읽거나 쓸 수 있었다고 봅니다. 그만큼 문맹률이 높았습니다. 책을 소유하는 것도 쉽지 않은 시대였지만 책을 가지고 있다고 하더라도 그 책을 읽어낼 수 있는 사람이 많지 않았습니다. 고대 사회에서 글을 읽거나 쓸 수 있다면 그는 지식인이나 부유층으로 인식이 되었습니다. 사도행전을 보면 바울을 잡아 가두고 있던 총독들은 바울에게 돈을 받을 것을 기대합니다. 왜 바울에게 돈을 받을 것을 기대합니까? 바울이 감옥 안에서도 편지를 쓰고 있습니다. 그 당시 종이 가격이나 잉크 가격이 만만치 않았습니다. 그리고 편지를 작성한 후에는 사람을 보내어 편지를 전달해야 하는데 그 경비도 만만치 않았습니다. 따라서 바울이 감옥에서 편지를 써서 사람을 통해 보내는 것을 보게 되면 사람들은 어떤 생각을 하겠습니까? 바울이라는 사람은 돈이 많은 사람이라고 생각하게 된 것입니다. 그래서 총독들은 돈을 받을 것을 기대하며 바울을 계속 잡아둡니다. 바울을 잡아둠으로써 자유로운 수감생활이나 석방을 빌미로 돈을 받을 것을 기대한 것입니다.

고대 사회에서 글을 쓴다는 것이 현대 사회와는 아주 다르다는 것을 기억하셔야 합니다. 바울이 고린도 교회에 많은 분량의 편지를 써서 보냈습니다. 이때 바울은 엄청난 경제적인 비용을 지불해야 했습니다. 그런데 다른 교회에서 고린도 교회와 비슷한 문제가 벌어지게 되었을 때 바울은 어떻게 했을까요? 다시 그만큼의 정성을 기울여 편지를 쓰는 것은 결코 쉬운 일이 아니었습니다. 이때는 고린도 교회에 보낸 편지를 회람하게 합니다. 예를 들면 고린도 교회에는 당파 문제가 있었습니다. 그래서 바울은 편지에서 당파 문제에 대한 언급을 했습니다. 그런데 어떤 교회에서도 당파 문제가 발생하게 되면 바울이 당파 문제와 관련하여 동일한 내용을 다시 작성하는 것이 아니라 바울이 고린도 교회에 보냈던 편지를 회람하도록 해서 읽게 하였습니다. 오늘날에는 과학 문명이 발달하여 컴퓨터로 글을 작성한 후에 저장할 수가 있습니다. 그렇게 되면 동일한 상황에 처해 있는 사람들에게 그 글을 저장해서 메일로 발송할 수가 있습니다. 그런데 옛날에는 그런 것이 불가능했습니다. 그래서 서로 돌려 보면서 회람을 하게 했습니다. 골로새서 4장 16절을 보겠습니다. 바울이 골로새 교회에게 보내는 편지를 마무리하면서 이런 글을 씁니다.

이 편지를 너희에게서 읽은 후에 라오디게아인의 교회에서도 읽게 하고 또 라오디게아로부터 오는 편지를 너희도 읽으라.

여기서 골로새 교회와 라오디게아 교회가 편지를 서로 회람했다는 것을 알 수가 있습니다. 바울이 쓴 편지는 신약 중에서 가장 먼저 기술되어졌고 다양한 교회가 그 편지를 함께 회람했다고 정리하시면 되겠습니다. 바울의 편지는 그리스도 예수의 복음을 선포하고 또 복음에 합당한 삶을 가르치고 있습니다. 바울의 편지는 전반부와 후반부로 나눌 수가 있습니다. 전반부에서는 주로 그리스도 예수의 복음의 내용, 하나님 나라의 복음의 내용, 우리가 믿어야 할 신앙의 내용 등에 대해 강조하고 있습니다. 그리고 후반부에서는 하나님의 백성으로서 우리가 어떻게 살아야 할 것인가, 그리스도의 복음을 믿는 자로서 어떻게 살아야 될 것인가 라는 내용에 집중합니다. 즉 후반부에서는 하나님 나라 백성으로서의 삶에 대한 이야기가 주로 나옵니다. 이런 구성을 통해 우리는 바울의 주된 관심사를 볼 수 있습니다. 바울은 우리가 믿어야 할 복음의 내용을 자세하게 설명한 후에 그 복음에 합당한 삶을 살아갈 것을 강조하고 있습니다.

한국 교회는 바울을 너무 좋아합니다. 그런데 안타까운 것은 바울이 강조했던 신앙의 균형에 대해 제대로 배우거나 실천하지 못하고 있다는 것입니다. 바울은 우리가 믿어야 할 복음의 내용도 강조했고 그 복음에 합당한 삶을 살아갈 것도 강조했습니다. 그런데 한국 교회는 전자만 강조하는 경향이 있습니다. 즉 우리가 무엇을 믿어야 하는가 라는 복음의 내용은 강조하지만 그 복음에 합당한 삶이 무엇인가에 대해서는 제대로 교육하지 않습니다. 삶의 실천과 관련해서는 개인에게 떠넘기는 경우들이 많습니다. 그리고 신앙인다운 삶을 살아내지 못하는 경우에도 말씀에 근거한 징계보다는 그리스도의 사랑으로 품는 것만을 강조합니다. 그래서 오늘날 교회 안에 정말 이상한 사람들이 많이 모여 있습니다. 교회는 수십 년 다니지만 여전히 세속의 가치와 문화에 함몰되어 살아가는 신앙인들이 얼마나 많은지 모릅니다.

우리가 기억해야 할 것은 살아내는 삶이 곧 그의 신앙이라는 것입니다. 우리가 하나님의 백성이라는 것은 무엇을 통해서 입증되는 것입니까? 하나님 나라 백성의 삶을 살아냄을 통해서 입증되는 것입니다. 그런데 입으로는 하나님의 백성이라고 말하면서 바알에게 순종하는 삶을 살아내고 있다면 그는 엄밀한 의미에서는 바알의 백성인 것입니다. 하나님만을 믿겠다고 고백과 다짐과 결단을 하는 것이 중요한 것이 아니라 그 고백과 다짐과 결단에 걸맞은 삶을 살아내는 것이 중요합니다. 다짐과 결단은 하면서도 그것을 지켜내지 않는다면 그것은 거짓말을 한 것이 되는 것입니다. 그런데 너무나 많은 경우에 한국 교회는 믿음을 인지적인 동의로만 이해하며 거기에 머물고자 합니다. 고백과 실천의 하나 됨의 맥락에서 믿음을 이해하는 것이 아니라 인지적 동의, 고백적 언어의 차원에서 믿음을 이해하고 수용하고 있습니다. 그래서 믿는다고는 하는데 살아내지는 않습니다. 하나님이 자기 인생의 주인이라고 입으로는 말하지만 그 마음의 중심에는 하나님께 순종할 마음이 없습니다. 이것은 사실 진짜 믿는 믿음이 아닙니다. 그래서 바울이 강조하는 균형에 주목하는 것이 필요합니다. 바울은 서신을 통해서 전반부에서는 우리가 믿어야 할 복음의 내용을 소개하고, 후반부에서는 복음에 합당한 삶에 대해 기술합니다. 즉 고백과 삶의 일치를 강조한 것입니다.

바울의 편지는 공동체의 요청과 필요에 의해서 기록된 상황 서신입니다. 바울 서신의 가장 중요한 특징을 하나 꼽으라면 상황 서신이라는 것입니다. 상황 서신이라는 말은 무슨 뜻일까요? 바울이 편지를 통해서 그러한 내용을 쓸 수밖에 없었던 상황이 먼저 있었다는 것입니다. 예를 들면 고린도전서에는 당파 문제에 대한 언급이 나옵니다. 왜 바울이 고린도 교인들에게 편지를 보내면서 당파 문제에 대해 언급했을까요? 당시 고린도 교회 안에 당파 문제로 인한 갈등이 심각했기 때문입니다. 고린도 교회 안에 당파 문제가 발생하지 않았다면 바울은 서신을 통해 당파 문제에 대해서 언급해야 할 필요가 없었을 것입니다. 이처럼 바울의 모든 편지는 그러한 내용을 쓸 수밖에 없는 상황이 먼저 있었음을 기억하셔야 합니다.

바울의 편지는 상황 서신이기 때문에 수신자에게 제대로 전달되는 것이 아주 중요합니다. 예를 들면 고린도 교회 안에 당파 문제가 있었기 때문에 바울은 고린도 교회에 보내는 편지에서 당파 문제에 대한 언급을 한 것입니다. 그런데 고린도 교회를 위해 쓴 이 편지가 갈라디아 교회로 가게 된다면 어떻게 되겠습니까? 갈라디아 교인들은 그 편지를 받고 나서 아주 황당할 것입니다. 왜 바울이 이런 내용의 편지를 썼는지에 대해서 고민할 것입니다. 오늘날 우리는 바울이 고린도 교회에 보낸 편지도 읽고 갈라디아 교회에 보낸 편지도 읽고 에베소 교회에 보낸 편지도 읽습니다. 그러나 최초의 상황에서는 일차 수신자에게 그 편지가 제대로 전달되어야만 합니다. 고린도 교회에 보낸 편지는 고린도 교회에 전달되어야 합니다. 갈라디아 교회에 보낸 편지는 갈라디아 교회에 전달이 되어 그 교회 신자들이 먼저 읽어야 하는 것입니다. 왜 그렇습니까? 편지의 내용 자체가 그 교회에 해당되는 이야기이기 때문입니다. 바울의 모든 편지는 상황 서신이라는 것이 아주 중요합니다.

지금까지 언급한 내용을 다시 한 번 정리해 보겠습니다. 바울 서신은 크게 두 부분으로 구성되어 있습니다. 하나는 예수의 십자가와 부활이 어떤 점에서 믿는 자에게 구원 사건이 되는가를 논증하는 부분이 있습니다. 이것을 구원론을 비롯한 기독교 신앙의 내용이라고 이해하시면 됩니다. 바울의 편지 앞부분은 예수의 십자가와 부활이 어떻게 우리에게 구원 사건이 되는가 하는 것을 설명해 주고 있습니다. 그리고 후반부는 예수를 주라고 고백하는 교회 공동체에 속한 신자들에게 어떻게 예수의 구원을 지상의 남은 삶에서 살아낼 것인가에 대한 내용입니다. 즉 신앙 윤리에 대한 언급이라고 보시면 됩니다. 바울은 우리가 무엇을 믿어야 할 것인가에 대해서만 강조하지 않고 우리가 어떻게 살아야 할 것인가에 대해서도 균형 있게 강조한 사도임을 기억하시면 좋겠습니다.

또 하나 기억하셔야 할 내용은 바울의 모든 편지는 상황 서신이라는 것입니다. 로마서 14장과 15장에는 먹는 문제와 관련된 갈등 이야기가 나옵니다. 왜 바울이 로마서 14장과 15장에서 먹는 것과 관련된 갈등에 대해서 이야기를 하고 있을까요? 로마 교회 안에 '음식 정결법'을 지킬 것인가 말 것인가에 대해서 믿음이 강한 자와 약한 자 사이에 충돌이 있었기 때문입니다. 그러한 상황이 먼저 있었기 때문에 바울이 로마서 14장과 15장에서 그 문제에 대해서 조언하고 있는 것입니다. 바울의 모든 편지는 책상 위에 앉아서 무엇을 쓸까 고민하며 쓴 것이 아닙니다. 그런 내용을 수신자들에게 쓸 수밖에 없었던 상황이 먼저 있었습니다. 그래서 바울의 편지를 상황 서신이라고 합니다.

다음으로 인간 바울에 대해 살펴보도록 하겠습니다. 바울에 대해서는 우리가 할 이야기가 많이 있지만 간략하게 설명하도록 하겠습니다. 바울은 디아스포라 유대인입니다. 한국 교인들이 생각하는 것처럼 사울이 바울된 것이 아닙니다. 태어났을 때부터 사울이라고 하는 유대식 이름과 바울이라고 하는 그리스 로마식 이름을 가지고 있었습니다. 바울은 디아스포라 유대인이기 때문에 태어났을 때부터 두 개의 이름을 가지고 있었습니다. 어떤 학자들은 바울에게 제3의 이름이 있었다고 주장하기도 합니다. 유대식 이름이 제1의 이름이고 그리스 로마식 이름이 제2의 이름이라고 할 때 제3의 이름은 무엇일까요? 원래 바울 집안은 로마 시민권이 없었습니다. 그런데 어느 순간부터 바울 집안이 로마 시민권을 갖게 되었습니다. 이렇게 이방 사람이 로마 시민권을 갖게 될 때는 로마의 유력자가 보증을 서줘야 합니다. 이때 보증을 서 준 사람의 이름이 제3의 이름이라고 봅니다. 우리는 바울 집안에 보증을 서 준 사람의 이름을 알지는 못하지만 확실한 것은 바울 집안이 처음부터 로마 시민은 아니라는 것입니다. 그는 디아스포라 유대인이고 로마 입장에서 보면 이방인입니다. 그런데 이방인이었던 바울 집안이 어느 순간부터 로마 시민이 된 것입니다. 이때 기존의 로마 시민 가운데 유력자가 로마 시민권을 갖게 되는 그 사람에게 보증을 서줘야 합니다. 보증을 서 준 그 사람의 이름이 제3의 이름이 되는 것입니다. 이렇게 보면 바울에게는 세 개의 이름이 있었다고 보아야 합니다. 첫 번째 이름은 유대식 이름이고, 두 번째 이름은 그리스 로마식 이름이고, 세 번째 이름은 무엇인지 알 수는 없지만 바울의 집안을 보증 서 주었던 로마 유력자의 이름일 것입니다. 중요한 것은 사울이 바울 된 것이 아니라는 것입니다. 바울은 태어났을 때부터 사울임과 동시에 바울이었습니다.

바울의 고향은 길리기아 다소입니다. 다소라는 지방은 현재 튀르기예 안에 있는 도시입니다. 바울 당시 다소 시민들은 대단한 자부심을 가지고 있었습니다. 어떤 자부심이었을까요? 당시 로마 제국에 3대 학문 도시가 있었는데, 첫 번째 도시가 그리스 철학의 발상지인 아테네이고, 두 번째가 엄청난 규모의 도서관을 가지고 있었던 이집트의 알렉산드리아이고, 세 번째가 다소였습니다. 아테네, 알렉산

드리아, 다소가 로마 제국의 3대 학문 도시였습니다. 그래서 누군가를 만났는데 그 사람이 다소 시민임을 알게 된다면 사람들은 그 사람이 지적으로 탁월한 사람이라는 인식이 있었습니다. 오늘날로 말하면 다소 사람들은 나름 지식인 대접을 받은 것입니다. 사도행전에서 바울이 자기 고향을 말할 기회가 있을 때마다 다소 시민임을 강조했습니다. 당시 다소 시민이 되기 위해서는 일정 정도의 재력이 필요했습니다. 다시 말해 지적인 능력과 함께 경제적 능력을 겸비한 사람이 다소 시민이었던 것입니다. 거기에 바울은 출생의 순간부터 로마 시민권을 가지고 있었습니다.

바울은 디아스포라 유대인이었습니다. 혈통은 유대인이지만 가나안 땅 바깥에 살고 있던 사람을 디아스포라 유대인이라고 부릅니다. 오늘날로 말하면 유대 교포입니다. 당시 유대인들의 인구 분포를 보면 가나안 본토에 살고 있는 유대인들보다 디아스포라 유대인들이 훨씬 많았습니다. 학자들은 1세기 가나안 본토에 살았던 유대인들의 숫자를 50만 명으로 보고 디아스포라 유대인들의 숫자를 400만 명으로 봅니다. 왜 이렇게 디아스포라 유대인들이 많았을까요? 가장 중요한 이유는 이스라엘이 5대 제국의 식민 지배를 받게 되면서 이방 지역에 포로로 끌려간 사람들이 많았기 때문입니다. 앗수르, 바벨론, 페르시아, 헬라, 로마의 식민 지배를 받으면서 많은 유대인들이 포로로 이방 지역에 끌려가게 되었습니다. 이들의 후손들 가운데 상당수가 가나안 땅으로 귀환하지 않고 이방 땅에서 삶을 영위했습니다. 또한 환난의 때에 살아남기 위하여 이방 땅으로 피신한 사람들, 사업차 이방 땅으로 이주한 사람들로 디아스포라 유대인들이 많았습니다.

바울은 다중 언어 사용자였습니다. 고린도후서 10장 10절을 보면 당시 고린도 교인들이 바울에 대해 평가하는 내용이 나옵니다. 고린도 교인들은 바울에 대해 이런 평가를 합니다.

그들의 말이 그의 편지들은 무게가 있고 힘이 있으나 그가 몸으로 대할 때는 약하고 그 말도 시원하지 않다 하니.

바울의 편지는 힘이 있다는 것입니다. 편지에 힘이 있다는 말은 글을 잘 쓴다는 표현입니다. 그런데 말은 시원치 않다고 합니다. 이것 때문에 많은 분들이 바울이 말을 잘 못했나 그렇게 생각합니다. 글은 잘 썼지만 말은 좀 못했구나 생각하는데 꼭 그렇지 않습니다. 사도행전 14장을 보면 루스드라라는 곳에서 바나바와 바울이 복음을 전할 때 장애인을 치유하는 장면이 나옵니다. 그 사건을 경험하고 나서 루스드라 사람들이 하는 말이 사도행전 14장 12절에 나옵니다.

바나바는 제우스라 하고 바울은 그 중에 말하는 자이므로 헤르메스라 하더라.

여기 나오는 헤르메스는 그리스 신화에 따르면 제우스의 아들이기도 하고 제우스의 비서실장이기도 합니다. 헤르메스가 주로 하는 역할이 무엇입니까? 신들의 언어를 인간에게 전달해 주는 역할입니다. 즉 헤르메스는 말하는 자입니다. 루스드라 사람들은 바울을 헤르메스라고 말하고 있습니다. 바울을 말하는 자라고 규정하고 있는 것입니다. 그렇다면 '바울이 말이 시원치 않았다'라고 하는 것이 꼭 말을 잘 하지 못한 것으로 해석할 수는 없는 것입니다. 사도행전 14장 12절에 바나바가 제우스이고 바울이 헤르메스입니다. 이 말을 통해서 우리는 바울이 바나바의 보조 역할을 하고 있음을 알 수 있습니다. 우리는 보통 바울의 전도 여행을 생각할 때 1차, 2차, 3차 모두 바울이 주도적인 역할을 했다고 생각하기 쉽습니다. 그러나 그렇지 않습니다. 바울이 주도적인 역할을 한 것은 2차 전도 여행 때부터입니다. 1차 때는 바울이 누구와 함께 동역했습니까? 바나바입니다. 바나바가 어떤 사람입니까? 바울이 유대교로부터 배신자로 낙인찍히고 초대 교회에서도 환영받지 못했을 때 바울을 초대 교회와 연결시켜 주었던 인물이 바로 바나바입니다. 바나바가 바울을 안디옥 교회로 데려왔습니다. 즉 바울은 바나바를 통해서 기독교 신앙을 배운 것입니다. 바나바가 바울을 픽업한 것입니다. 바울을 교회라는 무대에 등장시킨 인물이 바나바입니다. 1차 전도 여행에서도 바나바가 바울을 동역자로 데리고 간 것입니다. 오늘날 바울을 위대한 인물로 생각하기 때문에 항상 바울이 주도적인 인물이었을 것이라고 생각합니다. 그래서 1차 전도 여행에서도 바울이 주도를 하고 바나바가 협조자인 것처럼 생각하기 쉬운데 그렇지 않습니다. 바나바가 주도를 하고 바울이 보조자인 것입니다. 루스드라 사람들도 바나바는 제우스로 바울은 헤르메스로 이해했습니다. 바울은 말하는 자였던 것입니다.

그렇다면 도대체 무엇이 진실에 가까운 진술일까요? 고린도 교인들은 바울의 말이 시원치 않다고 말하고 루스드라에서는 바울이 또 말하는 자로 등장합니다. 이것은 이렇게 정리할 수 있습니다. 바울은 말을 못하는 사람은 아니지만 한 언어만을 사용한 사람은 아닙니다.

바울은 다중 언어 사용자입니다. 바울은 길리기아 다소에서 태어났습니다. 다소라는 지역은 헬라어를 사용하는 곳입니다. 자연스럽게 바울은 어린 시절부터 헬라어를 사용했을 것입니다. 바울은 출생과 함께 로마 시민권을 가지고 있었습니다. 로마 시민으로서 기본적인 라틴어를 배웠을 가능성이 높습니다. 그리고 10대 초반에 예루살렘으로 유학을 와서 가말리엘 문화에서 정통 율법 교육을 배웠습니다. 성경을 읽기 위하여 히브리어를 배웠을 것입니다. 또한 당시 이스라엘 사람들은 일상 언어로 아람어를 사용하였기 때문에 바울도 아람어를 구사하였을 것입니다. 바울은 최소 4개 언어를 구사할 수 있었을 것입니다. 즉 다중 언어 사용자인 것입니다. 왜 많고 많은 사람들 가운데 바울이 이방인의 사도로 하나님의 부름을 받게 되었을까요? 바울이 이방인의 사도가 될 수 있었던 가장 중요한 이유는 그의 탁월한 언어 능력 때문입니다. 바울은 고대 근동에서 그 누구를 만나도 의사소통에 문제가 없는 사람입니다. 바울은 최소 4개 언어를 구사할 수 있는 사람이었습니다. 그러다보니 하나의 언어만을 구사하는 사람에 비해서 언어 사용에 있어서 조금은 불완전해 보일 수 있었을 것입니다. 그렇다고 해서 바울이 말을 못하는 사람은 아님을 기억하셔야 합니다.

구약에 등장하는 인물 중에 바울과 비슷한 사람이 있는데 바로 모세입니다. 출애굽기를 보면 하나님께서 모세를 출애굽 지도자로 부르실 때 모세는 계속해서 그 부르심을 사양합니다. 모세가 사양한 이유 가운데 하나가 출애굽기 4장 10절에 나옵니다.

모세가 여호와께 아뢰되 오 주여 나는 본래 말을 잘 하지 못하는 자니이다 주께서 주의 종에게 명령하신 후에도 역시 그러하니 나는 입이 뻣뻣하고 혀가 둔한 자니이다.

하나님께서 모세를 출애굽 지도자로 부르실 때 모세가 그 소명을 사양하는 가장 중요한 이유가 자기는 말을 잘 못한다는 것입니다. 그래서 하나님께서는 말을 잘 하는 사람을 모세의 동역자로 세워주십니다. 그가 바로 모세의 형인 아론입니다. 그렇다면 여기에 언급된 말을 잘 하지 못한다는 것은 어떤 의미일까요? 출애굽 이후에 모세는 시내 산에서 하나님으로부터 율법을 받아 이스라엘 백성들에게 전달해 주는 역할을 합니다. 중요한 순간마다 이스라엘 백성들에게 하나님의 말씀을 전했던 존재가 모세입니다. 모세 스스로는 자기가 말을 잘 하지 못한다고 했는데 하나님께서는 모세로 하여금 하나님의 말씀을 대언하는 역할을 맡게 하십니다. 모세도 다중 언어 사용자입니다. 모세가 왜 다중 언어 사용자입니까? 모세는 태어나서 젖을 떼기 전까지는 어머니 품에서 양육을 받았습니다. 친모가 이집트 공주에 의해 유모로 고용이 된 것입니다. 그리고 40세까지는 이집트 궁전에서 생활하게 됩니다. 이집트 궁전에 있을 때 모세는 이집트 왕자로서 이집트어와 함께 다양한 언어를 배웠을 것입니다. 그러다가 40세에 이집트 군인을 죽인 이후에 미디안으로 도피하게 됩니다. 미디안으로 도피한 이후 그곳에서 40년을 생활하면서 자연스럽게 미디안 언어를 사용했을 것입니다. 40년 동안 미디안에서 생활했던 모세에게 하나님께서 이집트로 돌아가서 바로를 만나라고 하니까 모세는 의사소통과 관련하여 주저했던 것입니다. 마치 미국 생활을 40년

한 사람한테 다시 한국에 와서 생활하라는 것과 비슷합니다. 이때 모세가 한 말이 자기는 말을 잘 못하는 사람이라는 것입니다. 정리하면 바울이나 모세 같은 사람이 정말 말을 잘 못한 사람이었을까 할 때 그럴 수도 있고 그렇지 않을 수도 있습니다. 중요한 것은 바울과 모세 두 사람의 공통점이 다중 언어 사용자라는 것입니다.

가말리엘 문하에서 율법 교육을 통해 바울은 예수가 하나님께 저주받아 죽은 자임을 확신했습니다. 당시 유대교 종교 권력자들은 신명기 21장 23절의 말씀으로 예수를 죽였습니다. 신명기 21장 23절에 어떤 말씀이 있습니까? '나무에 매달려 죽은 자마다 하나님께 저주받아 죽었다'는 말씀이 기록되어 있습니다. 율법을 철저하게 알고 있었던 바울은 예수가 나무에 매달려 죽었다는 사실만으로도 하나님께 저주받아 죽은 자임을 확신했을 것입니다. 예수는 하나님께 저주받아 죽었는데 여전히 그 예수를 추종하고 메시아로 따르는 사람들을 보면서 바울의 마음이 얼마나 괴롭고 힘들었겠습니까? 그래서 바울은 그들을 사로잡아 유대교로 다시 되돌리고자 한 것입니다.

바울은 다메섹에서 놀라운 회심 사건을 경험하게 됩니다. 다메섹 회심 사건을 터닝 포인트로 바울의 인생은 전반부와 후반부로 나눌 수 있습니다. 바울의 인생을 관통하는 두 단어를 꼽으라면 열심과 헌신입니다. 바울은 언제나 열심과 헌신의 사람이었습니다. 그러나 바울의 인생 전반부는 분별없는 열심의 시간이었습니다. 자기 나름대로 하나님을 위해서 한 몸을 바치고 있다고 생각했지만 그의 열심과 헌신은 하나님이 원하시는 바와 전혀 반대되는 행동의 연속이었습니다. 다메섹 회심 사건을 계기로 바울의 인생 후반부는 분별 있는 열심의 시간이 되었습니다. 하나님에 대하여 우리가 열심과 헌신을 다하는 것도 중요하지만 그보다 먼저 분별력을 갖추는 것이 더욱 중요합니다. 진정 하나님이 원하시는 것이 무엇인지에 대한 분별력을 갖추고 그 분별력에 기반 해서 하나님이 원하시는 바에 온 존재를 다해야 할 것입니다.

바울이 회심한 다음에 유대교에서는 바울을 배신자로 낙인을 찍어 복수하려고 했습니다. 사도행전 23장 12~14절에 보면 바울을 죽이기 전에는 먹지도 마시지도 않겠다는 40명의 맹세한 자들이 나옵니다. 이 사람들이 이후에 어떻게 되었는지 너무 궁금합니다. 이 사람들은 결연한 마음으로 바울을 죽이기 전에는 마시지도 않고 먹지도 않겠다고 다짐했습니다. 그런데 이 사람들은 바울을 죽이지 못했습니다. 아마 자신들의 맹세대로면 모두 굶어 죽지 않았을까 추측할 수 있습니다. 여기 나오는 40명의 사람들의 맹세는 바울에 대한 유대교의 분노를 상징적으로 보여주는 장면입니다. 저들이 볼 때 바울은 배신자였던 것입니다. 바울의 회심 사건 이후에 바울의 개인의 삶, 즉 바울과 연관된 무수한 관계망 안에서 많은 변화가 있었을 것입니다. 일단의 학자들은 고린도전서 7장 15절에 근거하여 바울이 다메섹 회심 사건 이후에 처가로부터 강제 이혼을 당했을 거라고 봅니다. 당시 유대 랍비들에게 결혼은 의무 조항이었습니다. 오늘날 우리가 살고 있는 21세기 대한민국 사회에는 미혼들도 많고 비혼주의자들도 많습니다. 결혼하지 않고 독신의 삶을 선택한 분들이 많이 계십니다. 그러나 불과 100년 전만 해도 조선 사회에서 결혼하지 않고 평생을 산다는 것은 상상하기 어려운 일이었습니다. 우리나라 역사를 보면 고구려에서 수령들이 가장 열심히 했던 일이 결혼하지 못한 사람들을 결혼시켜주는 일이었습니다. 어떤 사람이 어떤 마을에 수령으로 가게 되면 제일 먼저 하는 일이 그 마을에 있는 노총각 노처녀들의 목록을 살펴보는 것입니다. 결혼하지 못한 사람들을 결혼시키는 것이 고을 수령의 가장 중요한 의무 가운데 하나로 이해하였습니다. 결혼과 관련하여 오늘날과는 너무나 다른 인식과 태도를 취하고 있음을 볼 수 있습니다. 옛날에는 자녀가 부모에게 저지를 수 있는 최고의 불효를 결혼하지 않고 대를 잇지 않는 것으로 이해했습니다. 그러나 지금은 그렇지 않습니다. 오늘날은 자신의 선택과 의지에 따라서 '나는 결혼하지 않을 거야'라고 선언하면 얼마든지 비혼주의자가 될 수 있습니다. 그런데 불과 100년 전만 해도 이러한 모습은 상상할 수도 없는 일이었습니다.

이스라엘도 마찬가지입니다. 자녀가 결혼하지 않고 대를 잇지 않는다는 것은 상상도 할 수 없는 일이었습니다. 더군다나 랍비는 무엇을 하는 사람입니까? 말씀을 가르치는 사람입니다. 말씀을 연구하고 가르치는 사람이 랍비입니다. 그런데 랍비가 말씀을 가르치면서 자기 스스로 말씀에 순종하지 않으면 그 랍비의 말에 누가 권위를 부여하겠습니까? 제가 질문을 드려 볼테니 솔직한 자기 생각을 표해주시기를 바랍니다. 여러분이 지금 고등학교 3학년 수험생이라고 가정해 보세요. 여기 두 분의 수학 선생님이 계십니다. 한 분은 수학을 엄청 잘 가르치는데 성격이 매우 괴팍합니다. 입만 열었다 하면 욕하고 인격도 아주 개차반입니다. 다른 한 분은 인격이 너무 좋으십니다. 그런데 수학을 잘 가르치지 못합니다. 여러분은 누구에게 수학을 배우시겠습니까? 대부분이 전자를 선택하셨습니다. 전자를 선택하신 분들은 '인격이 뭐 문제냐 수학만 잘 가르치면 되지'라고 생각하시면서 판단을 내리신 것입니다. 그렇다면 여기에 두 분의 목사님이 있다고 가정해 보세요. 목사에게 성경을 공부하고자 하는데 A목사님은 창세기부터 요한계시록까지 성경을 달달 외우는 분입니다. 그런데 삶이 아주 개차반입니다. 반대로 B목사님은 성경 내용에 대해서는 A목사님보다 탁월하게 알지 못합니다. 그런데 진짜 말씀대로 살아가기 위해서 애를 쓰시는 분이고 인격적으로 아주 탁월한 분입니다. 여러분은 누구에게 성경을 배우시겠습니까? 대부분 후자인 B목사님을 선택하셨네요. 그렇습니다. 성경을 가르치는 랍비에게 있어서 가장 중요한 권위는 무엇이겠습니까? 자기 스스로가 말씀에 순종하며 살아가고자 애쓰는 삶입니다. 아무리 말씀을 잘 가르친다 하더라도 자기 스스로 가르치는 대로 살지 못한다면 그 랍비가 권위를 얻기는 어려울 것입니다. 랍비가 좋은 랍비가 되기 위해서는 랍비 스스로가 말씀에 순종하는 삶의 모습을 보여주어야 합니다. 하나님의 말씀에 순종하는 자가 말씀을 가르칠 수 있는 권위를 획득하게 되는 것입니다.

이스라엘 백성들은 하나님께서 그의 백성에게 주신 율법의 총수를 613개로 이해했습니다. 248개의 무엇을 하라는 말씀과 365개의 무엇을 하지 말라는 말씀을 주셨다고 본 것입니다. 그 말씀 가운데 가장 최초로 주신 가장 중요한 말씀을 이스라엘 백성들은 무엇이라고 생각했을까요? 바로 창세기 1장 28절에 나오는 "생육하고 번성하라"는 말씀입니다. 랍비는 하나님의 말씀을 가르치는 사람인데 본인 스스로가 생육하고 번성하라는 말씀에 순종하지 않는다면 누가 그 랍비의 가르침을 수용할 수 있겠습니까? 결혼하지 않는 랍비는 가르치는 자로서의 존경을 받기 어려운 것입니다. 그래서 가말리엘 문하에서 정통 율법 교육을 받았던 바울도 당연히 10대 후반의 나이에 결혼했을 것이라고 봅니다. 바울의 집안은 로마 시민권을 가진 집안이고 바울도 개인적 이력이 엄친아였기 때문에 유대교 명문가 집안의 딸과 결혼했을 가능성이 높았을 것입니다.

그런데 유대교 안에서 승승장구하던 바울이 다메섹 사건을 경험하고 나서 회심했습니다. 유대교를 떠나 초대 교회로 온 것입니다. 이 때 처가에 의해서 강제 이혼을 당했을 것이라고 봅니다. 그 근거가 바로 고린도전서 7장 15절입니다. 바울은 고린도 교인들에게 신앙이 다른 배우자가 헤어질 것을 요청하면 헤어지라고 말합니다. 이 부분에 대해서는 고린도전서에서 보다 자세한 설명을 드리도록 하겠습니다. 핵심은 바울이 강제 이혼을 당했을 것이라고 보는 것입니다. 바울은 이렇게 말합니다. '내가 게바와 같이 아내를 데리고 다닐 권한이 없겠느냐'(고전 9:5). 내가 아내를 데리고 다닐 권한이 없겠느냐는 말은 아내가 있는 사람이 할 수 있는 말입니다. 그럼에도 많은 신앙인들이 바울이 독신일 것이라고 생각하는 이유가 있습니다. 바울이 '나처럼 홀로 지내는 것이 좋다'는 말을 했기 때문입니다. 그런데 홀로 지낸다고 하는 것이 꼭 독신을 말하는 것은 아니지 않습니까? 결혼을 했다고 하더라도 사별을 했거나 이혼을 한 경우에도 홀로 지내는 것이라고 할 수 있는 것입니다.

학자들은 바울이 바울 서신을 썼을 때 나이를 50세에서 60세 사이로 봅니다. 물론 바울의 정확한 나이를 알 수는 없습니다. 학자들이 예수님과 바울과 베드로의 나이를 이렇게 추정합니다. 예수님은 주전 4년경에 태어나셨고, 바울은 주후 1년, 베드로는 5년경에 태어났을 것으로 봅니다. 바울이 베드로보다 3~4세 정도 많다고 봅니다. 갈라디아서 2장에 보면 안디옥에서 바울이 베드로를 책망하는 이야기가 나옵니다. 이 본문을 보면서 많은 한국 교인들이 불편한 마음을 갖게 됩니다. 그 이유는 아무리 책망할 만한 일이 있다고 해도 나이 젊은 바울이 나이 많은 베드로를 공개적으로 책망하는 것은 아니지 않는가 하고 생각하는 것입니다. 이런 생각을 하는 이유는 한국 교인들 대다수가 베드로가 연장자라고 생각하기 때문입니다. 그러나 신학자들의 견해는 그렇지 않습니다. 대부분의 신학자들은 예수님이 30세일 때 바울은 25세, 베드로는 21세 정도로 봅니다. 바울이 베드로보다 나이가 많습니다. 바울 서신이 주후 50년에서 64년까지 기술된 것이라면 바울이 편지를 쓸 때 나이가 50세 이상일 것입니다. 그때 바울은 홀로 지냈습니다. 여기서 홀로 지냈다는 것을 독신으로만 이해해서는 안 됩니다. 그 나이에 홀로 지낸다고 할 때는 두 가지가 가능할 것입니다. 하나는 강제 이혼을 당했을 가능성이고, 다른 하나는 사별했을 가능성도 있습니다. 그런데 바울이 '나도 게바처럼 아내를 데리고 다닐 권한이 없겠느냐'라고 말한 것을 볼 때 바울도 아내가 있었을 가능성이 높다고 봐야 합니다.

오늘날로 보면 바울은 돌싱일 가능성이 아주 높습니다. 결혼은 했으나 강제 이혼을 당했을 가능성도 있고 아내와 사별했을 가능성도 있습니다. 바울이 사용한 '나처럼 홀로'라는 표현으로 인해 많은 분들이 바울을 독신으로 이해하는데 당시 기준으로 랍비가 독신인 것은 상상할 수 없는 이야기입니다. 당시 랍비 문헌에는 이런 내용이 있습니다. "특별한 이유 없이 20세에 이른 유대 남성이 결혼을 하지 않는다면 그것은 그의 평생의 날들을 죄 가운데에서 보내는 것이다." 이것이 무슨 말입니까? 여기서 '특별한 이유 없이'라는 것은 고자를 말하는 것입니다. 특별한 이유 없이, 즉 고자가 아님에도 불구하고 20세 이상의 유대 남성이 결혼하지 않았다면 평생 죄책감을 가지고 살아야 한다는 말입니다. 이것이 당시 사회의 실상입니다. 당시 사회적 맥락에서 바울의 삶을 조명해야지 오늘날 맥락에서 바울을 이해하시면 안 된다는 것을 기억하시면 좋겠습니다.

바울은 다메섹 회심 사건 이후에 유대교에서는 배신자로 낙인이 찍혔고 초대 교회에서도 오랜 세월 사도성을 의심받았습니다. 바울과 만남을 가진 교회 가운데 빌립보 교회와 데살로니가 교회만 바울을 후원했습니다. 후원했다는 말은 바울의 사도성을 인정해 주었다는 말입니다. 그 외의 교회들은 바울의 사도성을 인정하지 않았습니다. 그 이유 가운데 하나가 바울이 오랜 시간 예루살렘 교회와 갈등 관계에 있었기 때문입니다. 예루살렘 교회는 바울을 율법 폐기론자라고 공격했습니다. 그런데 바울은 율법 폐기를 주장한 적이 단 한 번도 없습니다. 바울은 율법 안에서의 제의법을 이방 기독교인에게 문자 그대로 강요하는 것을 반대했습니다. 율법의 조항 중 도덕법은 여전히 유효하다고 보았습니다. 그런데 예루살렘 교회는 이방 기독교인들에게 제의법을 준수하지 않아도 된다고 하는 바울을 율법 폐기론자라고 비판한 것입니다. 바울의 율법에 대한 비판은 제의법에 대한 집착을 비판한 것임을 기억하셔야 합니다.

바울은 율법의 제의법보다 도덕법을 더욱 중요하게 생각했습니다. 그렇다고 해서 율법의 제의법을 무시하거나 거부하는 것은 아닙니다. 바울은 유대인이 제의법을 준수하는 것에 대해 그 어떠한 문제 제기도 하지 않았습니다. 다만 유대인의 제의법 신앙 문화를 이방 기독교인들에게 문자 그대로 강요하는 것에 대해 반대합니다. 바울의 대원칙은 유대인은 유대인의 문화 안에서 신앙을 꽃 피울 수 있고 이방인은 이방인의 문화 안에서 신앙을 꽃 피울 수 있다는 것입니다. 이 원칙에 근거하면 전 세계 모든 신앙인들이 유대인의 신앙 문화를 그대로 이식하거나 모방할 필요는 없는 것입니다. 바울은 신앙 문화의 획일화를 반대합니다. 그리고 중요한 것은 바울은 여전히 도덕법은 유효하다고 보았다는 것입니다. 이방의 신앙인들도 율법이 말하는 도덕법을 철저하게 준수해야 함을 강조하고 있습니다.

그렇다면 제의법과 도덕법에는 무슨 차이가 있을까요? 제의법은 개인적인 준수가 가능한 것입니다. 그러나 도덕법은 관계 안에서만 행할 수 있는 것입니다. 제의법은 삶의 변화가 없이도 얼마든지 준수가 가능합니다. 나쁜 일을 많이 하면서도 음식 정결법은 얼마든지 지킬 수 있습니다. 나쁜 일을 많이 하면서도 예배에는 신실하게 참석할 수 있습니다. 이처럼 삶의 변화가 없어도 제의법은 얼마든지 준수가 가능한 것입니다. 그러나 도덕법은 관계적 삶의 변화를 동반하게 되어 있습니다. 사람들을 만났을 때 정직하게 진실하게 살아가고자 발버둥 치다 보면 어느 순간 삶의 변화를 목격하게 됩니다. 도덕법을 준수하게 되면 존재가 변화될 수밖에 없는 것입니다.

예수님도 제의법에 집착하고 있던 유대인들을 책망하셨습니다. 그 대표적인 이야기가 누가복음 10장에 나오는 선한 사마리아인의 이야기입니다. 선한 사마리아인의 이야기는 우리들로 하여금 '착하게 살아라', '불쌍한 사람들을 도와줘라'와 같이 구제와 봉사를 강조하기 위해 하신 말씀이 아닙니다. 오늘날 선한 사마리아인의 이야기를 그런 맥락으로 해석을 많이 하는데 본문의 강조점은 그것이 아닙니다. 왜 그렇지 않다는 것을 우리가 알 수 있습니까? 예수님은 이야기를 전개하시면서 의도적으로 강도를 만나 거의 죽게 된 사람을 누가 돕지 않고 지나간다고 하십니까? 제사장과 레위인입니다. 만약 예수님이 이 이야기를 통해서 '불쌍한 사람들을 열심히 도와주어라'처럼 구제와 봉사를 강조하는 것이 목적이라면 굳이 제사장과 레위인을 첫 번째, 두 번째 지나가는 행인으로 설명하실 이유가 전혀 없습니다. 그러나 예수님은 의도적으로 강도 만나 거의 죽게 된 사람을 돕지 않는 자로 제사장과 레위인을 언급하십니다. 누가복음 10장 31절입니다.

마침 한 제사장이 그 길로 내려가다가 그를 보고 피하여 지나가고.

32절을 보겠습니다.

또 이와 같이 한 레위인도 그 곳에 이르러 그를 보고 피하여 지나가되.

예수님은 의도적으로 강도 만나 거의 죽게 된 사람을 돕지 않는 사람으로 제사장과 레위인을 언급하고 있습니다. 특별히 31절과 32절에 보면 제사장과 레위인이 공통적으로 하고 있는 행동이 있습니다. 그것이 무엇입니까? 피하여 지나간다는 것입니다. 그냥 지나가는 것이 아니고 피하여 지나갔습니다. 제사장과 레위인이 왜 피하여 지나갔습니까? 정결법 때문에 그런 것입니다. 정결법에 근거할 때 정결한 자와 부정한 자가 접촉하게 되면 어떤 일이 벌어집니까? 부정한 자에 의해서 정결한 자가 오염됩니다. 따라서 정결한 자가 자신의 정결을 지키기 위해서는 부정한 자와 그 어떤 접촉도 해서는 안 됩니다. 제사장과 레위인은 자신의 정결함을 지켜내기 위해 강도 만난 자를 피하여 지나간 것입니다.

레위기가 말하는 정결법의 공식이 있습니다. 정결과 부정이 접촉하게 되면 부정해지는 것입니다. 생명과 죽음이 접촉하게 되면 죽음의 기운이 생명을 압도한다고 봅니다. 따라서 정결한 사람은 자신의 정결을 지켜내기 위해서 부정한 모든 것들과 관계를 끊어야 합니다. 단절하고 분리해야 합니다. 그렇다면 무엇이 부정합니까? 본래의 모습으로부터 왜곡된 것, 있어야 할 곳에 있지 아니하는 것이 부정한 것입니다. 피는 어디에 있어야 합니까? 몸 안에 있어야 합니다. 몸 안에 있어야 할 피가 몸 밖에 나오게 되면 이는 부정한 것입니다. 강도만나 거의 죽게 된 사람은 구타로 인해 피를 많이 흘렸을 것입니다. 심지어 죽었다고 생각했을지도 모릅니다. 제사장과 레위인은 정결법을 지키기 위해서 이를 피하여 지나간 것입니다. 여기서 상상력을 조금 동원하여 이런 일이 있었다고 생각해 보십시오. 제사장과 레위인은 강도 만나 거의 죽게 된 사람을 돕지 않았습니다. 피하여 지나갔습니다. 그리고 자기 동료 제사장이나 동료 레위인을 만나서 이렇게 이야기를 합니다. '내가 오늘 이곳으로 오다가 강도 만나 거의 죽게 된 사람을 봤는데 그를 피하여 지나왔어.' 이런 이야기를 듣고 동료 제사장이나 동료 레위인은 '이 나쁜 사람아, 그 사람을 도왔어야지'라고 책망을 할까요 아니면 잘했다고 박수를 보낼까요? 아마도 박수를 보냈을 것입니다. 왜 그렇습니까? 정결법을 준수하였기 때문입니다. 이처럼 정결법에 대한 집착으로 인해 보다 더 중요한 것을 망각하고 있는 당시 유대교에 대한 비판을 예수님은 선한 사마리아인의 이야기를 통해 하고 계신 것입니다.

하나님께서 이스라엘 백성들에게 율법을 주신 목적이 무엇입니까? 율법이 기대하는 모습은 크게 두 가지로 압축할 수 있습니다. 즉 하나님 사랑과 이웃 사랑입니다. 이웃 사랑의 핵심 중 하나가 죽어가는 생명을 살리는 것입니다. 연약한 존재들을 돕는 것입니다. 그러한 삶을 살아가라고 하나님께서 율법을 주신 것입니다. 그런데 지금 이스라엘 공동체에서 어떤 일이 벌어지고 있습니까? 하나님께서는 죽어가는 생명을 살리라고 율법을 주셨는데 이스라엘은 제의법에 대한 집착으로 인해 죽어가는 생명을 방치하고 있습니다. 이것이 당시에 유대교의 현실입니다. 이것을 폭로하고 비판하는 것이 예수님의 의도인 것입니다. 당시 유대교가 생명 살림이라는 율법의 본질은 망각한 채 제의법에 대해서 과도하게 집착했다는 것을 꼭 기억하셔야 합니다.

바울은 회심 사건 이후 17년 만에 예루살렘 교회로부터 사도로 공식 인정을 받게 됩니다. 바울은 사도로 인정을 받지 못한 그 시기에도 신실하게 복음 전도자로서의 삶을 살았습니다. 바울이 이방 지역을 순회하면서 어떻게 전도했는가에 대해 잘 보여주는 것이 사도행전 17장 1~5절입니다. 특히 3절이 중요합니다. 사도행전 17장 3절에 보면 바울은 예수가 메시아라는 것을 강조합니다. 메시아가 당신의 백성에게 오셨지만 유대인들은 메시아 되신 예수를 죽였습니다. 그렇게 유대인들에 의해 죽임당한 예수를 하나님이 다시 살리셨습니다. 이것이 바울이 전하는 메시지의 핵심입니다. 바울은 어느 지역에 가더라도 이 메시지를 동일하게 선포했습니다. 유대인들이 오랜 세월 동안 기다려왔던 메시아가 있었고 하나님께서 그 메시아를 보내주셨다, 그 메시아가 바로 나사렛 예수다, 그런데 오랜 세월 동안 메시아를 기다렸던 유대인들이 정작 메시아가 이 땅에 왔을 때 메시아를 알아보지도 못하고 심지어 자기들이 붙잡고 있던 왜곡된 신앙에 근거하여 메시아이신 예수를 십자가에 못 박아 죽였다, 그러나 하나님께서 죽임당한 예수를 다시 살리셨다는 것이 바울이 선포했던 메시지의 핵심입니다.

바울이 이런 선포를 할 때마다 이방 땅에 있던 유대 회당에서는 두 그룹의 반응이 다르게 나타났습니다. 디아스포라 유대인들은 바울을 죽이고자 했고 경건한 이방인들은 바울의 메시지를 경청했습니다. 디아스포라 유대인들은 바울에 대해서 적개심이 고조될 수밖에 없었습니다. 그들이 생각한 메시아는 정치 군사적인 승리자입니다. 세계 만국을 다스리는 황제와 같은 존재입니다. 메시아가 초라한 가문에서 태어나 매를 맞고 죽임을 당한다는 것을 유대인들은 상상할 수 없었습니다. 그런데 십자가에 죽임 당한 나사렛 예수가 메시아라고 하니 디아스포라 유대인들은 황당할 따름이었습니다. 그런데 경건한 이방인들은 바울의 메시지에 환호를 보냈습니다. 그 이유가 무엇일까요? 바울이 할례를 받지 않고도 하나님의 백성이 될 수 있는 길을 제시했기 때문입니다. 그것이 무엇입니까? 바울은 할례를 받지 않아도 예수가 메시아이심을 믿는다면 하나님의 백성이 될 수 있음을 강조했습니다. 그래서 바울이 말씀을 전하고 나면 청중의 반응이 홍해가 갈라지듯 나뉘어졌습니다. 디아스포라 유대인들은 바울을 죽이려고 했고 경건한 이방인들은 바울에 대해서 환호했던 것입니다.

바울은 육체의 가시, 즉 사탄의 사자를 치유해 달라고 간절히 기도한 사람입니다. 바울에게는 육신의 질병이 있었습니다. 많은 분들은 바울에게 있었던 육체의 가시를 안질이라고 생각합니다. 그러나 학자들은 간질로 보기도 합니다. 바울은 육체의 가시, 즉 사탄의 사자를 치유해 달라고 하나님께 세 번 기도했습니다. 여기서 3이라고 하는 숫자는 완전수입니다. 한 번, 두 번, 세 번 기도한 것이 아니라 끊임없이 기도한 것입니다. 그런데 하나님으로부터 어떤 응답이 주어졌습니까? '네게 있는 것이 족하다'는 응답을 받았습니다. 기도 응답의 경우에 이런 응답도 있음을 기억하셔야 합니다. 우리가 하나님께 기도할 때 내 욕심만을 위한 기도가 아니라면 모든 기도는 응답된다고 보셔야 합니다. 다만 기도 응답에는 세 가지 모습이 있습니다. 첫째는 아브라함의 기도 응답입니다. 아브라함 당시에 남성들은 보통 40세에 결혼했습니다. 당시 아브라함이 살았던 메소포타미아 결혼법에 따르면 결혼을 하고 아내가 2년 안에 자녀를 출산하지 못하면 자녀를 출산할 수 있는 여인을 사도록 되어 있었습니다. 그러나 아브라함은 그렇게 하지 않았습니다. 자기의 아내 사라가 35년간 자녀를 출산하지 못했음에도 불구하고 아브라함은 자녀 출산을 위해서 다른 여인을 취하지 않았습니다. 결과적으로 아브라함은 100세에 하나님의 선물인 이삭을 얻게 됩니다. 40세부터 기도를 했는데 60년 만에 응답이 된 것입니다. 이렇게 우리를 인내하게 만드는 응답이 있습니다. 둘째는 여호수아 10장에 나오는 여호수아의 기도 응답입니다. 여호수아가 아모리 사람들과 전쟁할 때 조금만 더 시간이 있었으면 완전히 전멸시킬 수 있었는데 해가 점점 지고 있었습니다. 이때 여호수아는 태양이 멈출 것을 기도했는데 즉각적으로 응답이 이루어졌습니다. 이러한 응답은 우리 인생에 한 번 있을까 말까 한 사건입니다. 기도 응답의 경우에 내가 기도하자마자 즉각적으로 응답이 되는 경우도 있습니다. 첫째와 둘째는 기도 응답의 시점이 다를 뿐 내가 구한 것이 응답되었다는 측면에서는 공통점이 있습니다.

그런데 제3의 기도 응답이 있습니다. 그것이 바로 바울의 기도 응답입니다. 바울은 육체의 가시를 없애달라고 하나님께 간절히 기도했습니다. 그런데 하나님께서 뭐라고 응답하십니까? '너에게 육체의 가시가 있는 것이 더 낫다'고 하십니다. 이것을 바울은 '아멘'으로 받아들입니다. 이처럼 우리가 기도할 때 제3의 응답이 있음을 항상 기억해야 합니다. 나는 하나님께 A가 정말 필요하다고 생각해서 간절히 A를 허락해 주실 것을 기도하지만 나보다 나를 더 잘 아시는 하나님께서는 내가 간구하는 A가 아닌 B가 나에게 있어야 한다고 하시며 B를 허락하실 수 있는 것입니다. 그때 우리가 고집부리지 말고 하나님의 응답을 '아멘'으로 받아들이는 것이 중요합니다. 바울은 임박한 종말 신앙에 근거하여 신부된 교회의 순결함을 강조했습니다. 바울에게는 독특한 교회론이 있습니다. 예수를 신랑으로 교회를 신부로 규정한 것입니다. 하늘로 올라가신 신랑 되신 예수께서 곧 신부에게로 오실 것이라고 믿으면서 신랑을 기쁘게 맞이하게 위해서 교회는 신부로서의 순결함을 지켜야 한다고 보았습니다. 그래서 바울은 목회를 하면서 교회의 순결함을 훼손하는 자들에 대해 징계를 많이 했습니다. 자연스럽게 바울에게 징계를 받은 자들이 바울을 싫어했습니다. 자기들끼리 그룹을 형성하여 바울에 대한 부정적인 여론을 주도하기도 했습니다. 그들이 바울을 싫어한 이유는 바울의 목회가 매우 엄격했기 때문입니다. 무엇보다 바울은 부르심의 목적을 기억한 사람입니다. 바울은 빚진 자 의식을 가지고 있었습니다. 왜 하나님이 나 같은 사람을 구원하셨는가 하는 질문 속에서 바울은 자신의 구원 받음에 있어서 모든 사람들에게 빚진 자임을 고백합니다.

이제 바울 서신을 보도록 하겠습니다. 먼저 로마서입니다. 많은 분들이 로마서에 대해 부담감을 가지고 있는 것 같습니다. 로마서는 아무리 읽어도 무슨 내용인지 잘 모르겠다거나 읽기가 좀 어렵다는 부담감을 피력합니다. 로마서는 편지입니다. 편지가 어려우면 얼마나 어렵겠습니까? 로마서에 대해서 우리가 가지고 있는 심리적인 부담감을 내려놓고 로마서를 보셔야 합니다. 바울의 모든 편지는 상황 서신이라고 했습니다. 바울의 편지를 이해함에 있어서 제일 중요한 것은 그런 내용을 쓸 수밖에 없었던 상황이 무엇인가를 살피는 것입니다. 바울이 편지를 보냈던 로마 교회에는 몇 가지 중요한 특징이 있습니다. 첫째는 로마 교회는 바울이 개척한 교회가 아닙니다. 대부분 바울의 편지를 받은 교회들은 바울이 개척한 교회이거나 바울과 관계를 맺은 교회입니다. 그런데 로마 교회는 바울이 개척한 교회가 아닙니다. 둘째는 로마 교회는 바울과 만남을 가진 적이 없는 교회입니다. 바울과 로마 교인들은 이전에 만남을 가져본 적이 없습니다. 이것이 로마 교회의 특징입니다. 로마 교회는 바울이 개척한 교회도 아니고 바울과 만남을 가진 적도 없는 교회입니다. 그래서 1장 앞부분에 보면 인사말이 길게 기술되어 있습니다. 편지를 통해서 자기가 어떤 사람인지를 비교적 자세하게 기술하고 있습니다. 셋째는 로마 교회 지체들의 구성 비율이 특이하다는 것입니다. 바울의 편지를 받는 교회들 대다수 교인들은 크게 두 부류로 구분할 수 있는데, 디아스포라 유대 기독교인들과 이방 기독교인들입니다. 그런데 바울의 편지를 받는 교회들 대다수는 디아스포라 유대 기독교인들이 교회 안에서 주류이고 이방 기독교인들은 소수입니다. 그런데 로마 교회는 정반대입니다. 로마 교회는 이방 기독교인들이 다수이고 디아스포라 유대 기독교인들이 소수입니다. 이것이 로마 교회의 세 가지 특징입니다. 로마 교회는 첫째, 바울이 개척한 교회가 아니고, 둘째, 바울과 만남을 가져본 적이 없는 교회이고, 셋째, 교인 구성이 보통 바울 서신을 받는 교회들은 디아스포라 유대 기독교인들이 다수이고 이방 기독교인들이 소수인데 로마 교회는 이방 기독교인들이 다수이고 디아스포라 유대 기독교인들이 소수입니다.

왜 로마 교회는 이방 기독교인들이 다수이고 디아스포라 유대 기독교인들이 소수였을까요? 이것은 로마 황제의 칙령과 관련이 있습니다. 49년 로마 황제였던 글라우디오는 로마에 살고 있던 모든 유대인들을 추방시킵니다. 이때 추방되었던 사람 가운데 대표적인 인물이 고린도에서 바울을 만났던 브리스길라와 아굴라 부부입니다. 브리스길라와 아굴라 부부는 원래 로마에서 살다가 글라우디오 황제의 추방령 때문에 로마에서 고린도로 이주했습니다. 고린도로 이주하여 그곳에서 바울을 만나게 된 것입니다. 아마도 바울은 브리스길라와 아굴라 부부를 통해서 로마 교회에 대한 정보를 접했을 가능성이 높다고 봐야 합니다. 그러면 왜 글라우디오 황제는 49년에 로마에 살고 있는 유대인들을 추방하는 칙령을 내리게 되었을까요? 문헌에 따르면 '크레스투스라는 사람에 의해서'라고 되어 있습니다. 여기 크레스투스를 보통 그리스도로 이해합니다. 왜냐하면 1세기 헬라어에서는 '에'와 '이'가 거의 동일하게 쓰입니다. 따라서 크레스투스라는 말은 크리스투스라는 말과 같은 것입니다. 좀 더 확대해서 문헌을 보면 '크레스투스라는 사람에 의해서 유대인 사이에서 야기된 상습적인 소요 사태로 인해 유대인들을 로마에서 추방했다'고 기술하고 있습니다. 즉 그리스도에 대한 논쟁으로 인하여 디아스포라 유대인들과 디아스포라 기독교인들 사이에 계속하여 충돌이 일어났고 이에 대해 황제는 극단적인 추방령을 내렸다고 볼 수 있습니다. 디아스포라 유대인들은 '예수는 메시아가 아니다, 아직 메시아는 오지 않았다'라는 주장을 하였을 것이고 디아스포라 유대 기독교인들은 '메시아가 이 땅에 오셨는데 유대인들이 그 메시아를 죽였다'라고 하면서 예수 때문에 유대인들 사이에서 계속해서 소요 사태가 일어난 것입니다. 그래서 글라우디오 황제는 극약 처방으로 로마에 살고 있던 모든 유대인들을 추방시켜버린 것입니다. 이때가 49년입니다. 이때 추방되었던 대표적인 사람이 브리스길라와 아굴라 부부입니다. 사도행전 18장 1~2절에 보면 브리스길라와 아굴라 부부는 고린도에서 바울을 만나게 됩니다. 이들 부부와의 만남을 통해서 바울은 로마 교회에 대한 정보를 접하게 되었을 것입니다.

원래 로마 교회도 디아스포라 유대 기독교인이 다수이고 이방 기독교인이 소수였습니다. 이런 모습이 주후 1세기 교회의 특징이라고 이해하시면 됩니다. 처음 교회가 탄생했을 때는 유대교 신앙을 가지고 있던 사람들이 예수가 메시아이심을 믿고 초대 교인이 된 것입니다. 따라서 교회의 주구성원은 디아스포라 유대 기독교인이 될 수밖에 없습니다. 모든 교회가 디아스포라 유대인들이 다수이고 이방 기독교인은 소수였습니다. 로마 교회도 마찬가지입니다. 그러다가 49년에 글라우디오 황제의 칙령으로 말미암아 유대인들이 로마로부터 추방을 당하게 됩니다. 자연스럽게 49년부터 로마 교회는 이방 기독교인들만의 교회가 되었습니다. 글라우디오 황제가 죽고 다음 황제로 등극한 사람이 그 유명한 네로입니다. 네로가 황제가 되었을 때가 54년입니다. 네로는 황제가 되자마자 유대인 귀환을 허용하는 칙령을 내립니다. 오늘날도 새로운 대통령이 취임하면 선물 같은 것이 있지 않습니까? 네로는 황제가 되자마자 유대인들에게 큰 선물을 주었습니다. 로마로의 귀환을 허용해 준 것입니다. 이때 로마로 돌아온 유대인들도 있고 돌아오지 않은 유대인들도 있습니다. 자연스럽게 로마 교회도 54년 이후부터는 이방 기독교인이 교회 안에서 다수가 되고 디아스포라 유대 기독교인은 교회 안에서 소수가 된 것입니다. 이 변화를 잘 읽어내는 것이 무엇보다 중요합니다.

그렇다면 로마 교회는 누가 세운 교회일까요? 어떻게 로마 교회가 탄생하게 되었을까요? 사도행전 2장에 보면 오순절 성령 강림 사건 때 초대 교인들이 각 지역의 언어로 방언을 합니다. 그 방언을 들었던 사람 가운데 로마에서 온 사람도 있었습니다. 그가 오순절 성령 강림 사건 때 방언을 듣고 초대 교회 신앙을 갖게 되었다고 봅니다. 그리고 로마로 돌아와서 교회를 세우지 않았을까 추측합니다. 중요한 것은 바울이 로마서를 쓰기 전에 이미 로마 교회가 존재하고 있었다는 것입니다. 바울이 브리스길라와 아굴라 부부를 만나기 전에 이미 브리스길라와 아굴라 부부는 로마에서 신앙 공동체 생활을 했습니다. 로마서를 보게 되면 바울이 유대인들을 편드는 것처럼 보이는 본문들이 있습니다. 예를 들면 로마서 9장부터 11장은 유대인의 구원에 대한 내용이고, 14장과 15장은 음식 정결법 논쟁의 맥락에서 바울이 유대 기독교인들을 편드는 내용입니다. 기억해야 할 것은 바울이 로마서 안에서 유대 기독교인들을 편드는 것은 교회 공동체 안에 있는 약자를 편드는 것입니다. 왜냐하면 로마 교회 안에서 유대 기독교인들이 소수였기 때문입니다. 일반적인 교회는 디아스포라 유대 기독교인들이 다수이고 이방 기독교인들이 소수입니다. 그래서 대부분의 바울의 편지를 보게 되면 이방 기독교인들을 편드는 이야기들이 아주 많습니다. 그런데 로마서만 유독 유대 기독교인들을 편드는 이야기들이 많이 나옵니다. 왜 바울의 다른 서신과 달리 로마서에서만 유대 기독교인들을 편드는 이야기를 많이 했을까요? 그 중요한 차이가 무엇입니까? 로마 교회는 다른 이방 지역 교회와 달리 유대 기독교인들이 소수였기 때문입니다. 교회 공동체 안에서 이방 기독교인들이 다수이고 디아스포라 유대 기독교인들이 소수였던 곳이 로마 교회입니다. 이것을 기억하는 것이 중요합니다.

로마서는 죄로 인해 깨어진 하나님과 인간의 관계가 예수의 대속적인 죽음으로 인해서 회복되었음을 천명합니다. 관계의 회복을 통해서 우리는 이제 하나님의 백성이 되었습니다. 사탄의 지배에 종속되었던 사탄의 백성에서 하나님의 백성으로의 신분의 전환이 일어난 것입니다. 이것을 수용하고 하나님 백성다운 삶을 살아낼 것을 촉구하고 있는 것이 로마서입니다. 로마서에서 계속 강조하고 있는 중요한 공식을 기억하는 것이 필요합니다. 신분의 변화가 먼저이고 그다음에 존재의 변화입니다. 선 신분의 변화 후 존재의 변화입니다. 하나님의 백성이라는 신분의 변화가 먼저 일어나고 이후에 우리의 존재가 하나님의 백성으로 변화되는 것입니다. 우리가 하나님의 백성으로 존재가 변화된 다음에 하나님의 백성으로 인정받는 것이 아닙니다. 하나님의 백성이라는 신분의 변화가 먼저 일어납니다. 이것은 전적인 은혜입니다. 신분이 먼저 바뀌고 이후에 변화되어진 신분에 걸맞게 존재의 변화가 일어나야 합니다.

로마서에서 핵심적인 단어는 '의'입니다. 성경이 말하는 '의'라는 단어는 윤리 도덕적 개념이 아닙니다. 성경이 말하는 의라고 하는 것은 관계적 개념입니다. '너는 나와 관계 안에 있는 존재야', '너는 관계 안에서 마땅히 행해야 할 것을 신실하게 감당하고 있어'라고 인정할 때 이것을 우리는 의롭다고 합니다. 관계를 맺고 있는 것이 의로운 것이고 관계가 깨진 것이 불의한 것입니다. 의라는 표현이 관계적 개념이라는 것을 계속 기억하셔야 합니다. 예를 들면 쌍방이 서로에 대해서 도를 다하면 이것은 쌍방이 서로에게 의로운 것입니다. 그런데 한쪽이 다른 한쪽에게 함부로 대하게 되면 이때 '의'는 깨지게 됩니다. 의가 깨진다는 것은 관계가 깨진다는 것입니다. 관계가 깨지는 것을 '불의'하다고 합니다. '의'라는 단어를 윤리 도덕적 개념으로만 이해하기 쉬운데 성경이 말하는 '의'라고 하는 것은 일차적으로 관계적 개념임을 꼭 기억하셔야 합니다. 인간의 죄로 말미암아 하나님과 인간의 관계가 깨졌습니다. 그런데 예수 그리스도로 말미암아 하나님과 인간이 다시 관계를 맺게 되었다는 것을 로마서는 강조합니다. 로마서 1장부터 8장은 인간이 믿음으로 하나님 앞에서 의롭다 함을 얻을 수 있다는 신학적인 문제를 강조하고 있습니다. 9장부터 11장은 이스라엘 민족의 구원과 관련된 문제를 다루고 있고, 12장부터 16장은 하나님과의 바른 관계가 세상에서 어떻게 드러나야 하는가에 대해서 기술하고 있습니다. 여전히 바울의 강조점은 어디에 있습니까? 삶으로 발현되는 신앙에 있습니다. 하나님의 백성이라고 하는 것이 고백으로만 그쳐서는 안 됩니다. 하나님의 백성 됨은 일상의 삶에서 반드시 구현되어야 하는 것입니다.

이제 본문을 살펴보도록 하겠습니다. 1장 14절에 유명한 말씀이 나옵니다.

헬라인이나 야만인이나 지혜 있는 자나 어리석은 자에게 다 내가 빚진 자라.

바울은 아주 드라마틱한 회심을 경험한 사람입니다. 그는 회심 이

전에 교회를 깨뜨리던 사람이고 예수를 믿는 초대 교회 성도들을 박해했던 사람입니다. 이런 바울을 하나님께서 단칼에 심판하셔도 전혀 어색하지 않습니다. 그런데 하나님은 바울을 심판하지 않으시고 도리어 바울을 세계 만민에게 복음을 전하는 당신의 도구로 선택하셨습니다. 바울은 드라마틱한 회심을 경험했기 때문에 끊임없이 하나님께서 자신을 선택한 목적이 무엇인가에 대해 고민합니다. 왜 하나님이 나 같은 사람을 단칼에 심판하지 아니하시고 도리어 나를 선택하셔서 하나님 나라 확장을 위해서 사용하시는가? 나를 구원하신 하나님의 목적이 무엇인가에 대해서 그는 끊임없이 고민했습니다. 어떻게 보면 구약의 이스라엘이 실패하게 된 가장 중요한 지점이 이것입니다. 이스라엘은 하나님께 선민으로 부름 받았습니다. 그런데 이스라엘이 왜 실패하게 되었습니까? 선민으로 부름 받은 목적을 망각하고 세상의 유혹에 빠져 사는 그 순간부터 이스라엘은 실패하게 되었습니다. 이스라엘은 왜 선민으로 부름 받았습니까? 하나님이 이스라엘만을 사랑하기 위해서 이스라엘을 선택하신 것입니까? 아닙니다. 이스라엘이 먼저 거룩한 백성이 됨으로 말미암아 이방의 모든 사람들을 하나님 앞으로 견인해 오기를 기대하신 것입니다. 이스라엘은 어떤 선민으로 부름 받은 것입니까? 만민을 위한 선민으로 부름 받은 것입니다. 그런데 이스라엘은 만민을 위한 선민이라는 부르심의 목적을 망각하고 배타적 선민사상에 빠져버리면서 하나님을 독점하고자 하였습니다. 그때부터 하나님의 뜻을 왜곡하게 되었습니다. 이스라엘이 실패했던 그것을 다시 회복한 사람이 바울입니다. 바울은 왜 하나님이 나를 선택하셨는가 하는 부르심의 목적을 끊임없이 질문합니다. 그리고 바울이 내린 결론이 뭐냐면 나는 유대인이나 헬라인이나 모든 자에게 빚진 자라는 것입니다. 바울은 무슨 빚을 지고 있다고 생각했을까요? 구원의 빚입니다. 바울은 자신이 모든 자들에게 구원의 빚을 지고 있다고 생각했습니다.

바울이 끊임없는 생각과 고민 가운데 최종적으로 내린 결론이 무엇입니까? 이쪽에 하나님이 계십니다. 저쪽에는 흑암의 권세 가운데 있는 이방인이 있습니다. 하나님은 이방인을 너무너무 사랑하셔서 흑암의 권세 가운데 있는 이방인을 당신의 백성으로 삼고 싶어 하십니다. 그렇다면 누군가가 하나님의 이 마음을 이방인에게 전달해 주는 존재가 필요합니다. 이 중간 매개자로써 바울은 자신이 선택되었다고 이해한 것입니다. 쉽게 이야기하자면 하나님이 이방인을 사랑하지 않으셨다면 하나님이 이방인을 당신의 백성 삼고자 하지 않으셨다면 바울은 선택될 수 없었던 것입니다. 결국 바울은 누구 때문에 자신이 하나님의 선택을 받게 되었다고 생각한 것입니까? 이방인들에 대한 하나님의 사랑 때문에 자기가 선택되었다고 본 것입니다. 그래서 바울은 이방인들에게 '내가 당신들에게 구원의 빚을 지고 있다'고 고백하고 있는 것입니다. 이것이 바로 빚진 자 의식입니다. 구약의 이스라엘은 선택의 목적을 기억하는 일에서 실패했는데 구원의 목적을 회복한 사람이 바로 바울입니다.

그런데 오늘날 한국 교인들은 구약의 이스라엘 백성들과 너무나 닮아 있습니다. '하나님이 나를 구원하셨다, 하나님이 나를 선택하셨다'라는 확신은 분명한데 왜 하나님이 나를 구원하셨는가에 대한 구원의 목적을 생각함에 있어서는 자기 존재 바깥에서 찾지를 못하고 있습니다. 주위에 있는 교인들에게 한번 질문해 보십시오. '하나님이 당신을 구원하셨음을 믿습니까?'라고 질문하면 대부분의 교인들이 '믿습니다' 또는 '아멘'이라고 대답할 것입니다. 그러면 한 번 더 '하나님은 당신을 왜 구원하셨습니까?'라고 묻게 되면 대부분의 교인들은 '하나님이 저를 사랑하셔서요'라고 대답할 것입니다. 다시 '그럼 하나님은 당신을 왜 사랑하십니까?'라고 질문하면 대부분 '저를 구원하시려구요'라고 대답할 것이고 '하나님은 당신을 왜 구원하십니까?'라고 물으면 '저를 사랑하셔서요'라고 대답할 것입니다. 이처럼 대다수 교인들이 하나님이 나를 구원하셨다는 것도 믿고 하나님이 나를 사랑하신다는 것도 확신합니다. 그런데 문제가 뭐냐면 구원의 목적과 관련하여 자기 존재 바깥으로는 나가지 않는다는 것입니다. 대부분 '하나님은 나를 사랑하셔서 나를 구원하셨어'라는 고백에서 끝나 버립니다. 이렇게 끝났던 사람이 누구입니까? 구약의 이스라엘입니다. 그런데 바울은 '하나님은 나를 사랑하시고 나를 구원하셨어'에서 끝나지 않고 '왜 하나님이 나를 구원하셨는가?'라는 질문에서 이방인들을 당신의 백성 삼고자 하시는 하나님의 원대한 계획 때문에 하나님과 이방인들 사이의 중간 매개자로 자신이 선택되었다고 깨닫게 된 것입니다. 즉 이방인들이 없었다면 바울은 구원받을 수 없는 것입니다. 따라서 이방인들에게 구원의 빚을 지고 있다고 고백하게 된 것입니다. 평생을 바울이 열심을 다해서 사역할 수밖에 없었던 이유가 무엇입니까? 자신의 삶 자체가 빚을 갚는 삶이었기 때문입니다. 빚을 갚는데 자기를 자랑할 수 있습니까? 그럴 수 없습니다. 그래서 바울은 그렇게 열심히 사역했음에도 불구하고 자기를 무익한 종이라고 겸손하게 낮출 수 있었던 것입니다.

오늘 우리도 바울의 이런 마음을 갖는 것이 필요합니다. 내가 누구 때문에 구원을 받게 된 것인가, 내가 누구 때문에 선택받게 된 것인가, 나는 누구에게 구원의 빚을 지고 있는가 하는 질문을 던져야 합니다. 그런데 안타깝게도 여전히 구약의 이스라엘 백성들처럼 여전히 '하나님은 나를 사랑하셔서 나를 구원하셨어'라는 자기 존재 안에서의 고백에만 머물러 있는 것이 우리의 현주소입니다. 나라고 하는 존재 바깥으로 넘어가지를 못하고 있습니다. 여기에서 많은 문제가 출발한다고 봅니다. 그런 의미에서 바울의 이 빚진 자 의식을 우리가 잘 기억하시는 것이 필요합니다. 바울은 하나님과의 관계가 깊어질수록 고백의 언어가 깊어졌습니다. 여기에서 예정에 대한 고백이 등장합니다. '하나님이 나를 언제 처음 선택하시고 부르셨는가'라는 질문에서 바울은 처음에는 다메섹 도상에서 자기가 하나님의 부르심을 받았다고 생각했습니다. 그러다가 초기 서신인 갈라디아서 1장 15절에 보게 되면 '어머니의 태로부터 하나님이 나를 이미 부르셨다'라고 고백합니다. 다메섹에서 어머니의 태로 하나님께서 부르신 시점이 한참을 거슬러 올라가게 됩니다. 그리고 후기 옥중 서신인 에베소서 1장 4절에 보면 '창세전부터 하나님이 이미 나를 택정하셨다'라고 고백합니다. 하나님이 자기를 부른 시점이 다메섹 도상에서 어머니의 태로, 어머니의 태에서 창세전으로 발전하게 된 것입니다. 고백의 언어가 더 깊어지게 된 것입니다. 이렇게 고백의 언어가 깊어질 수 있었던 이유가 무엇입니까? 하나님과의 관계가 깊어졌기 때문입니다. 이것이 바로 고백의 언어의 특징입니다. 관계가 깊어질수록 고백의 언어는 더욱 깊어질 수밖에 없습니다.

　로마서 1장 후반부에 보게 되면 인간의 타락한 모습이 기술되어 있습니다. 인간들이 타락하게 되면 하나님의 영광을 우상으로 바꾸어 버립니다. 그리고 마음에 하나님 두기를 싫어합니다. 인간이 만들어내는 모든 우상은 결국은 자기 섬김에 목적이 있습니다. 우리가 '우상'이라고 하는 것들은 결국은 자기를 섬기기 위한 것입니다. 자기를 위한 것입니다. 기독교 신앙은 나를 섬기는 것에 목적이 있지 않습니다. 하나님을 위해 살아가는 것에 기독교 신앙의 목적이 있습니다. 그런데 우상이 위험한 이유가 무엇입니까? 우상은 하나님보다 나 자신을 더 중심에 세웁니다. 때로는 신앙인들 중에도 기독교 우상을 갖고 있는 사람들이 있습니다. 여전히 하나님을 믿는다고 하지만 자기가 자기 삶의 중심에 있고 하나님은 자기를 위한 존재로 멈춰 있는 것입니다. 하나님은 단지 나의 필요를 채워주는 존재일 뿐입니다. 그래서 언제나 하나님이 나를 위해서 무엇을 해주셨는가에 대해서만 생각을 하고 따집니다. 이런 사람들은 입으로는 자기가 하나님을 믿는다고 고백하지만 실상은 자기를 섬기고 있는 것입니다.

　진짜 기독교 신앙은 무엇입니까? 하나님을 내 인생의 주인으로 삼는 것입니다. 그분이 원하시는 바대로 인생의 한 걸음 한 걸음을 내딛는 것입니다. 이것이 진짜 신앙입니다. 우상은 무엇입니까? 나를 섬기는 것이고 내가 중심에 서는 것이고 내가 잘 되는 것이 궁극적 목표입니다. 예수님은 우리가 기도할 하나님의 나라와 하나님의 의를 구하라고 하셨습니다. 그런데 오늘날 우리의 기도 가운데 하나님의 나라와 하나님의 의를 구하는 기도는 별로 없습니다. 대부분 자기를 위한 기도를 드리고 있습니다. 이러한 기도는 아무리 뜨겁게 한다

하더라도 진짜 신앙으로부터는 이탈된 우상 숭배일 수 있다는 것을 기억하셔야 합니다. 정말 두려운 일입니다.

28절에 보면 하나님은 저희를 그 상실한 마음대로 내버려 두신다고 하십니다. '내버려 둔다'는 것을 신학에서는 '유기'라고 말합니다. '유기'는 내버려 둔다는 뜻입니다. 하나님께서 죄인들로 하여금 사망의 길을 걸어가도록 내버려 두는 것입니다. 이것을 출애굽기에서는 '마음을 강퍅케 한다'고 표현합니다. 하나님께서는 바로의 마음을 강퍅케 하셨습니다. '강퍅케 한다'는 것은 바로는 착한 사람이 되고 싶은데 하나님께서 계속하여 바로를 나쁜 사람으로 살아가도록 만드셨다는 것이 아니라 강제적으로 돌이키지 않았다는 말입니다. 즉 바로가 하고 싶은 대로 내버려 두신 것입니다. 이것이 '유기'입니다. 유기는 하나님의 가장 엄중한 심판이라고 할 수 있습니다. 우리가 잘못된 생각을 하거나 잘못된 길을 걸어갈 때 우리의 잘못을 깨우쳐주고 책망하고 징계하는 것은 은혜입니다. 여전히 우리를 사랑하고 계시다는 증거입니다. 징계 자체가 은혜인 것입니다. 그런데 우리가 하고 싶은 대로 내버려 두시는 것은 사실은 하나님의 가장 엄중한 심판입니다. 그래서 구약에서 하나님이 시대마다 예언자를 보내셔서 이스라엘 백성들을 경고하신 것이야말로 하나님이 이스라엘을 얼마나 사랑하셨는가를 보여주는 증거라고 할 수 있습니다. 예언자를 보내셔서 죄악 된 삶을 살아가던 이스라엘을 책망하시고 돌이킬 것을 요청하신 것 자체가 이스라엘에 대한 하나님의 사랑의 증거가 되는 것입니다. 성경이 말하는 죽은 자는 하나님을 향하여 죽은 자로 창조주 하나님을 의지하지 않고 자신의 힘과 의지로 구원을 이루려고 하는 자입니다.

로마서 2장과 3장을 보면 먼저 유대인들에 대해서 문제 제기를 합니다. 로마 교회는 구성원들 가운데 누가 다수라고 했습니까? 이방 기독교인들이 다수입니다. 바울은 대화의 기술을 잘 아는 사람이라고 할 수 있습니다. 이것이 무슨 말일까요? 로마서 9장부터는 이방 기독교인들을 향해서 유대 기독교인들에게 함부로 하지 말 것을 촉구합니다. 특별히 유대인들이 여전히 구원의 뿌리에 해당함을 강조합니다. 로마서 9장 이하는 이방 기독교인들에게 조금은 부담스러운 이야기입니다. 그런데 로마서 앞부분에서는 유대인들을 책망하는 이야기를 먼저 합니다. 유대인들에 대한 책망 이야기를 통하여 이방 기독교인들의 마음을 먼저 얻는 것입니다. 그리고 후반부에서는 이방 기독교인들에게 하고 싶은 이야기를 전개하고 있는 것입니다.

로마서 2장과 3장에서 바울은 유대인 또는 유대 기독교인들의 제의법 집착에 대해 책망합니다. 바울이 유대인들에게 뭐라고 책망합니까? '다른 사람을 가르치는 네가 네 자신을 가르치지 아니하느냐'라고 책망합니다. 유대인들이 이방인들에게 '하나님의 뜻은 이런 거야'라고 가르치면서 자기들 스스로도 그 율법을 온전히 지키지 않는다는 것입니다. 그것이 무엇입니까? 도덕법입니다. 유대인들은 지나칠 정도로 제의법에는 충실했지만 도덕법은 온전히 준수하지 않았습니다. 그래서 이스라엘 공동체 안에서도 유전무죄 무전유죄가 일어났습니다. 힘 있는 강자들은 약자들을 지배하고 억압하고 착취했습니다. 뇌물이 보편화되었고 힘 있는 자들은 사법 권력과 연대하여 법망을 빠져나갔습니다. 그 결과 연약한 자들의 탄식 소리가 가득 찼습니다. 하나님이 원하신 미쉬파트와 체데크를 구현하는 도덕법은 무시하고 개인적인 제의법 준수에만 몰두했던 것입니다. 그러면서 이방인들에게는 '하나님의 뜻은 이런 거야'라고 자신만만하게 가르쳤습니다. 이런 유대인들의 모순적인 모습을 바울은 책망합니다. 다른 사람들에게는 철저한 준수를 요구하면서 율법을 가르치는 자들이 스스로 그 율법에 순종하지 않는 모습은 잘못된 것이 아닌가 하고 책망하고 있는 것입니다.

다른 사람에게는 '이렇게 해라', '저렇게 해라'고 가르치는 사람이 자신은 그렇게 살아내지 못한다면 이것을 우리는 '자기 분열적 모습'이라고 할 수 있습니다. 무엇이 옳은지를 알고 있고 다른 이에게는 그렇게 살아가라고 촉구하면서도 자기 스스로는 그것을 거부한다면 이 얼마나 황당한 모습입니까? 부모가 자녀에게 훈계할 때도 이런 자기 분열적 모습을 많이 경험하게 됩니다. 자녀의 잘못된 모습을 혼내는 내용이 사실은 자기에게도 해당되는 경우들을 많이 목격하게 되는 것입니다. 우리가 죄의 지배를 받고 있다는 가장 중요한 증거 가운데 하나가 바로 이러한 자기 분열적인 모습이라고 할 수 있습니다. 원죄 사건에서 드러난 것처럼 죄는 사중의 관계 파괴성을 불러일으킵니다. 먼저 하나님과 우리의 관계를 파괴합니다. 하나님의 찾아오심, 하나님과의 만남을 부담스러워 하고 숨어 버립니다. 둘째로 아담과 하와의 관계를 파괴합니다. '이는 내 뼈 중의 뼈요 살 중의 살'이라고 했던 아름다운 고백이 죄로 인해 파괴되어 버립니다. 죄는 인간과 인간의 관계를 파괴합니다. 셋째로 인간과 자연의 관계를 파괴합니다. 인간은 먹을 것을 얻기 위해서 땅을 파헤쳐야 하고 땅은 가시덤불과 엉겅퀴를 내면서 인간의 노동을 더욱 고되게 만듭니다. 죄가 득세할수록 인간과 자연의 관계가 파괴되어집니다. 넷째로 자기 자신과 분열하게 만듭니다. 죄를 범하게 되면 죄인은 자기 자신을 부끄럽게 여깁니다. 그래서 자기를 가리고 숨기려고 합니다. 아담과 하와도 원죄 이후에 무화과 나뭇잎으로 자기를 가리려고 했습니다. 이것이 바로 자기 자신과 분열하고 있는 인간의 모습입니다. 이처럼 죄는 하나님과의 관계를 파괴시키고, 사람과의 관계를 파괴시키고, 피조 세계와의 관계도 파괴시키고, 자기 자신과도 분열하게 만듭니다. 자신이 하나님의 형상대로 지음 받은 존귀한 존재로 생각하지 못하게 만듭니다. 한 존재 안에 있지만 머리와 삶이 따로 분열되어 움직이는 것입니다.

이처럼 죄의 사중 파괴성의 모습은 인간이 죄의 지배 가운데 놓여 있다는 가장 분명한 증거라고 할 수 있습니다. 구약에서 말하는 구원은 죄의 사중 파괴성으로부터 해방되는 것을 말합니다. 구원을 하나님과 나와의 관계 회복으로만 축소시켜 사고해서는 안 됩니다. 죄는 하나님과 나와의 관계, 인간과 인간의 관계, 인간과 피조 세계와의 관계, 자기 자신과 분열하게 만들며 사중의 관계를 파괴시킵니다. 이 사중 파괴로부터 회복되는 것을 우리는 '구원받았다'고 말하는 것입니다. 구원은 하나님과의 깨어진 관계가 회복되는 것에서 출발하지만 하나님과의 관계 회복으로만 머물지 않습니다. 하나님과의 관계 회복으로 출발하지만 구원은 깨어진 인간과의 관계를 회복시켜주고 깨어진 피조 세계와의 관계를 회복시켜주고 가장 중요하게는 자기 자신과도 화해하게 만듭니다. 이것이 참된 구원받은 자의 모습입니다.

바울 당시에 많은 유대인들이 자기가 말하고 믿는 대로 살지 않았습니다. 자기 모순적이고 자기 분열적인 모습을 살아낸 것입니다. 이런 유대인들에게 바울은 카운터펀치를 날립니다. 그것이 바로 2장 28~29절의 말씀입니다.

무릇 표면적 유대인이 유대인이 아니요 표면적 육신의 할례가 할례가 아니니라 오직 이면적 유대인이 유대인이며 할례는 마음에 할지니 영에 있고 율법 조문에 있지 아니한 것이라 그 칭찬이 사람에게서가 아니요 다만 하나님에게서니라.

바울은 진정 누가 유대인이고 누가 하나님의 백성인가를 질문합니다. 그리고 표면적 유대인이 유대인이 아니라고 선언합니다. 표면적이라는 말은 겉으로 드러난 제의법적 모습을 말합니다. 할례를 받았다고 하나님의 백성이 아니라는 것입니다. 안식일을 준수한다고 하나님의 백성이 아니라는 것입니다. 유월절을 지킨다고 하나님의 백성이 아니라는 것입니다. 표면적인 것이 하나님의 백성 됨을 증거 하거나 입증할 수 없다고 주장합니다. 그렇다면 누가 진짜 하나님의 백성일까요? 바울은 이면적 유대인이 진짜 유대인, 진짜 하나님의 백성이라고 말합니다. 이면적이라고 하는 것은 일상의 삶을 말하는 것입니다. 남들이 보지 않는 일상의 삶 속에서 자기가 어떤 생각을 하고 누구랑 어떤 관계를 맺고 어떤 삶을 실제로 살아가고 있는지를 통해서 자기가 하나님의 백성임을 증명하는 것임을 강조합니다. 겉으로 드러나는 제의법에 충실한 것, 유대인의 혈통을 가지고 있다는 것이 유대인의 증표가 될 수 없다는 것입니다. 한마디로 바울은 일상의 삶 속에서 하나님께 순종하는 자가 진정한 유대인임을 강조합니다.

이러한 바울의 주장을 듣고 유대인들이 얼마나 분노했겠습니까? 그래서 3장에 유대인들의 반박성 질문이 등장합니다. 유대인들은 바울의 말대로 표면적 유대인이 유대인이 아니고 이면적 유대인이 유대인이라면 도대체 유대인의 나음이 무엇인가에 대해서 질문합니다. 여기에 대해서 바울은 유대인의 나음에 대해 몇 가지를 이야기합니다. 첫째는 2절에 나오는 것처럼 유대인은 하나님의 말씀을 맡았다는 것입니다. 유대인은 하나님의 말씀을 맡음을 통하여 하나님의 뜻이 무엇인지에 대해 누구보다 잘 알고 있었습니다. 오랜 세월 하나님께서는 유대인들에게 당신의 뜻을 알려 주셨습니다. 계시의 말씀을 통해 하나님의 뜻을 알게 된 것만큼 큰 은총이 있을까요? 하나님의 말씀을 맡음은 유대인들에게 주어진 가장 큰 은총이라고 말할 수 있습니다. 그러나 유대인들은 이방인들보다 먼저 하나님의 뜻이 무엇인가를 알게 되었지만 자신들에게 부담스러운 말씀들은 거부하며 살아왔습니다. 대표적인 것이 안식일법, 안식년법, 희년법에 대한 불순종입니다. 종을 소유하고 있는 주인들과 많은 땅을 소유한 대지주들은 하나님이 원래 명하신 내용 그대로 이 법을 준수하지 않았습니다. 대신 그들은 자기들이 잘할 수 있는 제의법에 최선을 다했습니다. 그러면서 하나님에 대한 충성과 헌신을 다하고 있다고 스스로 자부했던 것입니다.

오늘 우리들도 마찬가지입니다. 하나님의 백성 됨을 입증함에 있어서 일요일에 예배 한 번 드리는 것이 쉽겠습니까, 일상의 삶에서 정직하고 진실하게 살아가는 것이 쉽겠습니까? 당연히 예배 한 번 드리는 것이 쉽습니다. 제의법이 훨씬 쉬운 것입니다. 무엇보다 제의법에 대한 강조를 하게 되면 종교 지도자들은 자기들의 권위를 강화할 수 있습니다. 6일 동안 세상에서 죄 된 삶을 살아왔다고 하더라도 주일에 하나님 앞으로 나아와 예배 한 번 잘 드리게 되면 하나님께서 우리가 범한 모든 죄를 다 용서해 주시는 것처럼 말하는 것입니다. 이런 주장들이 쌓이고 쌓이게 되면 대부분의 신앙인들은 제의법에 대한 준수에 온 힘을 쏟을 수밖에 없는 것입니다. 그러나 정말 주일에 예배 한 번 잘 드리게 되면 우리가 일상에서 범한 모든 죄가 용서받는 것이 맞는 것일까요? 이러한 주장은 오랜 시간 종교인들이 하고 있는 거짓말입니다. 이 거짓말을 절대로 믿으시면 안 됩니다. 마태복음 5장에 보면 예수님께서 이렇게 말씀하셨습니다. '우리가 하나님께 예물을 드리다가도 누구에게 원망들을 만한 일이 있는 것이 생각이 나거든 예물 드리는 것을 중단하고서라도 그에게 먼저 가서 용서를 구하고, 즉 관계를 회복하고 예물을 드려라.' 이 말이 무슨 말입니까? 예배를 드린다고 해서 6일간의 우리의 모든 삶이 면죄부를 받는 것이 아니라는 것입니다. 하나님 앞에 나아오기 전에 죄로 인해 파괴된 관계를 회복하는 일에 열심을 다하라는 것입니다. 그것이야말로 참된 예배를 준비하는 자의 자세라고 할 수 있습니다.

한국 교회가 주장하는 회개 신학에는 심각한 결함이 있습니다. 나의 죄로 인해 상처 입고 아파하고 피해를 입은 사람은 여전히 피눈물을 흘리고 있는데 그 사람들을 소외시킨 가운데 하나님 앞에서만 회개하고 스스로 용서받았다고 자위한다는 것입니다. 인간의 모든 죄는 관계 안에서 발생합니다. 그래서 죄는 관계를 파괴시킵니다. 내가 죄를 범하게 되면 누군가는 상처 입거나 피해를 입게 됩니다. 그런데 너무나 많은 기독교인들이 나의 죄로 말미암아 상처 입고 피해 입은 사람은 지금도 울고 있는데 하나님과의 관계 안에서만 죄의 문제를 해결하려고 합니다. '하나님 잘못했습니다'하고 회개 기도를 드리면 하나님께서 너무 쉽게 용서해 주신다고 생각하는 것입니다. 우리가 지금 가지고 있는 회개 신학의 가장 큰 문제는 여전히 나의 죄로 인해서 아파하는 사람이 있는데 피해자를 소외시킨 가운데 모든 죄의 문제가 해결되고 있다고 생각한다는 것입니다. 이것은 말이 안 되는 것입니다.

악랄한 고문 기술자였던 이○○ 씨가 회개했다고 하고 목사가 되었습니다. 비인가 신학교에서 목사 안수를 받았습니다. 이○○ 씨가 진정 하나님을 만나 회개했다면 남은 인생을 어떻게 살아야 할까요? 자신이 저지른 고문으로 인해 인생이 망가진 사람들을 찾아다니며 용서를 구해야 합니다. 그것이 진짜 회개한 증거 아니겠습니까? 그런데 너무나 웃긴 것이 진짜 인생을 엉망진창으로 산 사람일수록 교회에 오게 되면 스타가 된다는 것입니다. 무슨 스타입니까? 간증 스타입니다. 전직 조폭 두목들이 그러합니다. 전직 조폭 두목 가운데 유튜브를 열심히 하는 분이 있습니다. 이런 사람들이 여러 교회를 다니면서 신앙 간증을 합니다. 너무 쉽게 이들의 잘못에 대해 면죄부를 주고 교회 강단에 세워 회심한 인물로 확인 도장을 찍어줘서는 안 됩니다. 진짜 한 사람이 회심했는지는 그의 삶을 통해 확인되어야 합니다. 전직 조폭 두목이었던 김○○ 씨도 회심했다고 했다가 나중에 또 감방을 갔습니다. 대도 조○○ 씨도 회심했다고 여러 교회에서 간증 집회를 했는데 일본에서 도둑질하다가 또 수감되었습니다. 사람의 회심이라고 하는 것은 그렇게 쉽게 판단할 수 있는 것이 아닙니다. 하물며 많은 사람들을 아프게 하고 괴롭히던 사람이 회심했다고 한다면 그 회심의 증거는 무엇이 되어야 하겠습니까? 자기로 인해서 삶이 망가진 사람들, 여전히 아파하고 있는 사람들을 찾아다니면서 용서를 구하는 모습이 진짜 회심의 모습일 것입니다. 진짜 회개는 피해자가 OK할 때까지 해야 하는 것입니다. 그것이 진짜 회개입니다. 그런데 우리는 자꾸만 하나님과의 관계에서만 회개를 해결하려고 하는 경향이 있습니다. 이러한 자세와 태도는 정말 잘못된 것입니다. 피해자에게 먼저 용서를 구해야 합니다. 오늘 개신교의 회개 신학은 피해자를 소외시키는 방식을 강조하는데 이것은 정말 잘못된 것입니다. 만약 피해자를 소외시키는 회개가 가능했다면 예수님은 '네가 예물을 잘 드리면 너를 원망하는 사람들이 말하는 모든 죄도 다 용서해줄게'라고 말씀하셨을 것입니다. 그런데 예수님은 뭐라고 말씀하십니까? 예물을 드리다가도 누구에게 원망들을 만한 일이 있는 것이 생각이 나면 가서 그 사람에게 용서를 구하고 관계를 회복하고 나서 하나님께 나아오라고 하셨습니다. 이것을 잘 기억해야 합니다.

로마서 3장 20절에 보면 율법으로는 죄를 깨닫게 됩니다. 우리가 하나님의 뜻을 알면 알수록 참 하나님께 온전히 순종한다는 것이 쉽지 않다는 것을 깨닫게 됩니다. 이것은 순종해보려고 했던 사람들만 경험할 수 있는 것입니다. 내가 하나님께 '이렇게 살겠습니다'라고 다짐하고 결단하지만 내 다짐과 결단대로 살아가는 것은 참 쉽지가 않습니다. 그래서 8장에 가면 성령의 도우심에 대한 이야기가 나옵니다. 성령님은 어떤 분이십니까? 우리의 순종을 도우시는 분이십니다. 우리가 하나님께 순종하고자 하는 마음이 있고 그 마음이 진실된 마음이라면 성령 하나님께서 우리를 응원해 주시고 우리의 순종을 도와주십니다. 그래서 3장과 8장은 연관성이 있습니다.

4장 11절에 보면 '할례'라고 하는 것은 무할례 시에 가지고 있던 믿음을 인친 것입니다. 최초로 할례 받았던 사람이 누구입니까? 아브라함입니다. 아브라함이 할례 받는 이야기가 창세기 17장에 나옵니다. 그런데 할례받기 전인 창세기 15장 6절에 무엇이 나옵니까? '아브라함이 하나님을 믿으니 이를 그의 의로 여겼다'는 말씀이 나옵니다. 아브라함이 하나님을 믿었다는 말이 먼저 나오고 그다음에 17장에 그 믿음을 인친 할례가 나옵니다. 중요한 것은 할례 자체보다는 믿음 있는 할례가 의미가 있는 것입니다. 믿음 있는 할례가 의미가 있는 것이지 믿음 없는 할례는 의미가 없습니다. 기억해야 할 것은 믿음 없이도 할례를 받을 수 있다는 것입니다. 믿음 없이도 세례를 받을 수 있습니다. 믿음 없이도 얼마든지 예배를 드릴 수 있습니다. 믿음이 없이도 얼마든지 기도할 수 있습니다. 믿음 없이도 얼마든지 찬양할 수 있습니다. 그러나 그 모든 것은 어떠한 의미도 없습니다. 믿음 있는 할례만이 의미가 있는 것입니다. 믿음 있는 예배만이 의미가 있는 것이고 믿음 있는 찬양만이 의미가 있는 것입니다. 우리가 함께 예배드리거나 찬양하거나 기도하면 같은 신앙인이라고 생각할지 모르지만 그렇지 않습니다. 믿음 있는 행위만이 의미를 갖는 것입니다.

　로마서 4장이 말하는 것처럼 믿음이 없이 할례를 받는 자들이 너무 많습니다. 할례는 받았지만 하나님에 대한 온전한 믿음을 지켜내는 자들이 많지 않습니다. 이것은 세례도 마찬가지입니다. 세례 받았다고 해서 모든 사람들이 다 믿음을 가지고 살아가는 것은 아닙니다. 중요한 것이 무엇입니까? 하나님의 백성이 되는 것보다 하나님의 백성 됨을 지켜내는 것이 중요합니다. 내가 한 번 하나님의 백성이 되었다고 해서 안심할 수 있는 것이 아닙니다. 그래서 매순간 깨어 있는 것이 너무나 중요합니다. 구약 이스라엘이 착각했던 것이 무엇입니까? 자신들이 하나님의 언약 백성이라는 그 사실을 붙잡으면서 그들은 하나님의 심판으로부터 면책 특권이라도 가진 것처럼 착각했습니다. 예언자들의 경고 앞에서도 그들은 절대 하나님의 심판을 받지 않는다고 자신만만했습니다. 하나님과 언약을 체결했다는 것이 중요합니까, 체결한 언약의 내용을 준수하는 신실한 삶을 살아내는 것이 중요합니까? 당연히 후자입니다. 내가 어느 누구와 약속을 했다는 것이 중요합니까, 그 약속을 신실하게 지켜내는 것이 중요합니까? 당연히 후자가 중요합니다. 이스라엘은 언약 체결 자체가 면책 특권이라고 생각했습니다. 그것은 엄청난 착각입니다. 언약 체결보다 중요한 것은 언약에 대한 신실한 준수입니다. 세례 받는 것보다 중요한 것은 세례 받았을 때의 다짐과 결단에 걸맞게 예수만을 내 인생의 주인 삼는 삶을 살아가는 것입니다. 그런데 한국 교회 안에 이상한 믿음이 있습니다. 세례를 받으면 구원은 이미 확보한 것처럼 인식합니다. 세례가 구원을 위한 보증 수표라도 되는 것입니까? 아닙니다. 다시 한 번 강조하지만 세례 받는 것보다 중요한 것은 세례 받았을 때의 다짐과 결단을 살아내는 것입니다. 오늘날 우리 시대의 세례는 구약 시대 이스라엘 백성들에게 할례와 비슷한 의미를 가집니다. 할례 받은 것이 중요한 것이 아니라 하나님에 대한 믿음을 지켜내는 것이 중요한 것처럼 세례도 그러합니다.

5장 1절을 보면 '의롭다 함을 받은 자는 하나님과 화평된 삶을 살아야 한다'고 기록되어 있습니다. '의롭다 함을 받았다'는 말은 하나님과의 관계가 회복되었다는 말입니다. '의'라고 하는 것은 관계적 개념입니다. '의롭다 함을 받았다'는 말은 '하나님과의 관계가 회복되었다'는 뜻입니다. 5장에서 계속 강조하고 있는 것은 우리의 소속이 바뀌었다는 것입니다. 이제 우리의 소속이 전환되었습니다. 이전에는 사탄이 우리의 대장 노릇을 해서 우리가 사탄에 끌려 다니며 살 수밖에 없었습니다. 그러나 이제는 우리가 하나님의 백성이 되었습니다. 소속 부대가 바뀌어서 순종해야 할 대상도 하나님으로 전환된 것입니다. 우리가 사탄의 백성이었을 때는 사탄이 우리의 우두머리였습니다. 그래서 어쩔 수 없이 사탄에게 끌려 다니고 사탄에게 충성할 수밖에 없었습니다. 그런데 예수 그리스도로 말미암아 사탄의 백성이었던 우리가 하나님의 백성으로 소속이 바뀌었습니다. 자연스럽게 내가 순종해야 할 충성의 대상이 바뀌었습니다. 인생의 주인이 바뀌었습니다. 이제는 하나님의 백성이기 때문에 옛날 내 인생의 지배자였던 사탄에게 더 이상 순종해야 할 이유가 없습니다. 그래서 '우리의 신분이 변화되었다'라고 하는 것을 인식하고 인정하고 기억하는 것이 중요합니다.

그런데 우리의 신분이 변화되는 과정에서 우리가 주도적으로 행한 것은 아무것도 없습니다. 신분의 변화는 전적인 하나님의 은혜입니다. 그것을 강조하는 것이 로마서 5장 6절, 8절, 10절입니다. 우리는 여전히 연약합니다. 우리는 여전히 죄인입니다. 우리는 여전히 하나님과 원수 관계입니다. 그런데 예수 그리스도로 말미암아 깨어진 하나님과의 관계가 회복된 것입니다. 하나님과의 관계 회복을 통하여 우리가 하나님의 백성이 되었는데 그 과정에서 우리가 주도적으로 행한 것은 아무것도 없습니다. 100% 전적인 하나님의 은혜로 말미암아 신분의 변화를 맞이하게 된 것입니다. 이것을 아멘으로 받아들이는 것이 중요합니다. 나는 더 이상 사탄에게 순종해야 할 사탄의 백성이 아니라는 사실, 이제 내 인생의 유일한 주인은 하나님이시라는 사실을 온전히 믿고 행하는 것이 중요합니다.

하나님의 전적인 은혜로 말미암아 우리는 놀라운 신분의 변화를 경험했습니다. 그러나 신분의 변화는 일어났지만 삶이 변화된 것은 아닙니다. 오랜 세월 동안 사탄이 왕 노릇하는 세상에서 사탄에게 순종하며 살아왔기 때문에 신분은 변화되었지만 여전히 옛 삶의 습관으로부터 자유 하기는 쉽지가 않습니다. 그래서 우리가 하나님의 구원을 받아 하나님의 백성이 되었을 때 제일 먼저 경험하게 되는 혼란이 신분과 존재의 충돌입니다. 우리의 신분은 하나님의 백성인데 살아가는 삶을 보게 되면 여전히 예수를 믿지 않는 사람들과 별반 다르지 않습니다. 이것이 우리가 구원받자마자 제일 먼저 경험하게 되는 혼란과 갈등입니다. '내가 진짜 하나님의 백성이 맞는가?'라는 질문을 던질 수밖에 없는 것입니다. 이것은 구원을 받아서 신분이 변화되었기 때문에 하게 되는 고민입니다. 왜 이 고민을 하게 되는 것입니까? 신분은 바뀌었는데 존재가 안 바뀌었기 때문입니다. 신분은 하나님의 백성인데 하나님의 통치 안에 거하는 삶이 아직은 어색하고 힘들기 때문입니다. 하나님께 순종하고 싶은 마음이 불 일 듯 일어나지 않음으로 인해 우리는 탄식하게 됩니다. 이러한 신분과 존재 사이의 괴리와 갈등이 있습니다. 그래서 구원받은 다음에 우리에게 요청되는 것이 '성화'의 훈련입니다. 신분만 하나님의 백성으로 변화되는 것이 아니라 일상의 삶도 하나님의 통치 안에 거하는 하나님의 백성으로 전환되는 단계, 이것을 우리는 성화라고 부릅니다. 궁극적으로는 하나님의 뜻이 이루어지는 것이 나에게도 기쁨이 되는 훈련을 하는 긴 시간을 성화라고 할 수 있습니다.

예수로 말미암아 하나님의 은혜로 하나님의 백성이 되는 것을 우리는 '칭의'라고 말합니다. 칭의의 단계에서 우리가 해야 할 것은 하나님의 전적인 은혜를 받아들이는 것입니다. 이것이 우리가 할 수 있는 유일한 것입니다. '나는 이제 더 이상 사탄의 백성이 아니야. 이제 나는 하나님의 백성이 되었어'라는 신분의 변화를 받아들이는 것이 칭의에서 가장 중요합니다. 그런데 우리가 구원받자마자 경험하게 되는 갈등이 무엇입니까? 신분은 하나님의 백성이 되었는데 여전히 나의 일상은 하나님의 백성 아닌 자들과 별반 차이가 없는 것입니다. 신분의 변화와 존재의 변화되지 않음 사이에서 갈등하게 됩니다. 이것은 구원받은 자들만이 경험하게 되는 갈등입니다. 그래서 하나님께서는 우리에게 변화되어진 신분에 걸맞은 존재의 변화를 요청하십니다. 존재가 변화되는 긴 과정을 '성화'라고 부릅니다.

　지금까지 내용을 정리해보겠습니다. 우리가 '구원 받았다'는 말은 하나님의 백성이 되었다는 뜻입니다. 하나님의 백성이 되었다는 것은 하나님의 통치 안에 거하게 되었다는 것입니다. 언제 우리는 하나님의 백성이 되었습니까? 언제부터 우리는 하나님의 통치 안에 거하게 되었습니까? 과거의 어느 시점에 우리는 하나님의 백성이 되었습니다. 이것을 '과거적 구원'이라고 말할 수 있습니다. 이것을 종교 개혁자들은 '칭의'라고 했습니다. '칭의'라는 말은 우리가 과거에 어느 시점에 하나님의 백성이 된 것을 말하는 것입니다. 이때부터 우리는 하나님의 통치 안에 거하게 됩니다. 우리는 이것을 의롭다 함을 받았다고 말합니다. 의롭다 함을 받았다는 말은 하나님과의 관계가 회복되었고 이제는 우리가 하나님의 백성이 되었다는 말입니다. 그리고 우리는 지금 '현재적 구원'을 누리고 있습니다. 이 현재적 구원을 '성화'라고 말합니다. 성화는 우리가 하나님의 통치 안에 거하고자 분투하는 것을 말합니다. 이것을 '현재적 구원'이라고 말할 수 있습니다. 그리고 우리가 소망하는 것이 무엇입니까? 미래적 구원의 완성입니다. 이 '미래적 구원'을 '영화'라고 말합니다. 그래서 종교 개혁자들은 구원의 단계를 칭의, 성화, 영화 단계로 설명했습니다. 많은 사람들이 구원을 죽은 다음에 받는 것으로 이해하는데 절대 그렇지 않습니다. 우리는 이미 구원을 받은 것입니다. 구원이 무엇입니까? 하나님의 백성 되는 것입니다. 하나님의 통치 안에 거하는 것이 '구원받음'입니다. 우리의 구원은 과거에서부터 이미 시작된 것입니다. 이것을 '칭의'라고 말합니다. 과거에 어느 시점부터 우리는 하나님의 백성이 되었고 하나님의 통치 안에 들어오게 된 것입니다. 그리고 우리는 지금 어느 단계를 통과하고 있습니까? '성화의 단계' 즉 '현재적 구원'을 경험하고 있습니다. 오늘도 하나님의 통치 안에 거하려고 노력해야 합니다. 내일도 하나님의 통치 안에 거하기 위해 깨어 노력해야 합니다. 이것을 '현재적 구원'이라고 말합니다. 그리고 우리는 궁극적으로 무엇을 소망합니까? 하나님께서 우리에게 허락하실 궁극적인 구원의 완성을 소망합니다. 구원을 미래의 어느 시점에 하나님 나라에 입성하는 것으로만 이해해서는 안 됩니다. 구원은 하나님의 백성이 되는 것이고 구원받음은 하나님의 통치 안에 거하는 것입니다. 이것을 종교 개혁자들은 칭의, 성화, 영화로 설명했습니다. 이것을 다른 표현으로 말하면 과거적 구원, 현재적 구원, 미래적 구원이라고 할 수 있습니다.

Q 목사님들이 보통 구원에 대해서 말씀하실 때 구원의 상실은 있을 수 없다는 말씀을 많이 하십니다. 한번 구원 받은 사람은 영원히 구원을 받는 것처럼 말씀하시는데 구원의 여정에서 중간 탈락할 가능성은 없는 것인가요?

A 성경을 보면 구원의 여정에서 중간 탈락한 자들의 이야기가 많이 나옵니다. 예수님의 열두 제자 가운데 가룟 유다도 그런 케이스 아닙니까? 그 다음에 바울과 함께했던 사람들 가운데 바울을 떠났던 사람들이 많습니다. 구약에서는 출애굽 1세대들이 대표적입니다. 그들은 하나님의 은혜로 출애굽은 하였지만 궁극적인 구원이라고 할 수 있는 가나안 땅에 입성하지는 못했습니다. 민수기를 보면 광야에서

하나님께 반역하고 불평과 불만을 제기하다가 심판받은 자들의 이야기가 많이 나옵니다. '구원의 중간 탈락은 없다'라고 말하는 목사님들에게 방금 언급한 출애굽 1세대나 여호수아에 나오는 아간 같은 사람, 가룟 유다와 같은 사람은 어떻게 되는 것인가에 대해 한번 질문해 보시면 좋을 것 같습니다.

성경에는 하나님의 은혜로 하나님의 백성이 되었지만 하나님의 통치 안에 거하기를 기뻐하지 아니하고 하나님의 통치를 거부하고 뛰쳐나간 사람들의 이야기가 많이 나옵니다. 이들은 구원의 여정에서 중간 탈락한 자들입니다. 이들이 탈락한 이유는 하나님께서 이들을 버리셨기 때문이 아닙니다. 이들 스스로가 하나님의 통치 안에 거하기를 거부하였기 때문입니다. 구원의 여정에서 중간 탈락한 자들이 있다는 것이 하나님의 능력 없음과는 아무런 상관이 없음을 기억해야 합니다. 하나님이 그들을 버리신 것이 아니라 그들 스스로가 하나님과의 관계를 저버린 것입니다. 그들 스스로가 하나님의 통치를 거부한 것입니다. 성경이 계속 반복하고 있는 것은 하나님은 인자와 자비와 긍휼이 많으시고 노하기를 더디 하신다는 것입니다. 그런데 하나님께서 무수하게 많은 돌이킬 수 있는 기회를 주었음에도 불구하고 끝내 하나님의 자비로운 손길을 거부한 자들은 하나님의 심판을 받을 수밖에 없습니다. 우리 하나님은 오래 참으시는 하나님이시지만 영원히 참으시는 하나님은 아니십니다. 안타깝게도 너무나 많은 목회자들이 구원의 중간 탈락 가능성을 언급하지 않습니다. 한번 구원은 영원한 구원이라는 해병대식 구원론을 가지고 구원 도매업을 하고 있습니다. 성경을 제대로 읽기만 해도 하나님의 은혜로 하나님의 백성이 되었지만 구원의 여정에서 하나님의 백성 됨을 거부하고 포기한 자들이 얼마나 많은지를 알 수 있는데 이 부분에 대해서는 침묵하고 있습니다. 확실한 것은 구원의 여정에서 중간 탈락한 자들은 그들 스스로가 하나님의 통치를 거부하였다는 사실입니다.

Q 한국 교회에서 구원의 완성을 경험할 사람들은 과연 몇 퍼센트 정도 될까요? 자기의 신앙을 고백하면서 '난 예수님을 믿는다'라는 주장에 근거하여 구원을 받는 것인지, 그가 가지고 있는 어떤 가치관과 삶의 모습을 통해서 구원을 받는 것인지 궁금합니다.

A 중요한 것은 우리 가운데 누가 최종적인 구원을 받을 수 있을지는 하나님만이 아신다는 것입니다. 우리가 '천국에서 만나요'라고 서로 인사는 할 수 있겠지만 천국에서 우리가 만나지 못할 가능성도 높다고 봐야 합니다. 우리보다 신앙이 훨씬 더 철저했던 바울조차도 이렇게 말합니다. '내가 이미 얻었다 함도 아니요 푯대를 향하여 달려간다', '선 줄로 생각하는 자는 넘어질까 조심해라', '두렵고 떨림으로 너희 구원을 이루라.' 여기 '선 줄로 생각하는 자는 넘어질까 조심하라'는 말이 무슨 뜻입니까? 자신은 구원받았다고 자신만만해 하는 사람들에게 조심하라는 말입니다. '내가 이미 얻었다 함도 아니요'라는 말은 미래적 구원은 따 놓은 당상이라고 착각하지 말라는 것입니다. 바울조차도 자신은 끊임없이 푯대를 향하여 달려간다고 말하는데 오늘 한국 교회는 너무 쉽게 구원받았음을 선포하고 있습니다. 문제는 스스로도 자기가 구원받았다고 확신하면서도 하나님의 통치 안에 거하는 삶을 기뻐하지 아니하고 세속의 가치와 욕망을 붙잡으며

살아가는 신앙인들이 너무 많다는 것입니다. 구원받음은 하나님의 백성이 되는 것이고 하나님의 통치 안에 거하는 것이라고 할 때 현재의 삶에서 하나님의 통치 안에 거하기를 기뻐하지 않는데 최종적인 구원의 완성을 받는다고 하는 것이 과연 가능한 일일까요?

제가 이렇게 말하면 이런 질문을 제기할 수 있습니다. '그렇다면 하나님의 통치 안에 거하기를 기뻐하지 않는 사람들은 다 구원의 완성을 누리지 못하는 것인가요?' 여기서 우리가 기대할 수 있는 것이 하나님의 은혜와 자비로움입니다. 하나님께서 공의의 잣대로만 우리 신앙을 판단하신다면 우리 가운데 하나님의 판단에 합격할 수 있는 사람이 과연 얼마나 되겠습니까? 그러나 하나님은 공의로우실 뿐만 아니라 은혜와 자비로움이 충만하신 분이십니다. 그래서 저는 많은 신앙인들이 하나님의 은혜와 자비로움으로 인해 구원받을 수 있다고 봅니다. 사람들의 구설수에 오르내린 많은 목회자들과 신앙인들도 천국에서 만날 수도 있다고 생각합니다. 이것은 전적으로 개인적인 생각입니다. 그만큼 하나님은 내가 감당할 수 없을 만큼 자비로우신 분이십니다. 그런데 그 자비로우심 때문에 나 자신도 구원받을 가능성이 있는 것입니다. 그래서 내가 싫어하는 사람들이 구원 받는 것에 대해서 저는 1도 불만이 없습니다. 하나님의 무한 자비하심으로 인해 그들이 구원받는 것처럼 저도 하나님의 무한 자비하심으로 인해 구원을 받을 수 있기 때문입니다.

그런데 문제는 이것입니다. 우리가 생각하는 것처럼 우리 모두가 천국에 입성했다고 생각해 보십시오. 천국에 입성만 하면 이때부터 우리가 원하는 삶을 마음껏 살 수 있는 것인가요? 천국은 입성하는 것이 중요하지 않습니다. 우리가 가기를 소망하는 천국은 우리가 여행가서 즐기는 동남아 휴양지 같은 곳이 아닙니다. 천국은 하나님의 뜻이 온종일 이루어지는 곳입니다. 하나님의 통치가 100% 구현되는 곳이 천국입니다. 그래서 성화가 너무나 중요합니다. 왜 성화가 중요합니까? 우리가 하나님의 은혜와 무한 자비하심으로 인해 천국에 입성은 했는데 우리의 존재가 하나님의 통치를 기뻐하는 자로 변화되지 않았다면 어떤 일이 벌어지겠습니까? 하나님의 은혜로 천국에는 입성했는데 천국에서의 삶이 진정한 기쁨이 되겠습니까? 자신이 원하는 것과 하나님이 원하시는 것이 일치하는 사람에게만 천국의 삶은 기쁨과 행복의 시간이 될 것입니다. 자기가 원하는 것과 하나님이 원하시는 것이 하늘과 땅 만큼의 차이를 드러낸다면 자기가 원하는 것은 하나도 이루어지지 않고 하나님이 원하시는 것만 이루어지게 되는 천국의 삶이 그 사람에게 참된 기쁨이 될 수 있겠습니까? 그래서 성화가 중요합니다. 성화는 하나님의 원하심과 나의 원함이 점점 일치되어지는 과정입니다. 하나님께 기쁨인 것이 나에게도 기쁨이 되는 것이 성화의 훈련입니다. 진짜 성화의 훈련을 제대로 통과한 사람만이 하나님의 뜻이 온전히 이루어지는 천국의 삶이 진정 행복할 수 있는 것입니다. 그렇지 않으면 하나님의 은혜로 구원은 받았다 하더라도 천국에서의 삶이 너무나 고통스러울 수밖에 없습니다. 최종적인 구원을 온전히 누리기 위해서라도 성화가 너무나 중요합니다. 너무나 많은 사람들이 천국에 들어가는 것 자체를 중요하게 생각합니다. 그러나 천국에서의 삶이 진짜 기쁨이 되기 위해서는 성화가 중요하다는 사실을 기억해야 합니다.

로마서 6~16장

로마서 1장부터 5장까지 핵심적인 내용은 다음과 같습니다. 첫째로 죄로 인해서 하나님과 우리의 관계가 깨졌다는 것입니다. 둘째로 그리스도 예수로 말미암아 하나님과 우리의 관계가 회복되었다는 것입니다. 셋째로 우리는 이제는 사탄에게 종노릇하는 사탄의 백성이 아니라 하나님의 백성이 되었다는 것입니다. 이것을 말하는 것이 5장까지의 주된 내용입니다. 이제 로마서 6장을 보겠습니다. 6장 10절을 보면 이제 우리는 죄에 대해서 죽고 하나님에 대해서 사는 자가 되었음을 강조합니다. 그러면 이제부터 어떻게 살아야 합니까? 11절이 말하는 것처럼 살아야 합니다.

이와 같이 너희도 너희 자신을 죄에 대하여는 죽은 자요 그리스도 예수 안에서 하나님께 대하여는 살아 있는 자로 여길지어다.

죄에 대해서는 이제 죽은 자이고 하나님에 대해서는 산 자가 되었습니다. 이것을 명확하게 기억하는 것이 중요합니다. 그리고 21절에 보면 우리가 죄의 지배 가운데 있을 때 어떤 열매를 맺었는지를 잘 성찰해보라고 합니다. "너희가 그 때에 무슨 열매를 얻었느냐?" 한 마디로 죄의 지배를 받던 옛 삶에 대해서 미련을 갖지 말라는 것입니다. 옛 삶을 단호하게 끊어내라는 것입니다. 이제는 우리가 그리스도 예수로 말미암아 새로운 존재가 되었음을 받아들여야 한다는 것입니다. 이것이 6장의 핵심적인 내용입니다.

로마서 7장으로 가면 중요한 문제가 한 가지 드러납니다. 이제 우리는 하나님의 백성이 되었는데 우리의 일상을 보면 여전히 죄의 지배 가운데 살아갈 때가 많다는 것입니다. 이것 때문에 갈등하게 됩니다. 이제 내 신분은 하나님의 백성이 되었는데 내가 살아가고 있는 삶의 모습을 보면 여전히 죄의 지배 가운데 살아가는 듯한 모습을 많이 목격하게 됩니다. 이것 때문에 갈등하는 내용이 7장입니다. 7장에서 제일 중요한 구절이 24절입니다.

오호라 나는 곤고한 사람이로다 이 사망의 몸에서 누가 나를 건져 내랴.

자기 힘만으로 하나님의 사람으로 살아갈 수 없음을 고백하는 것입니다. 죄에 대한 깊은 고민 속에서 이 죄의 늪에서 홀로 탈출할 수 없음을 자각하고 구원자를 간절히 소망하는 것이 바로 24절의 외침입니다. 우리가 하나님께 순종하고자 하다 보면 무엇을 깨닫게 됩니까? 순종하고자 하는 나의 다짐과 결단은 하늘만큼 높은데 내 능력과 지혜와 의지가 참 연약하다는 것을 깨닫게 됩니다. 머리로는 결단하고 다짐하는데 손과 발로는 결단과 다짐을 살아내지 못하는 것입니다. 이런 괴로움 속에서 우리는 내가 피조물로서 얼마나 제한적인 존재이고 한계를 가진 존재라는 것을 자각하게 됩니다. 그리고 내 힘으로서가 아니라 내 존재 바깥에 계신 절대자에 의해서 내가 구원받을 수밖에 없음을 인정하게 됩니다. 그것이 바로 24절의 고백입니다.

예수의 죽음이 나의 죄를 대속한 죽음이라고 믿는 자를 하나님은 의롭다고 하십니다. 믿음의 첫걸음이 무엇입니까? 예수께서 죄의 지배로부터 나를 해방시키시고자 자신을 내어주셨음을 받아들이는 것입니다. 그리스도께서 자기를 내어주심으로 말미암아 우리가 하나님의 백성이 되었다는 사실을 받아들이는 것이 믿음의 출발입니다. 믿음의 출발선상에서 우리가 기억해야 할 것은 우리가 하나님의 백성이 된 것은 엄청난 값비싼 은혜라는 사실입니다. 죄로 인해서 하나님과 우리의 관계가 단절되었는데 예수께서 자기를 내어주심으로 인해 하나님과 우리의 관계가 회복된 것입니다. 이 얼마나 값비싼 은혜입니까? 예수께서 자기를 내어주시는 그 은혜가 없었다면 우리가 하나님의 백성이 될 수 있었겠습니까? 우리가 하나님의 백성이 된 것이 매우 값비싼 은혜라고 하는 것을 기억하는 것이 중요합니다. 6장과 7장을 다시 정리해보겠습니다. 우리는 예수의 은혜로 말미암아 하나님의 백성이 되었습니다. 그런데 우리의 일상을 보게 되면 내 힘으로할 수 있는 것이 많지가 않습니다. 하나님께 순종하고자 하다 보면 내가 얼마나 연약한 존재라는 것을 금방 깨닫게 됩니다.

그래서 8장이 중요합니다. 8장은 하나님의 백성을 성령께서 도와

주신다는 사실을 강조합니다. 이것이 바로 구약 시대 이스라엘 백성들과 신약 시대 하나님의 백성들의 중요한 차이입니다. 신약 시대 하나님의 백성들은 예수의 은혜로 인해 하나님의 백성이 되었을 뿐만 아니라 하나님의 백성으로 살아가고자 하는 여정에서도 성령의 도우심을 받을 수가 있습니다. 언제 도움을 받게 됩니까? 하나님의 뜻을 알고자 할 때 도움을 받고 하나님의 뜻에 온전히 순종하고자 할 때 성령의 도우심을 경험하게 됩니다. 그리고 하나님의 영이신 성령의 인도함을 받는 사람들은 생명과 평화의 일에 대해 관심을 갖게 됩니다. 이것이 바로 진짜 성령 충만한 사람들의 특징입니다. 8장 6절을 보면 "육신의 생각은 사망이요 영의 생각은 생명과 평안"이라는 말씀이 나옵니다. 우리가 성령의 사람이라면 생명의 문제와 평안, 즉 평화의 문제에 대해서 관심을 가질 수밖에 없습니다. 그다음 9절 후반부에 보면 "누구든지 그리스도의 영이 없으면 그리스도의 사람이 아니라"는 말씀이 나옵니다. 여기 그리스도의 영이 무엇입니까? 성령입니다. 성령의 지배를 받지 못하면 예수의 사람이 될 수 없는 것입니다. 그다음에 14절을 보면 "무릇 하나님의 영으로 인도함을 받는 사람은 곧 하나님의 아들이다"는 말씀이 나옵니다. 하나님의 백성의 가장 중요한 특징은 자기의 힘으로 살아가는 것이 아니라 성령의 도우심으로 살아가는 것입니다. 우리가 성령의 도우심을 경험하게 되면 말씀 충만해집니다. 성령의 도우심을 경험하게 되면 순종 충만해집니다. 말씀 충만과 순종 충만이 진정한 성령 충만입니다. 우리가 성령의 지배 가운데 있다는 것이 어떻게 드러납니까? 생명과 평화의 문제에 대해서 관심을 가지는 것으로 드러납니다.

8장 19절을 보면 피조물이 고대하는 바는 하나님의 아들들이 나타나는 것입니다. 피조물들이 지금 무엇을 사모하고 있습니까? 하나님의 아들들이 등장하기를 사모하고 있습니다. 여기서 하나님의 아들들이라고 하는 사람들은 누구입니까? 창세기 1장 28절에 나오는 문화 명령을 준수하는 사람들입니다. 하나님의 마음으로 하나님의 피조물들을 잘 돌보고 다스리고 지키는 사람들입니다. 이런 사람들이 없었기 때문에 지금까지 피조물들은 탄식할 수밖에 없었습니다. 하나님의 마음으로 피조물들을 잘 돌보고 다스리고 지키는 사람들이 없게 되면 피조 세계는 신음할 수밖에 없습니다. 그래서 피조물들은 탄식하는 가운데 하나님의 마음을 가진 하나님의 자녀들이 등장하기를 갈망하는 것입니다. 하나님의 백성 된 신앙인들은 문화 명령에 근거해서 이 땅의 환경과 생태 문제, 기후 위기의 문제와 관련하여 지극한 관심을 가져야 합니다. 그것이 진정 하나님의 백성 됨의 모습입니다. 하나님의 백성 됨이라고 하는 것은 단순히 예배당에 모여서 기도하고 찬양하고 예배드리는 것으로 끝나는 것이 아닙니다. 하나님의 마음으로 하나님의 피조물들을 잘 돌보고 다스리고 지키는 것이 하나님의 백성들의 모습입니다. 탄식하고 있는 피조물들은 그런 일에 열심을 다하는 하나님의 아들들이 나타나기를 간절히 사모하고 있습니다.

9장에는 바울이 자신의 동족인 유대인들을 위해서 정말 애절한 마음을 표현하고 있습니다. 아브라함의 대표적인 아들이 두 명 있습니다. 한 명은 이스마엘이고 다른 한 명은 이삭입니다. 둘 다 아브라함의 아들이지만 이스마엘은 육신의 자녀이고 이삭은 약속의 자녀입니다. 왜 바울은 육신의 자녀와 약속의 자녀라는 표현을 사용하고 있을까요? 당시 유대인들 중에서도 믿음의 자녀도 있고 육신의 자녀도 있었기 때문입니다. 어떤 유대인들이 믿음의 자녀입니까? 유대인이지만 하나님의 백성 된 자들, 예수를 그리스도로 고백하는 자들이 약속의 자녀입니다. 그런데 유대인이지만 여전히 구약의 율법에 갇혀 있거나 예수를 그리스도로 인정하지 않는 사람들은 육신의 자녀입니다. 바울이 계속해서 아브라함 이야기를 하고 이삭과 이스마엘 이야기를 하는 이유가 바로 여기에 있습니다. 이삭과 이스마엘 모두가 아브라함의 자녀이지만 한 사람은 육신의 자녀이고 한 사람은 약속의 자녀인 것처럼 유대인들 중에서도 약속의 자녀가 있고 육신의 자녀도 있다는 것입니다. 어떤 사람들이 육신의 자녀입니까? 구약의 제의법에 머물러 있는 사람들, 메시아가 아직 오지 않았다고 믿는 사람들이 육신의 자녀입니다. 반대로 유대인이지만 예수가 그리스도이심을 믿는 사람들, 믿음으로 하나님의 백성이 된 사람들은 약속의 자녀입니다. 즉 유대인이라고 해서 다 같은 유대인이 아니라는 것입니다. 마치 무엇과 비슷합니까? 마태복음에 보면 교회 공동체 안에 들어와 있는 사람 가운데 양도 있고 염소도 있다는 것과 비슷합니다. 아브라함의 아들 가운데 한 명은 약속의 자녀이고 한 명은 육신의 자녀이듯이 유대인들 중에서도 약속의 자녀가 있고 육신의 자녀가 있는 것이고, 교회 공동체 안에서도 양도 있고 염소도 있는 것입니다. 10장 1~3절을 보면 이스라엘의 특징이 잘 나타나고 있습니다.

형제들아 내 마음에 원하는 바와 하나님께 구하는 바는 이스라엘을 위함이니 곧 그들로 구원을 받게 함이라 내가 증언하노니 그들이 하나님께 열심이 있으나 올바른 지식을 따른 것이 아니니라 하나님의 의를 모르고 자기 의를 세우려고 힘써 하나님의 의에 복종하지 아니하였느니라.

유대인들의 특징은 크게 세 가지로 나눌 수 있습니다. 첫째는 열심은 있지만 바른 지식에 근거한 것이 아니라는 것입니다. 둘째는 바른 지식에 근거한 것이 아니기 때문에 하나님의 의를 모르고 자기 의를 세우게 된다는 것입니다. 셋째는 하나님의 의를 복종하지 아니한다는 것입니다. 이것이 유대인들의 특징이자 회심 이전에 바울의 모습입니다. 바울은 하나님에 대한 열심이 있었지만 바른 지식에 근거한 것이 아니었습니다. 자기 나름대로는 하나님을 위해 수고하고 애쓴다고 생각했지만 예수님으로부터 '사울아 사울아 네가 왜 나를 핍박하느냐'라는 말을 듣게 되었습니다. 자기는 하나님을 위해 수고한다고 생각했는데 결과적으로는 하나님의 마음을 아프게 하는 일을 행한 것임을 깨닫게 되었습니다. 이것이 바로 회심 이전의 바울의 모습이자 유대인들의 모습입니다. 열심은 있습니다. 그런데 하나님의 뜻을 모르는 것입니다. 그 결과 하나님의 뜻과 아무런 상관이 없는 일 또는 하나님이 가장 싫어하는 일을 행하는데 열심을 쏟고 있는 것입니다. 이런 것이 가장 위험합니다. 분별없는 열심이 가장 위험합니다. 하나님이 원하시는 바가 무엇인지를 알지 못하다 보니까 결국은 하나님의 의를 모르고 자기 의를 내세우게 됩니다. 그 결과 하나님의 의에 복종하지 아니하게 되는 것입니다. 이것이 회심 이전의 바울의 모습이고 대다수 유대인들의 모습입니다.

11장을 보면 그럼에도 불구하고 여전히 하나님 나라 백성의 뿌리는 유대인임을 강조하고 있습니다. 이것은 로마 교회 안에 있었던 이방 기독교인들로 하여금 자신들을 지나치게 높이지 못하도록 하는 메시지입니다. 로마 교회는 바울이 개척한 교회도 아니고 바울과 한 번도 만남을 가진 적이 없는 교회입니다. 바울의 편지를 받았던 대부분의 교회와 로마 교회에는 중요한 차이가 하나 있습니다. 바울의 편지를 받았던 대부분의 교회는 교회 구성원 중에 유대 기독교인들이 다수이고 이방 기독교인들이 소수입니다. 그런데 로마 교회는 49년에 글라우디오 황제의 칙령으로 유대인들이 로마를 떠나게 되었고 자연스럽게 로마 교회는 이방인 중심의 교회가 되었습니다. 그래서 로마 교회는 이방 기독교인이 다수이고 유대 기독교인이 소수였습니다. 이런 상황을 염두에 두면 로마서에서 바울이 유대인들을 편드는 듯한 모든 말들은 결국은 로마 교회 안에 있는 약자를 편드는 발언입니다. 로마 교회와 다른 교회의 중요한 차이 가운데 하나가 교회 구성원의 비율이 정반대였음을 꼭 기억하셔야 합니다. 유대인들은 여전히 하나님의 구원에서 탈락한 것이 아닙니다. 하나님께서 보내신 메시아를 죽임으로 인해 지금은 하나님과 단절된 듯 보이지만 여전히 하나님께서는 유대인들 가운데 남은 자들을 남겨두셨습니다.

11장 11절을 보겠습니다.

그러므로 내가 말하노니 그들이 넘어지기까지 실족하였느냐 그럴 수 없느니라 그들이 넘어짐으로 구원이 이방인에게 이르러 이스라엘로 시기나게 함이니라.

왜 유대인이 아니라 이방인들이 하나님의 백성이 되었는가라고 할 때 중요한 것은 하나님이 유대인을 버리신 것이 아니라는 것입니다. 신학적 주장 가운데 대체 신학이라는 것이 있습니다. 대체 신학의 핵심적인 내용은 이렇습니다. 구약 시대에는 하나님께서 유대인들을 당신의 백성 삼으셨는데 신약 시대에는 유대인들이 버림을 받고 교회의 구성원들이 하나님의 백성이 되었다는 것입니다. 하나님의 백성이 A에서 B로 대체가 되었다는 것입니다. 옛날에는 유대인이 하나님의 백성이었지만 이제는 교회의 주구성원인 이방인으로 대체가 되었다는 것입니다. 그런데 11장의 내용을 보면 대체 신학이 옳은 주장이 아님을 알 수 있습니다. 하나님은 구약 시대에는 유대인을 당신의 백성 삼았다가 이제는 유대인을 버리고 새로운 사람들을 중심으로 하나님의 백성을 대체하신 것이 아닙니다. 하나님이 이방인들을 당신의 백성 삼으신 것은 유대인들로 하여금 시기하게 하여 결국은 유대인들이 하나님을 더욱 강하게 붙잡기를 기대하시는 것입니다.

이것을 강조하기 위해서 바울은 어떤 비유를 말하고 있습니까? 돌감람나무와 참감람나무 이야기를 합니다. 여기서 돌감람나무는 이방인들이고 참감람나무는 유대인들입니다. 11장 17절입니다.

또한 가지 얼마가 꺾이었는데 돌감람나무인 네가 그들 중에 접붙임이 되어 참감람나무 뿌리의 진액을 함께 받는 자가 되었은즉.

여기서 "또한 가지 얼마가 꺾이었는데 돌감람나무인 네가"에서 '네가'는 이방인을 말하는 것입니다. "돌감람나무인 네가 그들 중에 접붙임이 되어 참감람나무 뿌리의 진액을 함께 받는 자가 되었은즉”
은 이방 기독교인들이 유대인들에게 접붙여진 것입니다. 그러면서
하나님께서 원가지였던 유대인들도 자르셨는데 접붙임을 당한 너희
들도 잘릴 수 있음을 경고하고 있습니다. 즉 이제는 우리가 하나님의
백성이 된 것이라는 식으로 자만하지 말라는 것입니다. 옛날에는 유
대인이 하나님의 백성이었지만 이제는 우리가 하나님의 백성으로 대
체된 것이라는 식의 주장을 하지 말라는 것입니다. 여전히 참감람나
무는 유대인입니다. 이방 기독교인들은 접붙여진 것입니다. 유대인
들이 집단적으로 하나님으로부터 버림받은 것이 아님을 강조하는 것
이 11장의 핵심 내용입니다.

12장에서는 1절과 2절이 중요합니다.

그러므로 형제들아 내가 하나님의 모든 자비하심으로 너희를 권하
노니 너희 몸을 하나님이 기뻐하시는 거룩한 산 제물로 드리라 이
는 너희가 드릴 영적 예배니라 너희는 이 세대를 본받지 말고 오직
마음을 새롭게 함으로 변화를 받아 하나님의 선하시고 기뻐하시고
온전하신 뜻이 무엇인지 분별하도록 하라.

누가 자기의 몸을 거룩한 산 제물로 바쳐야 합니까? 자신이 바쳐
야 합니다. 이것이 구약 시대와 달라진 내용입니다. 구약 시대에는
자기 존재 바깥에서 제물을 찾았습니다. 그리고 제사장이 제사를 주
관했습니다. 그런데 신약 시대에는 내가 내 몸을 제물로 바쳐야 합니
다. 내가 제사장이 되는 것입니다. 이것이 구약 시대에 드렸던 제사

와의 차별적인 내용입니다. 무엇이 제물입니까? 자신의 몸이 제물입니다. 여기서 몸이라고 하는 말은 삶이라고 할 수 있습니다. 내 자신의 삶을 하나님께 산 제물로 바쳐야 하는 것입니다. 레위기의 표현대로 하면 거룩한 삶을 하나님께 제물로 바치라는 것입니다. 레위기 19장 2절에 보면 '내가 거룩하니 너희도 거룩하라'는 말씀이 나옵니다. 하나님의 백성은 하나님을 닮아 거룩한 삶을 살아내야 합니다. 재판관에게는 무엇이 거룩입니까? 공의로운 판결을 내리는 것이 거룩입니다. 사업하는 사람에게는 무엇이 거룩입니까? 저울추를 속이지 않는 것이 거룩입니다. 농민에게는 무엇이 거룩입니까? 밭모퉁이까지 수확하지 아니하고 가난한 자들을 위해 남겨두는 것이 거룩입니다. 레위기가 말하는 거룩은 그 시대의 주류 문화와 주류 가치에 동화되지 않는 삶을 말합니다. 한 시대를 지배하고 있는 주류 가치가 있습니다. 한 시대를 지배하고 있는 주류 문화가 있습니다. 주류 가치와 주류 문화에 동화되지 아니하고 말씀에 근거하여 새로운 삶을 살아내는 것이 바로 거룩한 삶입니다. 그런 거룩한 삶을 살아내는 산 제물이 되라고 바울은 로마 교인들에게 요청하고 있는 것입니다.

그러한 산 제물의 삶이 어떠한 삶인지를 설명하고 있는 것이 2절입니다.

너희는 이 세대를 본받지 말고 오직 마음을 새롭게 함으로 변화를 받아.

이것이 바로 산 제물로서의 삶입니다. 산 제물로 살아가는 신앙인들은 한 시대를 지배하고 있는 그 시대의 주류 문화와 주류 가치를 본받지 않습니다. 도리어 마음을 새롭게 함으로 변화를 받습니다. 영어로 '본받는다'는 것은 conform이고, '변화를 받는다'는 것은 transform입니다. 사람들을 획일화시키는 매시대마다 폼이 있습니다. 오늘날 대한민국 사회에서 살아가려면 이렇게 살아야 한다는 우리의 무의식을 지배하는 한 시대의 형태가 있습니다. 그것을 수용하며 살아가는 것이 본받는 것입니다. 그러나 신앙인은 그렇게 살아서는 안 됩니다. 본받지 말고 변화를 받아야 합니다. 한 시대의 폼을 그대로 수용하지 아니하고 트랜스, 즉 변화시켜내야 하는 것입니다. 새로운 형태를 만들어내야 하는 것입니다. 이것이 바로 거룩한 산 제물로서의 삶입니다. 그런 의미에서 신앙인들이 속해 있는 교회 공동체는 말씀에 근거한 새로운 문화를 창조하는 곳이 되어야 합니다. 교회 공동체 안에서 새로운 결혼 문화, 자녀 양육 문화, 물질 소비문화, 문화 향유 문화 등을 창조하고 살아내야 합니다. 말씀에 근거한 새로운 문화들을 교회 공동체 식구들이 함께 만들어내고 살아내는 것이 중요합니다. 그런데 오늘날 한국 교회는 함께 예배를 드리는 것을 제외하고 일상의 삶은 대한민국 사회가 만들어 놓은 그 형태에 대부분 종속되어 살아가는 경우들이 많습니다. 로마서 12장 1절과 2절이 말하는 것처럼 이 세대를 본받지 않고 변화시켜내는 거룩한 산 제물로서의 삶이 우리에게 부재함을 인정할 수밖에 없는 것입니다.

13장 1절입니다.

각 사람은 위에 있는 권세들에게 복종하라 권세는 하나님으로부터

나지 않음이 없나니 모든 권세는 다 하나님께서 정하신 바라.

일제시대 후반기에 조선총독부는 목사님들의 설교를 검열했습니다. 그러면서 출애굽기 같은 본문들은 설교하지 못하도록 했습니다. 왜 조선총독부에서 목사님들로 하여금 출애굽기 설교를 하지 못하게 했을까요? 출애굽기는 본문을 보는 순간 바로 현실에서 적용이 됩니다. 히브리인들을 괴롭히는 바로가 누구입니까? 조선총독부의 총독이고 일본의 천황입니다. 이집트의 군인들은 누구입니까? 일본 순사와 헌병들입니다. 고난 받는 히브리인들이 누구입니까? 조선의 백성들입니다. 목사님들이 이 본문을 언급하는 순간 바로 적용이 되었기 때문에 조선총독부에서는 출애굽기 설교를 하지 못하게 했습니다. 그리고 묵시문학인 다니엘, 에스겔, 요한계시록 같은 본문들도 설교하지 못하도록 했습니다. 또한 주기도문이나 사도신경에서도 일본의 신도 교리와 충돌이 일어나는 것은 고백하지 못하도록 했습니다. 예를 들면 창조 교리와 심판 교리가 담긴 문장들입니다. 대신 조선총독부가 적극적으로 설교를 하도록 장려했던 본문이 있습니다. '원수를 사랑하라'는 말씀이 있는 산상 설교와 '위에 있는 권세에 복종하라'는 로마서 13장 1절입니다.

로마서 13장 1절은 일제시대 뿐만 아니라 군사 독재 시절에도 교회에서 전가의 보도처럼 언급되던 구절입니다. 일제에 저항하거나 군사 정권에 저항하는 사람들을 이 말씀을 근거로 책망을 했습니다. 하나님께서는 위에 있는 권세에 복종하라고 하셨는데 위에 있는 권세에 복종하지 아니하고 저항하는 것에 대해 훈계를 한 것입니다. 로마서 13장 1절에 근거해서 나온 이론이 권력 신수설입니다. 지상의 권력이라고 하는 것은 신으로부터 주어진 것이라는 의미입니다. 그런데 권력 신수설은 지상의 권력이 행하는 모든 것들이 신의 뜻임을 인정하는 주장은 아닙니다. 이것을 잘 구별하셔야 합니다. 사실 로마서 13장 1절은 지상의 권력을 겸손하게 만드는 선언입니다. 왜 지상의 권력을 겸손하게 만듭니까? 먼저 권력자가 쥐고 있는 그 권력이 권력자의 힘과 능력으로 획득한 권력자의 것이 아님을 선언하고 있습니다. 지상의 모든 권력은 권력의 참 주인이신 하나님께서 잠깐 맡겨주신 것입니다. 무엇을 기대하며 맡겨주신 것일까요? 13장 4절과 6절에 보면 하나님의 사역자와 하나님의 일꾼이 되라고 하나님께서 맡겨주신 것입니다. 13장 4절입니다.

> 그는 하나님의 사역자가 되어 네게 선을 베푸는 자니라 그러나 네가 악을 행하거든 두려워하라 그가 공연히 칼을 가지지 아니하였으니 곧 하나님의 사역자가 되어 악을 행하는 자에게 진노하심을 따라 보응하는 자니라.

6절입니다.

> 너희가 조세를 바치는 것도 이로 말미암음이라 그들이 하나님의 일꾼이 되어 바로 이 일에 항상 힘쓰느니라.

하나님께서 누군가에게 지상 권력을 맡기실 때 무엇을 기대하시는 것입니까? 하나님의 동역자와 하나님의 일꾼이 되기를 기대하시는 것입니다. 여기 하나님의 동역자와 하나님의 일꾼이 된다는 말은 무슨 의미일까요? 하나님이 원하시는 바를 행하라는 것입니다. 그것이 무엇입니까? 권선징악을 시행하는 것입니다. 선을 행하는 자들에게는 상을 주고 악을 행하는 자들에게는 징벌해야 합니다. 그러한 일을 행하라고 하나님께서 세워주신 하나님의 지상 대리자가 이 땅의 권력입니다. 그래서 우리는 지상의 권력을 바라보면서 그들이 하나님이 맡기신 그 사명을 신실하게 잘 감당하고 있는가, 그렇지 않은가를 주목해야 합니다. 절대로 로마서 13장 1~2절은 지상의 모든 권력은 하나님이 맡기신 것이고 그들이 행하는 모든 것들은 하나님의 뜻이기에 너희는 무조건 순종하라는 말씀이 아닙니다. 도리어 이 말씀은 지상의 권력을 겸손하게 만드는 것입니다. 모든 권력은 하나님이 주신 것입니다. 권력자가 쥐고 있는 그 권력은 권력자 개인의 힘과 능력으로 얻어낸 권력자의 것이 아닙니다. 하나님께서 권선징악을 행하는 하나님의 동역자와 하나님의 일꾼이 되라고 권력을 맡겨주신 것입니다. 따라서 우리는 지상에 있는 권력자들이 하나님께서 맡기신 그 사명을 잘 감당하고 있는지를 분별할 수 있어야 합니다.

신약 성경에는 지상의 권세에 대한 두 가지 이야기가 기술되어 있습니다. 하나는 로마서 13장이고, 다른 하나는 요한계시록 13장입니다. 로마서 13장은 지상의 권세는 하나님으로부터 사명을 위임 받은 존재임을 강조합니다. 그런데 우리는 현실 속에서 위임받은 사명대로 권세를 행사하지 않는 악한 권세들을 자주 목도하게 됩니다. 그 악한 권세에 대해서 자세하게 말하고 있는 것이 요한계시록 13장입니다. 요한계시록 13장에는 바다에서 올라온 짐승에게 하나님을 대적하는 용이 권세를 주는 장면이 나옵니다. 용으로부터 권세를 받은 악한 권세도 이 땅에 있는 것입니다. 따라서 우리는 일상의 삶 속에서 만나게 되는 권세가 하나님이 맡겨주신 사명을 제대로 사용하고 있는 권세인지 아니면 하나님을 대적하는 용으로부터 권세를 부여받아 권선징악의 실행이 아닌 선하고 의로운 자들은 핍박하고 악하고 불의한 자들을 상 주는 잘못된 권세를 부리고 있는 것은 아닌지를 분별해야 합니다. 스코틀랜드 종교 개혁자들은 이런 말을 했습니다. '불의한 권력자에게 저항하지 않는 것은 하나님께 저항하는 것이다.' 로마서 13장에서 말하는 권세에는 다양한 모습이 포함될 수 있습니다. 한 집안의 가부장도 포함이 되고 교회에서는 담임 목사나 장로도 포함될 수 있습니다. 교회에서 담임 목사가 행하는 모든 것들이 하나님의 뜻이라고 말할 수 있습니까? 아닙니다. 하나님은 담임 목회자에게 사명을 맡기시며 권세를 주신 것입니다. 하나님의 마음으로 교인들을 목회하고 하나님의 말씀을 제대로 선포하라고 사명을 주신 것입니다. 교인들에게는 무엇이 요청됩니까? 담임 목회자가 그 사명을 제대로 수행하고 있는지에 대한 분별력이 있어야 하는 것입니다.

14장 1절을 보겠습니다.

믿음이 연약한 자를 너희가 받되 그의 의견을 비판하지 말라.

로마서 14장과 15장의 말씀은 음식 정결법 준수 여부로 인해 로마 교회에 유대 기독교인들과 이방 기독교인들이 충돌하고 있는 상황을 배경으로 하고 있습니다. 유대 기독교인들은 음식 정결법을 신실하게 지키는 사람들입니다. 이런 모습을 보면서 이방 기독교인들은 너무나 답답해했습니다. '모든 음식은 선한 것인데 왜 그 음식을 안 먹어'라고 판단을 내린 것입니다. 로마서 14장과 15장에서 믿음이 연약한 자들은 음식 정결법을 철저하게 준수하는 유대 기독교인들을 말하는 것입니다. 반대로 믿음이 강한 자들은 모든 음식을 감사함으로 먹으면 된다고 생각한 이방 기독교인들을 말하는 것입니다. 이 갈등 상황을 해결하기 위해 바울은 여러 권면을 하고 있는데 그 핵심이 17절입니다.

하나님의 나라는 먹는 것과 마시는 것이 아니요 오직 성령 안에 있는 의와 평강과 희락이라.

우리가 교회 공동체를 하나님의 나라라고 했을 때 하나님의 나라가 온 정성을 다해서 집중해야 될 것이 무엇일까요? 먹는 것과 마시는 것과 관련된 문제가 아니라는 것입니다. 하나님의 나라는 성령 안에서 의, 평강, 희락을 말하고 보여주는 곳이 되어야 합니다. 이 말씀은 교회 공동체에서 음식 정결법 준수에 대한 논쟁보다 훨씬 더 중요한 것이 있음을 알려주고 있습니다. 바로 성령 안에서 하나 됨이라는 것입니다. 그리고 더 중요한 이것에 집중하라는 것입니다. 예를 들면 교회 공동체에서 술을 먹는 사람과 술을 먹지 않는 사람이 있을 수 있습니다. 술을 먹는 사람은 술을 먹지 않는 사람에게 이렇게 말합니다. "아니 예수님도 술을 드셨는데 왜 당신은 안 마셔." 반대로 술을 먹지 않는 사람은 술을 먹는 사람을 향해서 "당신이 크리스천인데 어떻게 술을 먹을 수 있어"라고 말합니다. 이렇게 술을 먹느냐 먹지 않느냐의 모습으로 인해 갈등할 수 있습니다. 이런 상황에서 바울은 교회 공동체에서 술을 먹을 수 있느냐 없느냐 라는 문제로 갈등하고 충돌하는 사람들에게 그 이슈로 싸우는 것보다 훨씬 더 중요한 것이 있음을 알려주고 있는 것입니다. 그것은 바로 성령 안에서 하나 되는 것입니다. 더 중요한 이 문제에 집중하라는 것입니다.

사도행전 2장이 말하는 것처럼 오순절에 성령이 임했을 때 예루살렘 교회에서는 사회적인 담이 허물어졌습니다. 성령이 임했을 때 부유한 사람들은 자신의 것을 기꺼이 우리의 것으로 내어놓았습니다. 성령의 임재로 인해 가진 자와 가난한 자의 담이 허물어지고 하나 됨을 누린 것입니다. 세상은 끊임없이 사람과 사람 사이에 담을 세웁니다. 유대인과 이방인 사이의 민족의 담, 부유한 자와 가난한 자들 사이의 계급의 담, 남성과 여성 사이의 성의 담, 장애인과 비장애인 사이의 건강의 담, 이렇게 세상은 끊임없이 담을 세웁니다. 그리고 담 안에 있는 사람들끼리 유유상종하게 만듭니다. 담 이쪽에서 담 저쪽으로 넘어가는 것은 너무 어려울 뿐만 아니라 거의 불가능합니다. 그런데 우리가 하나님의 공동체가 되고 성령의 지배를 받게 된다면 세상이 만들어 놓은 이 모든 담들은 허물어질 수밖에 없습니다. 먹고 마시는 문제는 아디아포라의 문제입니다. 이럴 수도 있고 저럴 수도 있는 것입니다. 이것은 신앙 공동체 안에서 본질적인 문제가 아니므로 상호 용납해야 합니다. 신앙 공동체는 본질을 지켜야 합니다. 그렇다면 신앙 공동체 안에서 본질은 무엇입니까? 각자가 하나님에 대한 온전한 믿음을 고백하는 것, 성령의 지배 가운데 살아가기를 갈망하는 것, 성령 안에서 세상의 담들을 허물어내는 것, 그리스도 안에서 한 가족 됨을 누리는 것, 말씀에 근거한 새로운 문화를 창조하고 살아내는 것, 이것이 신앙의 본질인 것입니다. 그 외의 문제들은 본질적인 문제가 아님을 받아들여야 합니다. 그리고 비본질적인 문제와 관련해서는 이럴 수도 있고 저럴 수도 있다는 것을 인정해야 합니다. 내가 가진 생각만이 정답이고 이것을 모든 사람들이 다 행해야 한다고 강요해서는 안 되는 것입니다. 그런데 지금 로마 교회는 음식 정결법 준수 문제로 인해 유대 기독교인들과 이방 기독교인들 사이에 갈등이 발생했습니다. 교인들 간에 충돌이 일어난 것입니다. 문제는 이 문제로 인해 교회의 하나 됨이 깨져버렸다는 것입니다. 이런 상황에서 바울은 더욱 중요한 것이 무엇인지를 권면하고 있습니다. 더욱 중요한 것을 옆으로 밀어내고 덜 중요한 문제에 목숨을 걸고 싸우는 것을 책망하고 있습니다. 이것이 14장 17절의 권면의 말씀입니다.

오늘날 교회도 마찬가지입니다. 교회에서 갈등이 일어나는 많은 경우들을 보면 대부분 아디아포라의 문제로 인한 갈등입니다. 정말 교회에 있어야 할 본질의 문제로 인해 우리들이 갈등하고 탄식하는 경우는 그다지 많지 않습니다. 예를 들면 여전히 술 문제로 인해 갈등하는 교회들이 많습니다. 이것은 아디아포라의 문제입니다. 예배 시간에 모자를 쓰는 것과 쓰지 않는 것, 머리를 염색해도 되는가 안 되는가 하는 것도 아디아포라의 문제입니다. 그것이 그리스도의 몸 된 공동체의 본질적 문제는 아닙니다. 그런데 많은 경우에 그러한 문제들로 인해 갈등하고 다투게 됩니다. 우리가 신앙의 공동체라고 한다면 정말 꼭 있어야 할 본질적 문제에 집중해야 합니다. 그런데 덜 중요한 문제에 함몰되는 것으로 인해 정작 더 중요한 문제를 놓치는 경우들이 많습니다. 그것을 경계하고 더 중요한 문제에 집중할 것을 촉구하는 것이 14장 17절입니다.

15장으로 넘어가면 2절은 갈등 가운데 있는 로마 교회에게 주는 권면입니다.

우리 각 사람이 이웃을 기쁘게 하되 선을 이루고 덕을 세우도록 할지니라.

이것이 교회 공동체에서 우리가 가져야 할 가장 중요한 자세입니다. 우리의 말과 행동은 선을 이뤄야 합니다. 여기서 선은 하나님의 뜻을 가리킵니다. 신앙인은 자신의 말과 행동을 통해 하나님의 뜻을 이루기 위해 노력해야 합니다. 그것이 가능하려면 하나님의 뜻이 무엇인가에 대한 제대로 된 이해를 가져야 합니다. 또한 공동체의 덕을 세워나가는 것이 중요합니다. 오늘날 많은 사람들이 꿈꾸고 소망하는 건강한 교회는 어떤 교회일까요? 믿음으로 서로를 세우는 관계가 있다면 그 교회야말로 참으로 건강한 교회라고 할 수 있을 것입니다.

24절을 보겠습니다.

이는 지나가는 길에 너희를 보고 먼저 너희와 사귐으로 얼마간 기쁨을 가진 후에 너희가 그리로 보내주기를 바람이라.

바울은 편지를 통해 자신이 로마 교회를 방문할 계획이 있음을 말하고 있습니다. 여기 '너희가 그리로 보내주기를 바란다'고 하는 것은 무슨 의미일까요? 바울이 서바나 지역 전도를 할 때 로마 교회가 물질적으로 후원해주기를 요청하는 것입니다. 어떤 학자는 바울이 로마 교회에 편지를 보낸 가장 중요한 목적이 15장 24절에 있다고 봅니다. 물론 그것도 편지를 발송한 이유 가운데 하나는 되겠지만 후원 요청이 로마서를 보낸 가장 중요한 목적이라고 보는 것은 무리가 있다는 생각이 듭니다. 서바나는 오늘날 스페인입니다. 바울은 스페인 선교를 염두에 두고 있었고 로마 교회가 자신의 스페인 선교 여행에 물질적인 후원을 해주기를 기대하고 있었습니다. 그런 요청이 15장 24절에 잘 나타나고 있습니다. 이것 때문에 바울이 로마 교회에 편지를 보내게 되었다고 주장하는 학자가 있지만 이것은 로마서를 보낸 여러 목적 가운데 하나라고 할 수는 있겠지만 유일한 목적은 아닐 것입니다.

16장을 보면 문안 인사가 나옵니다. 13절에는 이런 말씀이 있습니다.

주 안에서 택하심을 입은 루포와 그의 어머니에게 문안하라 그의 어머니는 곧 내 어머니니라.

루포의 아버지가 누구입니까? 구레네 사람 시몬입니다. 예수의 십자가를 대신 지고 골고다 언덕을 올라갔던 구레네 사람 시몬의 아들이 루포입니다. 그런데 바울은 루포의 어머니가 곧 내 어머니라고 말합니다. 한마디로 신앙 안에서 새로운 가족이 탄생한 것입니다. 오늘날에도 이러한 신비를 경험하고 있습니다. 우리가 교회 공동체에서 만나게 되는 어르신들은 내 부모님 같지 않습니까? 내 이모님 같고 고모님 같고 내 친구 같고 조카 같습니다. 사실은 서로 피 한 방울 섞이지 않은 관계지만 그리스도 안에서 한 가족 됨을 누리고 있습니다. 만약 교회라는 이름으로 함께 모여 있는 사람들끼리 한 가족 됨을 누리고 있지 못하다면 이것은 너무 안타깝고 슬픈 일이라고 할 수 있습니다.

한 교회가 진짜 그리스도 안에서 온전한 가족 됨을 누리고 있는가, 그렇지 않은가를 판단할 수 있는 제 나름의 잣대가 있습니다. 목사님들이 설교하기 전에 '옆 사람과 인사 하겠습니다'라고 말하는 교회는 가족 됨이 없는 교회라고 봐야 합니다. 왜냐하면 진짜 가족들은 그런 인사를 하지 않습니다. '당신 때문에 행복합니다'라는 식의 인사를 진짜 가족들은 하지 않습니다. 오늘날 대부분의 목사님들이 설교 전에 꼭 그런 인사들을 서로 간에 시킵니다. 옆 사람과 인사하면서 서먹함도 풀고 교인들이 인사를 나누면서 마음도 온유해지기를 바라는 마음이 있을 것입니다. 그러나 인사하고 나면 끝 아닙니까? 우리가 말로는 '우리는 그리스도 안에 한 가족입니다'라고 말하지만 사실 교회에서도 여전히 냉랭한 관계들이 많습니다. 그렇게 오랜 시간 같은 교회를 다녔어도 서로 인사 한 번 하지 않는 관계들도 얼마나 많은지 모릅니다. 이것은 진짜 우리가 각자의 가슴을 치면서 회개해야 할 내용입니다. 그리스도 안에서 한 가족된 자들 상호간의 무관심, 사랑 없음, 냉랭함의 모습은 교회의 본질을 훼손하는 모습 아닙니까? 그런데 우리는 이 잘못된 현실을 그대로 방치하고 묵인하는 경우들이 많습니다. 정말 돌이켜야 할 것에 대한 반성과 회개가 없음이 우리들의 진짜 문제임을 인정해야 합니다.

16장 22절에 보면 로마서를 직접 쓴 더디오라는 사람이 등장합니다.

22절을 읽거나 들으면서 로마 교인들은 깜짝 놀랐을 것입니다. 지금까지 로마서의 내용을 바울이 직접 썼다고 생각했는데 갑자기 '이 편지를 쓰고 있는 나 더디오'라는 표현이 나오니 로마 교인들이 얼마나 놀랐겠습니까? 그런데 주후 1세기 상황에서는 이러한 일은 그렇게 놀랄만한 것은 아니었습니다. 당시에는 글을 알고 있는 주인들이 직접 편지를 쓰는 경우는 많지 않았습니다. 대부분 주인들은 말을 하고 문자를 알고 있던 노예가 글을 쓰는 경우들이 많았습니다. 이때 편지를 쓰게 하는 사람을 사역형 저자라고 합니다. 사역형 저자라고 하는 것은 누군가로 하여금 편지를 쓰도록 시켰다는 것이고 그 사람이 실제 저자라는 것입니다. 이것이 오늘날과는 조금 다른 모습입니다. 21세기를 살고 있는 현대인들은 대부분 한글을 알고 있습니다. 한글로 직접 글을 쓰기도 하고 타이핑을 치기도 합니다. 그래서 오늘날에는 직접 그것을 쓰는 사람을 저자라고 합니다. 그런데 1세기에는 문자를 아는 사람이 직접 글을 쓰는 경우도 있었지만 자기는 말을 하고 글을 쓸 수 있는 누군가에게 그것을 쓰게 만드는 경우들도 많았습니다. 이때 누군가로 하여금 그것을 쓰도록 시킨 사람을 우리는 사역형 저자라고 부릅니다.

　바울의 편지에서 바울은 대부분 사역형 저자입니다. 바울이 쓴 편지이지만 바울이 직접 쓴 내용은 별로 많지 않습니다. 로마서 같은 경우에도 더디오라는 사람이 이 편지를 대신 쓴 것입니다. 여기서 로마서의 중요한 특징을 또 하나 발견하게 됩니다. 대부분의 바울 서신들은 바울의 편지를 쓴 사람이 서신의 앞부분에 나옵니다. 그런데 로마서는 바울의 편지를 대신 쓴 사람이 뒷부분에 나옵니다. 예를 들면 고린도전서 1장 1절을 보면 "하나님의 뜻을 따라 그리스도 예수의 사도로 부르심을 받은 바울과 형제 소스데네는." 여기에 나오는 소스데네라는 사람을 우리는 잘 모릅니다. 그러면 왜 소스데네의 이름이 바울과 함께 언급되고 있을까요? 여기 소스데네를 공동 발신인으로 봅니다. 고린도전서를 함께 보낸 공동 발신인으로 보는 것입니다. 이 공동 발신인을 학자들은 바울의 편지를 대신 쓴 사람으로 봅니다. 따라서 고린도전서는 누가 썼다고 보는 것입니까? 소스데네가 썼다고 보는 것입니다. 실제 저자는 누구입니까? 바울입니다. 왜 그렇습니까? 소스데네로 하여금 이 편지를 쓰도록 시켰기 때문입니다. 이것을 사역형 저자라고 합니다. 사역형 저자와 실제로 그 편지를 쓴 사람을 우리는 공동 발신인이라고 말합니다. 대부분의 바울 서신은 바울의 편지를 썼던 공동 발신인이 편지의 앞부분에 나오는데 로마서는 특이하게도 뒷부분에 나옵니다. 이것도 로마서의 중요한 특징 가운데 하나라고 할 수 있습니다.

고린도전서 1~10장

고린도전서 내용에 들어가기에 앞서 고린도와 고린도 교회에 대한 이야기를 먼저 살펴보겠습니다. 고린도는 그리스 남부 아가야의 수도입니다. 그리스는 남부가 있고 북부가 있습니다. 그리스 남부를 아가야라고 하고 그리스 북부를 마게도냐라고 합니다. 그리스 남부인 아가야 지방의 수도가 고린도입니다. 바울이 2차 유럽 전도 여행에서 1년 6개월간 머물면서 선교 활동을 펼친 곳이 고린도입니다. 바울은 순회 전도자인데 특이하게도 고린도에서 1년 6개월간 목회했습니다. 에베소에서는 3년간 목회했습니다. 특이하게도 고린도와 에베소에서 비교적 긴 시간 목회를 한 것입니다. 자연스럽게 고린도 교인들은 전도자로서의 바울뿐만 아니라 목회자로서의 바울을 만나게 됩니다. 그런데 바울은 목회자로서 매우 엄격했습니다. 바울이 목회자로서 엄격했던 이유는 바울이 가진 교회관이 독특했기 때문입니다. 바울은 교회를 그리스도의 신부로 규정했습니다. 그리스도는 신랑이시고 교회는 그리스도의 신부입니다. 그리고 신랑 되신 주님께서 신부인 이 땅의 교회를 만나기 위해서 곧 오실 것이라는 임박한 종말 신앙을 가지고 있었습니다. 따라서 그리스도의 신부된 교회는 신랑을 온전히 맞이하기 위해서 항상 순결함을 유지해야 합니다. 이 순결함을 바울은 교회의 교회됨으로 이해했습니다. 그래서 바울은 교회의 교회됨, 교회의 순결을 깨뜨리는 모든 행위에 대해서 아주 단호한 태도를 취했습니다.

5장 13절을 보겠습니다.

밖에 있는 사람들은 하나님이 심판하시려니와 이 악한 사람은 너희 중에서 내쫓으라.

바울은 음행을 저지르는 사람들에 대해서는 교회 공동체 안에서 내쫓으라고 말합니다. 매우 엄격한 목회자 아닙니까? 그렇다면 바울이 1년 6개월 동안 고린도에서 목회했을 때 바울에게 책망을 받거나 바울에게 징계를 받은 사람들이 얼마나 많았겠습니까? 이들이 끼리끼리 그룹을 형성하여 바울에 대해 비판의 목소리를 높이게 됩니다. 재미있는 것은 고린도 교회는 바울이 개척한 교회임에도 불구하고 바울을 지지하는 사람은 소수였습니다. 우리가 알고 있는 것처럼 고린도 교회는 네 그룹의 당파가 있었습니다. 어떤 사람은 아볼로, 어떤 사람은 게바, 어떤 사람은 예수, 어떤 사람은 바울을 지지하며 교회 안에서 당파간의 갈등과 분쟁이 있었습니다. 바울이 개척한 교회임에도 불구하고 바울에 대해서 반대 목소리를 내는 사람들이 더 많았음을 보게 됩니다. 그 이유가 무엇입니까? 고린도 교회는 전도자로서의 바울만을 만난 것이 아니라 목회자로서의 바울을 만났기 때문입니다. 바울의 매우 엄격한 목회로 인해서 그에 대해 비판적인 시각과 태도를 가진 사람들이 많이 있었던 것입니다. 이 사람들이 끊임없이 교인들을 선동하면서 바울의 사도성을 의심하게 만들었습니다. 이 교회가 바로 고린도 교회입니다.

바울은 임박한 종말 신앙으로 인해서 사람들이 많이 모이는 대도시 중심의 전도를 했습니다. 그 가운데 하나가 고린도 교회입니다. 고린도 교회는 교회 안에 있었던 당파와 비윤리적인 삶으로 인해서 문제가 많았던 교회이지만 가장 은사가 풍성했던 교회이기도 합니다. 너무나 역설적입니다. 가장 많은 은사를 갖고 있으면서도 가장 많은 문제를 드러낸 교회가 고린도 교회입니다. 어떻게 보면 하나님이 주신 선물인 은사를 제대로 활용하지 못한 교회라고 할 수 있습니다. 다양한 은사들이 존재했지만 가장 중요한 은사인 사랑의 은사가 없었던 교회라고 볼 수도 있습니다. 가장 큰 성과를 거둔 교회이면서 동시에 가장 큰 문제를 야기한 교회가 바로 고린도 교회였습니다.

구약 사사기를 보면 한국 교회를 닮았다는 이야기를 많이 합니다. 신약에서는 한국 교회를 가장 닮은 교회가 고린도 교회라는 이야기를 많이 합니다. 한국 교회는 141년의 짧은 역사 속에도 세계를 깜짝 놀라게 만들 만큼 급성장을 했다가 지금은 급추락을 경험하고 있습니다. 다양한 은사가 많은 교회임에도 불구하고 여러 가지 문제를 드러내고 있는 교회가 오늘날 한국 교회입니다. 그런 의미에서 고린도 교회와 한국 교회는 많이 닮았다고 생각합니다. 그렇다면 왜 이런 일이 벌어지게 되는 것일까요? 그리스도의 왕적인 통치권이 강력하게 행사하지 못하는 곳에 분파와 파쟁이 발생합니다. 사람들끼리 당파를 만들어내고 입장이 다른 사람들과 갈등하고 충돌하고 대립하는 것은 결국 그 원인은 각자가 그리스도 앞에 굴복하지 못하기 때문입니다. 각자가 하나님의 말씀 앞에 자기를 꺾어내지 못하기 때문에 이 모든 부정적인 모습들이 발생하게 되는 것입니다. 예수의 왕 되심, 주인 되심을 고백하지 못하게 되면 결국 자기중심적인 태도와 주장을 붙잡게 됩니다. 그러면 자신의 자존심이 상하는 것을 용납할 수가 없습니다. 다른 사람에게 비판받는 것을 용납할 수가 없습니다. 내가 중심이 되어야 하고 주인공이 되어야 하고 내가 이겨야 하는 것입니다. 내 주장이 무조건 관철되어야 하는 것입니다. 이렇게 자기중심적인 태도와 주장이 난무하는 곳에 결국은 당파가 발생하게 됩니다. 당파 문제는 결국 자신의 이기심, 욕망, 자존심을 그리스도의 십자가 앞에 못 박지 못했기 때문에 발생하는 것입니다. 그래서 바울은 당파로 인해서 많은 문제가 발생한 고린도 교회를 향해 그 문제를 해결할 수 있는 방안으로 그리스도의 자기 낮추심, 그리스도의 자기 비우심, 그리스도의 죽임 당하심을 끊임없이 강조합니다. 결국 당파 문제를 해결할 수 있는 길은 예수를 본받는 것입니다. 예수 본받음의 핵심이 무엇입니까? 자기를 비우는 것입니다. 자기를 낮추는 것입니다. 죽기까지 하나님께 복종하는 것입니다. 바울은 이것을 교회 분쟁 해결의 원리로 제시하고 있습니다.

1장 11절을 보면 바울은 글로에의 집 사람들을 통하여 고린도 교회의 분쟁 소식을 듣고 편지를 보내게 됩니다.

내 형제들아 글로에의 집 편으로 너희에 대한 말이 내게 들리니 곧 너희 가운데 분쟁이 있다는 것이라.

바울 서신의 가장 중요한 특징은 상황 서신입니다. 바울이 고린도 교회에 보내는 서신에서 당파 문제를 언급하는 이유가 무엇입니까? 이 편지를 받는 고린도 교회 안에 당파 문제가 있었기 때문입니다. 당파 문제를 언급할 수밖에 없는 상황이 먼저 있었던 것입니다. 고린도전서 7장 1절에는 이런 말씀이 나옵니다. "너희가 쓴 문제에 대하여 말하면." 이 말이 무슨 말입니까? 고린도 교회와 바울 사이에 편지 왕래가 있었다는 것입니다. 바울만 편지를 보낸 것이 아니라 고린도 교인들도 바울에게 편지를 보냈습니다. 편지를 통해 고린도 교인들은 바울에게 다양한 문제에 대해 질문을 던졌습니다. 그래서 '너희가 쓴 문제에 대하여'라고 말하는 것입니다. 따라서 1절 이하에 나오는 모든 내용은 고린도 교인들이 바울에게 제기한 질문에 대한 답변입니다. 고린도전서 7장은 결혼, 이혼, 독신과 관련된 문제와 관련하여 바울이 자기의 주장을 기술하고 있습니다. 왜 이런 내용에 대해 바울이 언급하고 있는 것일까요? 고린도 교인들로부터 이러한 주제와 관련하여 질문을 먼저 받았기 때문입니다. 이런 내용을 쓸 수밖에 없었던 상황이 먼저 있었던 것입니다. 이처럼 바울의 모든 편지는 상황 서신입니다. 그런 내용을 쓸 수밖에 없는 상황인 질문이 먼저 있었다는 것이 중요합니다. 당파 문제가 있었기 때문에 당파 문제에 대한 언급을 하게 된 것이고 결혼과 이혼과 독신에 대한 질문이 있었기 때문에 그 주제에 대한 답변을 하게 된 것입니다.

3장 1~2절을 보면 고린도 교회의 한계가 나옵니다.

형제들아 내가 신령한 자들을 대함과 같이 너희에게 말할 수 없어서 육신에 속한 자 곧 그리스도 안에서 어린아이들을 대함과 같이 하노라 내가 너희를 젖으로 먹이고 밥으로 아니하였노니 이는 너희가 감당하지 못하였음이거니와 지금도 못하리라.

바울은 고린도 교인들에게 밥을 먹이고 싶었습니다. 그런데 젖밖에 먹이지 못했습니다. 그 이유가 무엇입니까? 고린도 교인들이 감당할 수 없었기 때문입니다. 밥을 먹으려면 씹을 수 있어야 되는데 고린도 교인들은 씹고자 하는 의지도 없었고 씹을 수 있는 치아도 없었습니다. 그래서 꿀꺽꿀꺽 삼킬 수 있는 젖만 먹였다는 것입니다. 이러한 고린도 교인들의 모습을 바울은 신앙 안에서 어린아이라고 말합니다. 고린도 교인들은 육신에 속해 있는 어린아이였습니다. 신앙 안에는 어른의 단계, 청년의 단계, 어린아이의 단계가 있습니다. 어린아이 단계는 누군가의 도움이 없으면 자립할 수 없는 신앙 단계입니다. 어린아이 단계는 끊임없이 누군가에게 도움을 받아야 합니다. 그래야만 간신히 신앙의 길에 서 있을 수가 있습니다. 이것이 어린아이 신앙 단계입니다. 청년의 단계는 무엇일까요? 스스로 자립할 수 있는 단계입니다. 1인분 신앙은 충분히 가능합니다. 그러나 자립은 할 수 있지만 누군가를 도울 수는 없습니다. 이것이 청년 단계의 신앙입니다. 어른 단계의 신앙은 무엇입니까? 자기 신앙을 지켜낼 뿐만 아니라 믿음이 연약한 자를 도울 수 있는 단계가 어른 단계의 신앙입니다. 그런데 고린도 교회에는 어린아이의 신앙 단계에 머물러 있는 자들이 많았습니다. 그들이 어린아이 신앙 단계에 머물러 있는 가장 중요한 증거가 무엇입니까? 고린도 교인들은 육신에 속한 자들이 많았습니다. 그들은 육신에 속한 자처럼 사고하고 행동했습니다. 그 결과로 드러난 것이 무엇입니까? 당파 분쟁입니다.

고린도 교회와 마찬가지로 한국 교회도 어린아이 신앙 단계에 머물러 있는 분들이 많습니다. 여전히 목사가 없으면 신앙생활을 유지하지 못합니다. 우스갯소리 하나 하겠습니다. 제가 얼마 전에 부산의 한 교회를 다녀왔습니다. 목사님이 6주간 안식월로 제주도에 가셔서 제가 설교하러 간 것입니다. 이 목사님이 6주간 제주도에 있으면서 매주 교회에서 드리는 예배를 온라인으로 참여했다고 합니다. 그런데 온라인으로 예배를 드리니까 너무 편하고 좋았다고 합니다. 대충 씻고 반바지 차림으로 온라인 예배를 드리는데 목사님 자신도 그런 모습이 너무 좋아서 이제 교인들에게 교회당에 와서 예배를 드리라는 말을 못하겠다고 하시는 것을 들었습니다. 그렇지 않아도 한국 교회에 어린아이 신앙 단계에 머물러 있는 분들이 많이 계신데 코로나 팬데믹을 지나면서 그 연약한 신앙인들이 대부분 다 떨어져 나갔다고 봐야 합니다. 거기에 교회가 드러내고 있는 비상식적인 모습들, 시민의식의 부재, 역사의식의 부재 등으로 인해서 많은 이들이 교회를 떠나고 있습니다. 여전히 교회 안에 많은 신앙인들이 있긴 하지만 어른 단계의 신앙인들은 잘 보이지 않고 어린아이 단계의 신앙인들이 많은 것이 현실입니다.

어린아이 단계라는 것이 무엇입니까? 하나님과의 관계에서 자기

중심적, 자기 유익 추구적이라는 것입니다. 하나님을 믿기는 하지만 왜 믿습니까? 자기 이익을 위해서 믿는 것입니다. 내가 복 받고 구원 받고 내 인생이 잘 풀리는 것이 하나님을 믿는 가장 중요한 이유입니다. 이런 어린아이 단계의 신앙에서 하나님은 어떤 분이십니까? 나를 위한 존재입니다. 내가 원하는 것을 요청하였을 때 즉각적으로 하나님은 나의 필요를 채워주어야 합니다. 그렇지 않으면 금방 하나님에 대해 냉담해지고 등을 돌리게 됩니다. 이것이 어린아이 단계의 신앙입니다. 이런 마음으로는 신앙생활을 10년, 20년, 30년을 한다고 해도 하나님께 내가 어떻게 순종하며 살 것인가를 고민하지 않습니다. 왜냐하면 자기 자신이 잘 되는 것이 신앙의 궁극적인 목적이기 때문입니다. 하지만 어른 단계의 신앙은 그렇지 않습니다. 나를 위해서 하나님이 존재하는 것이 어린아이 단계의 신앙이라면, 어른 단계의 신앙은 하나님을 위해서 내가 존재하는 것입니다. 하나님의 백성으로 내가 어떻게 살 것인가를 고민하는 것이 바로 어른 단계의 신앙입니다. 너무나 안타까운 것은 한국 교회에 많은 신앙인들이 있지만 어린아이 단계의 신앙에 머물러 있는 분들이 너무나 많습니다. 고린도 교회도 마찬가지입니다. 대부분의 신앙인들이 어린아이 단계에 머물러 있다 보니까 누가 자존심을 조금이라도 건드리게 되면 발끈하게 됩니다. 그래서 끊임없이 당파를 만들고 당파 상호간에 갈등하고 충돌하는 일이 벌어진 것입니다.

고린도 교회를 비롯하여 이방에 존재하던 대부분의 교회들은 30명에서 많으면 50명 정도의 교인들이 가정에서 모였습니다. 30명 정도가 모였다고 할 때 그 안에 네 개의 당파로 나뉘어졌다고 하면 한 당파에 몇 명씩 있는 것입니까? 7~8명 정도입니다. 30명 정도 모인 곳에 7~8명씩 끼리끼리 그룹을 만들어 네 개의 당파가 끊임없이 갈등하고 있었다면 이 얼마나 비참한 모습입니까? 어린아이 단계의 신앙 공동체는 육신의 생각과 행동을 뛰어 넘어 어른 단계 신앙으로 성장할 수 있어야 합니다.

3장 16절을 보겠습니다.

너희는 너희가 하나님의 성전인 것과 하나님의 성령이 너희 안에 계시는 것을 알지 못하느냐.

여기 '하나님의 성령이 너희 안에 거한다'는 말은 '제발 너희 안에 거하시는 성령이 명하시는 바대로 순종하며 살아라'는 말입니다. 성령이 우리 안에 거하시면 우리가 어떻게 살아야 할지를 명하시는데 내 육신의 힘이 너무 강력하게 되면 성령의 명하심을 계속하여 거부하게 됩니다. 그래서 성령의 삶이 발현되는 것이 아니라 내 육신의 삶이 발현되는 것입니다. 그 결과로 일어나는 것이 무엇입니까? 시기와 분쟁입니다. 이제는 왜곡된 지금의 모습을 중단할 것을 단호하게 권면하고 있는 것입니다.

4장 15절에는 바울이 '복음으로 고린도 교인들을 낳았다'고 말합니다.

그리스도 안에서 일만 스승이 있으되 아버지는 많지 아니하니 그리스도 예수 안에서 내가 복음으로써 너희를 낳았음이라.

한마디로 바울이 고린도 교인들의 영적 아버지라는 것입니다. 중요한 것은 바울이 자기가 영적 아버지임을 천명하면서 고린도 교인들에게 자기에게 무조건 복종할 것을 명하고 있는 것은 아니라는 것입니다. 오늘날 한국 교회 안에서도 목사들은 영적 아버지이고 성도들은 영적 자녀라는 식의 주장을 많이 합니다. 그러나 영적 아버지와 영적 자녀라는 관계는 명령과 복종, 군림과 지배받음의 관계가 되어서는 안 됩니다. 고린도전서 11장 1절을 보면 영적 아버지로서 바울은 무엇에 집중합니까?

내가 그리스도를 본받는 자가 된 것 같이 너희는 나를 본받는 자가 되라.

영적 아버지로서 바울은 고린도 교인들에게 올바른 모델이 되기 위해서 애쓰고 있습니다. 누구보다 철저하게 그리스도를 본받는 자가 되기 위해 노력하고 있습니다. 구약에서 말하는 거룩의 위계질서와 같습니다. 위에 있는 자라고 해서 군림하는 것이 아닙니다. 하나님의 백성답게 살아가는 것이 무엇인지를 더 치열하게 살아내면서 사람들로 하여금 자기를 모방하도록 하는 것입니다. 왜곡된 모방이 되지 않기 위해서라도 바울은 그리스도를 본받기 위하여 수고하였습니다. 이것이 바로 영적 아버지의 자세와 태도가 되어야 합니다. 오늘날 한국 교회에서는 바울이 말한 '복음으로 내가 너희를 낳았다'에 근거하여 목회자는 영적 아버지이고 성도들은 영적 자녀라는 식의 주장을 많이 합니다. 그런데 여기서 말하는 아버지와 자녀의 관계를 유교식으로 이해하는 경우가 태반입니다. 바울이 영적 아버지로 살아가기 위해 치열하게 그리스도를 본받기 위해서 애를 쓴 것을 주목해야 합니다. 그런 모습을 바울은 본받으라고 말한 것입니다. 이것이 참된 영적 아버지와 영적 자녀의 관계라고 할 수 있습니다.

한국 교회 안에는 종교혼합주의적 요소가 참으로 많습니다. 여기까지는 성경의 주장이고 저기부터는 유교식 주장인 것도 많고 여기까지는 성경의 주장이고 저기부터는 샤머니즘의 주장인 것도 많습니다. 한국 교회가 말하는 것에는 참으로 많은 것들이 혼합되어 있습니다. 저는 한국 교회가 어느 누구를 향해 '이것은 종교혼합주의야'라고 비판하는 것을 보면 참으로 우습다는 생각이 듭니다. 왜냐하면 실제 한국 교회 안에 온갖 것들이 섞여 있기 때문입니다. 이것을 누가 부정할 수 있겠습니까? 바울이 말한 바를 제대로 적용하려면 문구만 따라 해서는 안 됩니다. 영적 아버지로서 존재하기 위해 바울이 어떤 분투를 했는지를 주목해야 합니다. 그런 분투가 있었기에 바울은 영적 아버지로서 신앙의 길에서 이탈한 고린도 교인들을 아버지의 심정으로 훈계할 수 있었던 것입니다.

4장 20절에서 바울은 아주 중요한 선언을 합니다.

하나님의 나라는 말에 있지 아니하고 오직 능력에 있음이라.

누군가의 멋진 설교에 속는 사람들이 있습니다. 책에 나와 있는 멋진 문장에 속는 경우들도 많습니다. 많은 사람들이 그러한 것에 속고 또 속습니다. 그러나 하나님의 나라는 말에 있지 않습니다. 고백에 있지 않습니다. 하나님의 나라는 삶을 통해 발현되는 능력에 있습니다. 그가 하나님과의 만남 이후에 어떤 삶을 살아내고 있는지, 어떤 교회를 만들어내고 있는지를 주목해야 합니다. 그런 의미에서 오늘 한국 교회가 보여주고 있는 하나님의 능력에는 무엇이 있을까요? 그 동안 한국 교회는 많은 사람들이 모이는 것을 자랑해 왔습니다. 그런데 오늘날에는 그 모든 자랑거리가 부끄러움으로 우리에게 되돌아오고 있습니다. 어떤 부끄러움입니까? 교회 안에 천 명이 모이고 만 명이 모이고 십만 명이 모이는데 안타까운 것은 예수 때문에 삶이 아름답게 변화된 사람들은 그다지 많지 않습니다. 이것이 얼마나 부끄러운 이야기입니까? 예전에 모 교회는 제자훈련으로 명성을 얻었습니다. 그런데 제자훈련을 통해 삶이 변화된 사람에 대한 이야기는 별로 듣지 못했습니다. 정감운동을 펼치면서 '정직합시다'하고 구호는 외쳤는데 세상에 나가서 정직하게 살다가 순교했다는 이야기를 들어본 적이 없습니다. 그렇게 많은 교인들이 제자훈련을 했는데 왜 이렇게 열매가 없는 것인가를 이제는 부끄러워해야 합니다. 제자훈련 수료자가 몇 명이고 목사들이 몇 명이 수료를 했는지가 무슨 자랑거리가 될 수 있습니까? 제자훈련을 이수하기 전이나 이수한 이후나 특별한 변화가 없는 것이 부끄러움이 된다는 것을 기억해야 합니다.

그동안 한국 교회는 하나님에 대한 순종의 영역을 종교의식으로만 제한시킨 측면이 있습니다. 한국 교회 초기 역사를 보면 윤승근이라는 사람이 있었습니다. 윤승근은 예수를 믿기 전에 주전소에 다녔는데 어느 달에 원래 받아야 하는 월급보다 더 많은 돈이 들어왔습니다. 윤승근은 더 많은 월급이 들어왔다는 것을 알리지 않고 그것을 착복하였습니다. 그리고 이후에 예수를 믿게 되었습니다. 예수를 믿고 교회를 다니면서 '회개'라는 단어를 들을 때마다 자신이 과거에 더 많은 월급에 대해 정직하게 말하지 아니하고 착복한 것이 계속 마음에 걸렸습니다. 그래서 윤승근은 자기가 착복했던 돈과 그 기간의 이자를 덧붙여서 그 돈을 돌려주고자 자신이 과거에 일했던 직장으로 찾아갔습니다. 그런데 가보니 일했던 주전소가 폐쇄가 된 상태였습니다. 돈을 돌려주려고 갔는데 돈을 받을 대상이 사라져버린 것입니다. 이 정도까지 했으면 '나는 할 만큼 했다'라고 생각할 수도 있겠지만 윤승근은 오늘날로 말하면 기획재정부에 해당하는 탁지부를 찾아갑니다. 그리고 사연을 이야기하고 돈을 탁지부에 돌려주었습니다. 이런 내용이 당시 신문에도 기사로 실렸습니다. 사람들은 이 기사를 보고 깜짝 놀랐습니다. 보통 사람들은 국가의 돈은 눈먼 돈이라고 생각합니다. 얼마라도 더 빼먹는 것에 대해 양심의 가책을 느끼지 않습니다. 그런데 윤승근은 뒤늦게 신앙을 가지고 나서 자기 양심에 걸려서 그것을 돌려주려고 한 것입니다. 윤승근이 바친 그 돈을 양심전이라고 불렀습니다. 아름다운 것은 많은 기독교인들이 윤승근의 양심전을 본받았다는 것입니다. 자신이 예수 믿기 전에 저질렀던 죄악들, 누군가에게 끼쳤던 어떤 피해들을 떠올리면서 그들을 찾아가서 용서를 구하고 피해를 보상하는 일들을 행하였습니다. 이런 것들이 바로 하나님 나라의 능력입니다.

강화도에 가면 홍의교회가 있습니다. 그 교회에 종순일이라는 부자가 있었습니다. 이분은 재산이 많다 보니까 동네에서 그에게 돈을 빌린 채무자들이 많았습니다. 그런데 어느 날 종순일이 예수를 믿게 되었습니다. 그리고 설교 시간에 마태복음 18장에 대한 말씀을 듣게 되었습니다. 마태복음 18장에 무엇이 나옵니까? 어떤 한 사람이 있었는데 이 사람은 왕에게는 일만 달란트 빚진 자이고 누군가에게는 백 데나리온을 받아야 하는 채권자였습니다. 어느 날 이 사람은 왕으로부터 일만 달란트 탕감이라는 놀라운 은혜를 받게 됩니다. 그런데 자기에게 백 데나리온 빚진 자에게는 그 은혜를 흘려보내지 아니하고 자기에게 빚을 갚지 않는다고 감옥에 집어넣었습니다. 이 모든 이야기를 왕이 듣게 됩니다. 일만 달란트를 탕감했던 왕은 그 사람을 다시 불러서 일만 달란트 탕감했던 것을 취소시켜 버립니다. 이것이 마태복음 18장의 이야기입니다. 이 말씀을 듣고 나서 종순일은 자기가 그런 사람이 아닌가 하고 생각하게 됩니다. 자기가 하나님의 백성이 된 것은 일만 달란트를 탕감 받은 것 같은 엄청난 은혜를 입은 것인데 자기는 그 은혜를 흘려보내지 않고 독점하고 있다는 생각을 하게 된 것입니다. 그래서 종순일은 자기에게 빚진 모든 사람들을 자기 집으로 부릅니다. 그리고 그 사람들 앞에서 마태복음 18장에 대한 이야기를 합니다. 그리고 자기가 하나님으로부터 일만 달란트를 탕감 받은 은혜를 입었는데 자신도 그 은혜를 흘려보내겠다고 하면서 그들이 보는 앞에서 모든 채무 문서를 찢고 불태웠습니다. 마태복음 18장의 이야기를 자기 상황 속에서 아름답게 실천한 것입니다. 그리고 거기에 머물지 않고 마태복음 19장도 읽게 됩니다. 마태복음 19장에는 무엇이 나옵니까? 재물이 많은 부자 청년 이야기가 나옵니다. 예수님은 부자에게 '네가 가진 모든 것을 팔아 가난한 자에게 주고 너는 나를 따르라'고 명하십니다. 부자 청년은 그 말씀에 온전히 순종하지 못했습니다. 예수 따름에 실패했습니다. 그런데 종순일은 마태복음 19장을 읽고 자기가 가지고 있는 모든 재산을 그 동네에 사는 가난한 자들에게 나누어 주었습니다. 그리고 평생을 강화도 전 지역을 돌아다니면서 복음 전도자로 살았습니다. 이런 것이 바로 하나님 나라의 능력입니다. 이런 능력이 우리에게도 일어나야 합니다. 누구에게 일어나야 합니까? 바로 나 자신에게서 일어나야 합니다. 하나님 나라의 능력이 진정 드러나야 할 곳이 일상의 삶임을 다시 한 번 기억하면 좋겠습니다.

고린도전서 5장에 보면 바울은 음행에 대해서 질타하면서 교회 안에 있는 지체의 잘못에 대해서 책임감 있고 단호하게 대처할 것을 요청하고 있습니다. 13절에는 "이 악한 사람은 너희 중에서 내쫓으라"고 말합니다. 그리스도의 신부인 교회 안에서 이런 일은 있을 수 없다는 것을 단호하게 입증하라는 것입니다. 바울은 말씀에 근거한 엄격한 목회를 하고 있음을 여기서 볼 수 있습니다. 오늘날 한국 교회에는 징계가 사라졌습니다. 문제를 일으키는 목사도 징계를 안 받고 문제를 일으킨 성도들도 징계를 안 받습니다. 일상의 삶에서 어떤 삶을 살고 있는지에 대해서는 무관심한 경우들이 많습니다. 만약 바울이 오늘날 한국 교회를 바라본다면 매우 엄중한 책망을 많이 할 것이라고 생각합니다. 제가 알고 있는 교회에서 이런 일이 있었습니다. 결혼한 기혼 신자 한 분이 바람을 피웠습니다. 목사님께서 그것을 알고 나서 이 문제를 지적하면서 징계를 해야 된다고 말씀하셨는데 대부분의 교인들이 반대했습니다. 그 이유는 왜 교회가 개인의 사적 문제에 대해서 개입하느냐 하는 것이었습니다. 이것이 오늘날 한국 교회의 모습입니다. 제가 알고 있는 어느 교회에서는 이런 일도 있었습니다. 그 교회 성가대 지휘자가 모 음악대학 교수인데 젊은 여학생과 바람을 피운다는 것이 드러났습니다. 그런데도 계속 지휘자로 사역을 합니다. 목회자도 교인들도 이 문제에 대해서 쉬쉬할 뿐 아무도 이야기를 하지 못하는 것입니다. 이것이 오늘날 한국 교회의 모습입니다. 일상의 삶은 사적인 문제로 간주하고 그것은 교회가 개입할 영역이 아니라고 보는 것입니다. 그 사람이 교회에 와서 예배를 잘 드리고 봉사를 많이 하고 헌금을 잘 내면 좋은 신앙인이 되는 것입니다. 그것으로 충분하지 왜 교회가 개인의 삶과 관련해서 책망하고 권면하고 징계하는가 하는 인식을 많은 사람들이 가지고 있습니다. 그런 맥락에서 보면 오늘날 고린도전서 5장과 같은 이런 모습은 한국 교회 안에 너무나 만연되어 있다고 봐야 합니다.

십여 년 전 모 교단의 부총회장 목사님이 계셨습니다. 보통 교단에서 총회장이 되려면 부총회장 선거에 일단 당선이 되어야 합니다. 부총회장이 되면 그다음 해 자동적으로 총회장이 됩니다. 그런데 총회가 열리기 한 달 전에 이분과 관련된 불미스러운 뉴스가 터졌습니다. 이 목사님이 유흥업소 여성과 부적절한 관계가 드러난 것입니다. 관련 뉴스가 나오자 많은 분들은 이분이 총회장이 되는 것은 불가하다고 했습니다. 총회에 참석하는 총대들이 반대할 것이라고 생각한 것입니다. 그런데 예상과 달리 이분이 총회장이 되셨습니다. 재미있는 것은 이분이 총회장을 하고 난 몇 년 후에 시무하던 교회로부터 권고사직을 당하셨습니다. 권고사직의 사유는 교인 감소, 재정 감소였습니다. 저는 이것이 한국 교회의 민낯을 그대로 보여주는 사건이라고 봅니다. 목사의 술집 여성과의 부적절한 관계는 이해할 수 있지만 교인이 줄어들거나 재정이 감소되는 것은 용서할 수 없다는 것입니다. 이런 잣대를 가진 곳을 과연 교회라고 말할 수 있을까요? 이것은 이윤을 중심으로 모든 것을 판단하는 기업의 모습입니다. 리처드 핼버슨 목사님은 "교회는 그리스로 이동해 철학이 되었고 로마로 옮겨가서 제도가 되었고 유럽으로 가서는 문화가 되었고 미국으로 왔을 때는 기업이 되었다"고 했습니다. 그 교회가 한국으로 와서는 대기업이 된 것은 아닐까요? 모름지기 교회라고 하면 윤리 도덕적인 잣대를 더욱 강력하게 제시해야 하는 것 아닙니까? 이처럼 목회자의 도덕적 윤리적 문제가 드러나도 어떤 징계도 내리지 못하고 있는 것이 오늘 한국 교회의 현주소입니다. 이런 상황에서 바울이 한국 교회에 온다면 무슨 이야기를 하겠습니까? 바울의 책망과 권면을 얼마나 많은 사람들이 수용하겠습니까? 바울을 미워하는 사람들이 아주 많을 것이 불을 보듯 뻔합니다.

6장에는 교인들이 세상 법정에 송사하는 문제와 관련된 내용이 나옵니다. 교회에서 일어난 문제에 대해서 스스로 해결하지 못하고 세상 법정의 판단을 받기 위해서 세상 법정에 송사를 한 것입니다. 바울은 하나님의 말씀으로 교회 안에서 판단이 이루어지지 못하고 세상 잣대에 호소하고 있는 것을 부끄러워하라고 책망합니다. 각자가 하나님의 말씀 앞에서 온전히 서 있다면 각자 일어난 사건에 대해 자기반성을 할 것입니다. 자기반성을 통해 각자가 돌이켜야 할 부분에 대해 자기 돌이킴을 할 것입니다. 그런데 교인들 각자가 하나님의 말씀 앞에 서 있지를 않습니다. 자기와 대립하고 있는 상대방만 무너뜨리고자 합니다. 그래서 개혁 운동이나 갱신 운동을 할 때도 전혀 성장이 없는 것입니다. 진짜 개혁하고 진짜 갱신하고자 한다면 우리 안에서 극복해야 할 문제가 무엇인지를 계속 돌아봐야 합니다. 말씀 앞에 자기를 성찰해야 합니다. 그런데 소위 개혁한다거나 갱신한다고 했을 때 대부분은 상대방만을 악마화하는 경향이 많습니다. 그래서 오랜 시간 개혁 운동과 갱신 운동을 해도 자기 자신은 잘 바뀌지 않습니다. 이것이 개혁 운동의 딜레마라고 할 수 있습니다.

교회 안에서 어떤 문제가 벌어지게 될 때 원하지 않는 악순환에 사로잡힐 때가 있습니다. 나는 그렇게 하고 싶지 않은데 상대방이 어떤 문제를 세상 법정으로 끌고 가게 되면 나도 법정 싸움을 할 수밖에 없는 악순환에 사로잡히게 되는 것입니다. 오늘날 한국 교회 안에 이러한 모습이 너무 만연해 있습니다. 교회 안에 어떤 문제로 인해 갈등이 생기면 대부분 고린도전서 6장의 모습이 재현되고 있습니다. 대부분 세상 법정에 가서 판단을 받고자 합니다. 교회 안에서 일어난 문제 대부분이 세상 법정에 의해서 판결이 나고 있는 것입니다. 그리고 법정 다툼을 하기 시작하면 시간도 오래 걸리고 돈도 많이 들어갑니다. 그래서 돈이 많은 쪽이 유리해질 수밖에 없습니다. 다람쥐 쳇바퀴 돌 듯 끝없이 전개된다는 괴로움이 있습니다. 이 악순환에서 볼모로 잡혀 있는 신앙인들이 많이 있습니다. 그래서 저는 개혁 운동과 갱신 운동을 하고자 하는 분들에게 이런 조언을 많이 드립니다. 교회 안에 문제가 생기게 되면 상대방과 싸우려고 하지 말고 그 교회를 빨리 나오시라고 말씀드립니다. 왜냐하면 싸워서 바뀌는 경우는 거의 없기 때문입니다. 문제가 있다고 생각되는 순간 그 교회를 빨리 나오는 것이 정답입니다. 그 안에서 계속 싸우다 보면 진흙탕 싸움이 되어 버립니다. 잘못된 것을 올바르게 만들기 위해 싸우는 것도 중요하지만 올바른 것을 세우는 일에 더욱 분투하는 것이 바람직하다고 생각합니다.

7장은 고린도 교인들이 제기한 질문에 대한 바울의 대답을 모아 놓았습니다. 7장 전체가 혼인과 연관된 내용입니다. 7장 6절을 보면 바울의 겸손함을 볼 수 있습니다.

그러나 내가 이 말을 함은 허락이요 명령은 아니니라.

바울은 참으로 정직한 사람이었습니다. 신앙인들 가운데 습관적으로 자기가 하는 모든 말이 하나님의 뜻인 것처럼 주장하는 사람들이 있습니다. 자기도 잘 모르면 '저도 잘 모르겠습니다'라고 정직하게 말하면 좋은데 누군가의 물음에 대해 자신은 마치 다 알고 있는 것처럼 말하는 경우들이 많습니다. 그런데 바울은 얼마나 겸손하고 얼마나 정직합니까? 이것은 허락인 것이지 명령이 아니라고 합니다. 또 어떤 경우에는 이렇게 말합니다. '이것은 하나님께 받은 말이 아니라 자기의 권면'이라고 합니다. 7장 26절에 보면 '내 생각에는'이라고 말합니다. 이것은 하나님으로부터 받은 하나님의 뜻은 아니고 자기의 생각이라는 것입니다. '내 생각에는'이라고 말하면서 임박한 환란을 위하여 독신으로 있을 것을 권면하지만 결혼도 가능하다고 열어 두고 있습니다. 한마디로 이 문제는 아디아포라의 문제라는 것입니다. 할 수도 있고 하지 않을 수도 있는 비본질적인 문제로 각자가 선택할 수 있다는 것입니다.

고린도전서 7장 15절을 보면 바울은 불신 배우자가 헤어지자고 하면 헤어지라고 말합니다. 바울은 이혼의 가능성을 막지는 않았습니다. 요즘은 덜하지만 오랜 기간 한국 교회는 이혼을 죄로 규정했습니다. 그런데 신명기 24장 1절과 고린도전서 7장 15절을 보면 성경은 이혼의 가능성을 열어두고 있습니다. 특히 고린도전서 7장 15절의 말씀을 가지고 여러 학자들은 이 권면이 바울 자신의 개인적인 경험에서 우러나온 조언이라고 해석합니다. 이 말이 무슨 의미인지 짧게 설명을 드리겠습니다. 한국 교인들은 바울이 독신이었을 것이라고 생각합니다. 그런데 바울 당시에 독신으로 산다는 것은 거의 불가능한 일임을 기억해야 합니다. 특히 정통 바리새인 교육을 받았던 바울의 경우에는 말씀을 가르치는 자로서 본인 스스로가 말씀에 철저히 순종하는 삶을 살아야 했습니다. 본인도 말씀에 순종하지 않는다면 그 누가 그의 가르침에 권위를 부여할 수 있겠습니까? 그런데 당시 유대인들에게 하나님이 주신 말씀 가운데 가장 중요한 말씀으로 받아들여진 것이 무엇입니까? '생육하고 번성하라'는 문화 명령입니다. 유대인들에게 생육과 번성을 위해 결혼을 하는 것은 하나님의 명령입니다. 따라서 말씀을 가르치는 랍비에게 결혼은 의무 조항인 것입니다. 그래서 많은 학자들은 바울도 결혼을 했을 것이라고 봅니다. 9장 5절에서 바울은 이런 말을 합니다.

우리가 다른 사도들과 주의 형제들과 게바와 같이 믿음의 자매 된

아내를 데리고 다닐 권리가 없겠느냐.

이런 주장은 아내가 있는 사람이 할 수 있는 주장입니다. 당시 베드로는 아내와 함께 사역했던 것 같습니다. 바울은 자기에게도 그런 권리가 있다고 말하는 것입니다. 이것은 결혼을 한 사람, 아내가 있는 사람만이 할 수 있는 말입니다. 그래서 바울을 연구하는 많은 학자들은 이렇게 주장합니다. 바울도 당대의 일반적인 유대인들처럼 10대 후반에 결혼했을 것이라고 봅니다. 바울 집안은 당시 기준으로 엄친아 집안입니다. 로마 시민권도 있고 재력도 있고 바울은 학벌도 좋았습니다. 그래서 유대교 명문가 집안의 딸과 결혼했을 것이라고 봅니다. 가말리엘 문하에서 공부한 이후에 바울은 유대교에서 승승장구했습니다. 그러다가 다메섹 회심 사건을 경험하면서 유대교를 떠나 초대 교회로 넘어왔습니다. 이때 회심한 바울에 대해 바울의 친가는 분노하였을 것이고 바울과 친가의 관계는 단절되었을 것이라고 봅니다. 바울 집안은 베냐민 지파의 후손으로 정통 유대교 집안입니다. 바울의 부모님이 10대 초반의 바울을 예루살렘으로 바리새 교육을 위해서 유학을 보낸 것을 보면 바울의 부모님이 얼마나 유대교 신앙에 철저한 사람이었는지를 알 수 있습니다. 그런데 바울이 회심을 하면서 유대교 신앙을 떠났으니 정통 유대교 신앙을 가지고 있었던 바울 집안이 얼마나 큰 충격을 받았겠습니까? 그래서 바울의 회심 사건 이후에 바울은 집안과의 모든 관계가 단절되었을 것입니다. 처가 쪽과는 어떠했을까요? 오늘날도 중동에는 명예 살인이라는 것이 있습니다. 한 집안의 명예를 지키는 것을 매우 중요하게 생각합니다. 바울이 유대교를 떠나서 초대 교회로 개종했을 때 바울의 처가 쪽에서 가만히 있었을까요? 유대교 신앙이 강했던 처가 쪽에서 자신들의 명예를 지키기 위해 가만히 있지 않았을 것입니다. 많은 학자들은 바울의 처가 쪽으로부터 바울이 강제 이혼을 당했을 것이라고 봅니다. 그래서 바울이 경험했던 내용을 근거로 조언한 것이 7장 13절 이하의 내용이 아닐까 생각합니다. 13~14절을 보겠습니다.

어떤 여자에게 믿지 아니하는 남편이 있어 아내와 함께 살기를 좋아하거든 그 남편을 버리지 말라 믿지 아니하는 남편이 아내로 말미암아 거룩하게 되고 믿지 아니하는 아내가 남편으로 말미암아 거룩하게 되나니 그렇지 아니하면 너희 자녀도 깨끗하지 못하니라 그러나 이제 거룩하니라.

그리고 뒤이어 나오는 말씀이 15절입니다.

혹 믿지 아니하는 자가 갈리거든 갈리게 하라 형제나 자매나 이런 일에 구애될 것이 없느니라 그러나 하나님은 화평 중에서 너희를 부르셨느니라.

여기서 '갈리거든'이라는 말은 믿지 않는 배우자가 '우리 갈라서자, 이혼하자'라고 말하면 '갈리게 하라', 즉 이혼하라는 것입니다. 이 말이 무슨 말입니까? 바울의 예로 설명해 보겠습니다. 결혼할 때는 바울도 유대교인이고 아내도 유대교인이었습니다. 부부 사이에 종교적 갈등이 전혀 없었습니다. 그러다가 바울의 회심 사건이 발생했습니다. 바울은 초대 교인이 되었고 아내는 여전히 유대교인이었습니다. 이때부터 두 사람 사이에 종교적인 갈등이 생겨났습니다. 고린도 교인들 중에도 이런 상황에 처한 사람이 있었습니다. 그래서 바울에게 질문하는 것입니다. 배우자와 신앙이 다른 문제로 인해 끊임없이 갈등하고 있는데 신앙이 다른 배우자와 계속해서 같이 살아야 하는지 아니면 헤어져야 하는지를 물은 것입니다. 이 질문에 대해서 바울은 이렇게 대답합니다. 나는 예수를 믿는 사람이고 배우자는 예수를 믿지 않는다고 할 때 신앙이 다른 배우자와 같이 살 것인지 이혼할 것인지에 대한 선택권은 예수를 믿지 않는 배우자에게 주라고 합니다. 예수를 믿지 않는 배우자가 말하기를 '당신과 신앙이 다르기는 하지만 당신과 헤어지고 싶지는 않소'라고 하면 그 배우자와 함께 살라고 하고 '당신과 신앙이 다른 것으로 인해 도저히 당신과 같이 못 살겠소'라고 하면 헤어지라고 권면합니다. 이것이 바로 15절의 핵심입니다. 15절의 권면은 바울 자신의 경험에서 나온 조언일 것이라고 봅니다. 바울이 회심하고 나서 아내와 처가 쪽에서 신앙이 다른 문제로 인해 이혼할 것을 요청했을 때 바울이 그것을 수용했을 것이라고 보는 것입니다. 오늘날 교회가 부부 간의 갈등에 대해 화해시키기 위한 노력들을 많이 합니다. 부부 간의 갈등뿐만 아니라 더 큰 갈등에 대해서도 하나 되기 위한 교회의 노력이 요청됩니다.

8장에서는 우상의 제물에 대해 다루면서 약한 자를 위해서 스스로 신앙의 자유를 제한할 것을 요청합니다. 13절입니다.

그러므로 만일 음식이 내 형제를 실족하게 한다면 나는 영원히 고기를 먹지 아니하여 내 형제를 실족하지 않게 하리라.

바울에게는 사람을 얻는 것이 가장 중요했습니다. 바울에게 있어서 행동의 대원칙이 8장 9절입니다.

그런즉 너희의 자유가 믿음이 약한 자들에게 걸려 넘어지게 하는 것이 되지 않도록 조심하라.

바울은 자신이 가진 믿음의 자유보다 형제를 실족시키지 않는 것을 더 중요하게 생각했습니다. 이것이 10장 24절로 이어집니다.

누구든지 자기의 유익을 구하지 말고 남의 유익을 구하라.

이것이 바울이 일상을 살아오며 붙잡은 삶의 대원칙이었습니다. 신앙 안에서 우리가 마땅히 누릴 수 있는 자유가 있습니다. 그러나 우리가 이 자유함을 누리는 일로 인해 믿음이 연약한 누군가가 실족할 수도 있습니다. 이때 바울은 자기의 자유를 누리기보다는 믿음이 연약한 자를 배려하고자 했습니다. 믿음이 연약한 자를 실족시키지 않으려고 하는 배려의 모습을 여기서 볼 수 있습니다. 바울은 유대인에게는 유대인처럼, 이방인에게는 이방인처럼 행동했습니다. 그렇게 하는 이유는 무엇입니까? 한 사람이라도 더 그리스도의 사람으로 얻기 위해서 자신을 끊임없이 변화시켜낼 수 있었던 인물이 바울입니다. 예수님께서 제자들을 부르시면서 '내가 너로 사람 낚는 어부가 되게 할 것이다'라고 하셨는데 사람 낚는 어부로서의 역할을 가장 신실하게 감당한 인물이 바울이 아닐까 싶습니다.

9장 2절을 보겠습니다.

다른 사람들에게는 내가 사도가 아닐지라도 너희에게는 사도이니
나의 사도 됨을 주 안에서 인친 것이 너희라.

사도라고 하는 것은 '주님으로부터 보냄 받은 자'라는 뜻입니다.
어디로 보냄 받은 것입니까? 세상으로 파송된 것입니다. 주님으로부
터 세상으로 파송된 자가 사도입니다. 바울은 주님으로부터 보냄을
받아서 어디로 갔습니까? 고린도에 갔습니다. 거기서 누구를 만났습
니까? 고린도 교인들을 만났습니다. 그들에게 복음을 전하고 복음을
받아들인 사람들을 중심으로 고린도 교회를 세웠습니다. 바울이 예
수로부터 보냄을 받아 고린도에 와서 만나게 된 사람들이 바로 고린
도 교인들인 것입니다. 바울을 사도로 인친 사람, 바울이 사도임을
확증시켜준 사람들이 누구입니까? 고린도 교인들입니다. 예수께서
바울을 고린도로 보내지 않으셨다면 어떻게 바울과 고린도 교인들이
만남을 가질 수 있었겠습니까?

사도로 부름 받은 바울은 16절에서 아주 중요한 고백을 합니다.

내가 복음을 전할지라도 자랑할 것이 없음은 내가 부득불 할 일임
이라 만일 복음을 전하지 아니하면 내게 화가 있을 것이로다.

사람들은 바울이 자기 목숨을 아끼지 아니하고 복음을 전한 일로
인해 박수를 보내는데 바울은 이렇게 말합니다. '이것은 자랑할 일이

거나 박수 받을 만한 일이 아닙니다. 제가 부득불 해야 할 일입니다.' 여기서 '부득불'이라는 말은 무슨 의미입니까? '마지못해', '어쩔 수 없이'라는 뜻입니다. 바울의 이 고백은 정말 은혜가 안 되는 소리입니다. 만약 여러분이 소속된 교회 목사님이 주일 설교하러 강대상에 올라가면서 '오늘도 어쩔 수 없이 설교 합니다'라고 말하면 교인들의 기분이 어떠하겠습니까? 진짜 은혜가 안 되는 이야기 아닙니까? 사람들은 바울이 목숨을 걸고 1차, 2차, 3차 전도 여행을 한 것에 대해 박수를 보내고 있는데 바울은 이 모든 사역이 자신이 어쩔 수 없이 해야 하는 일이라고 말하고 있으니 이 얼마나 은혜가 안 되는 소리입니까. 그러면서 바울은 이렇게 덧붙입니다. '자신이 이것을 행하지 아니하면 자기에게 화가 있을 것이다.' 이 말은 또 무슨 의미입니까?

바울은 이렇게 이해했습니다. 이쪽에 하나님이 계시고 저쪽 반대편에 이방인들이 있습니다. 하나님은 흑암의 권세 가운데 있는 이방인들을 포기하지 아니하시고 그들을 당신의 백성으로 삼고 싶어 하십니다. 이방인들에 대한 하나님의 사랑과 자비와 긍휼이 너무나 충만하신 것입니다. 이때 누군가가 이방인들에게 다가가서 하나님이 얼마나 이방인들을 사랑하시고 그들을 당신의 백성으로 삼고 싶어 하시는지를 알려주어야 합니다. 바울은 무엇을 깨달은 것입니까? 자신이 이방인들에 대한 하나님의 그 애끓는 마음을 전달하도록 선택받은 중간 매개자임을 깨닫게 된 것입니다. 달리 말하면 바울은 누구 때문에 하나님의 선택을 받게 되었다고 생각한 것입니까? 이방인들 때문에 자기가 하나님의 선택을 받게 되었다고 생각한 것입니다. 그러니까 바울은 이방인들에게 무엇을 지고 있는 것입니까? 구원의 빚을 지고 있는 것입니다. 이것을 고백하고 있는 것이 로마서 1장 14절입니다. 바울은 이방인들에 대한 하나님의 애절한 사랑 때문에 자기가 선택되어서 하나님과 이방인들 사이의 중간 매개자의 역할을 지금까지 신실하게 감당해 왔습니다. 그런데 어느 날 바울이 하나님한테 이렇게 얘기한다고 생각해 보십시오. "하나님, 지금까지 제게 맡겨주신 사명을 할 만큼 했으니 이제는 힘들어 못하겠어요. 나 이제 그만 할래요"라면서 바울이 하나님과 이방인들 사이의 중간 매개자로서의 역할을 포기하게 된다면 이방인들을 당신의 백성으로 삼고자 하시는 하나님의 계획은 중단되는 것입니까? 그렇지 않습니다. 바울이 못하겠다고 계속해서 뒤꽁무니를 빼면 하나님께서 계속해서 바울에게 물으실 것입니다. "바울아, 너 진짜 그만 둘 거야." 그때 계속해서 바울이 "이제 그만 할래요"라고 하면 하나님께서는 어떻게 하시겠습니까? 바울이 포기한 그 자리에 새로운 사람을 세우셔서 이방인들을 당신의 백성으로 삼고자 하시는 원대한 계획을 계속해서 이루어 가실 것입니다. 그렇게 되면 이방인들 때문에 하나님의 선택을 받은 바울 자신만 하나님의 선택으로부터 탈락하게 되는 것입니다. 이것을 바울은 '자기에게 화가 임한다'라고 표현했습니다. 사명을 중도 포기하게 되면 자기만 손해를 입는다는 것입니다. 그래서 하나님께서 자기에게 맡기신 사명을 신실하게 감당하겠노라고 하는 것이 바울의 고백입니다. 이것이 왜 하나님께서 자기를 선택하셨는가에 대한 바울의 해석입니다. 자기는 이방인들을 당신의 백성으로 삼고자 하시는 하나님의 그 애끓는 마음 때문에 하나님과 이방인들 사이의 중간 매개자로 선택되었다고 생각합니다. 그래서 하나님께서 자기를 선택하신 목적에 부합하여 하나님의 이 마음을 이방인들에게 온전히 전해주어야 할 사명에 바울은 충실했습니다. 그 사명을 신실하게 감당할 때 바울은 자신이 하나님의 최종적인 구원을 받을 수 있다고 생각합니다. 자기가 중간에 사명을 포기하게 되면 도리어 자기가 하나님의 구원에서 탈락되어진다고 생각했고 이것을 '화가 임한다'고 표현한 것입니다. 이것은 바울이 이해한 구원의 목적, 독특한 선택 사상이라고 말할 수 있습니다.

9장 25절에서 바울은 '이기기를 다투는 자마다 모든 일에 절제한다'고 말합니다. 여기서 '이긴다'는 것은 무엇일까요? 최종적인 구원을 받는 것을 말합니다. 로마서 5장에서 과거적 구원, 현재적 구원, 미래적 구원이라는 이야기를 했습니다. 우리는 구원을 받은 사람이지만 최종적인 구원을 획득한 사람은 아닙니다. 우리는 현재 구원의 여정 가운데 있습니다. 바울이 '이기기를 다툰다'고 할 때 여기서 이김이라는 말은 최종적인 구원의 완성을 말하는 것입니다. 오늘날 우리에게도 이런 이김에 대한 열망이 필요합니다. 그 열망의 강도에 따라서 우리 삶의 시간표가 재편될 수밖에 없습니다. 우리가 진짜 하나님의 심판이 있다고 믿는다면 인생을 함부로 살 수는 없습니다. 진짜 하나님의 심판이 있고 진짜 부활이 있고 진짜 하나님의 나라가 있다고 믿는다면 이 세상의 것에 과도하게 집착할 필요가 있겠습니까? 정말 이기기를 열망하게 되면 삶의 시간표는 재편될 수밖에 없습니다. 인생의 목표, 선택의 기준도 조정될 수밖에 없습니다.

9장 27절에서 바울은 이렇게 말합니다.

내가 내 몸을 쳐 복종하게 함은 내가 남에게 전파한 후에 자신이 도리어 버림을 당할까 두려워함이로다.

바울은 버림받지 않기 위해서 날마다 자신의 몸을 말씀으로 쳐서 하나님께 복종시켰습니다. 우리가 착각해서는 안 되는 것이 있습니다. 바울이 전도 여행을 통해서 많은 사람들을 하나님 앞으로 인도해 왔기 때문에 그 사역의 열매만으로도 바울은 충분히 구원받았을 것이라고 생각해서는 안 됩니다. 마태복음 7장 22절을 보면 우리의 사역이 우리의 구원을 보장해 주지 못합니다. 마태복음 7장 22절에서 많은 사람들이 주님께로 와서 자신들이 그동안 얼마나 많은 사역을 했는지를 자랑합니다. 그런데 주님은 '내가 너희를 모른다'고 단호하게 말씀하십니다. 이것이 무슨 말입니까? 내가 어떤 사역을 했는가가 중요한 것이 아니라 내가 하나님으로 인해 얼마나 새로운 존재로 변화되었는가가 중요한 것입니다. 사역이 아닌 내 삶이 진짜 하나님이 기뻐하시는 산 제물임을 기억해야 합니다.

9장 27절과 비슷한 말씀이 10장 12절입니다.

그런즉 선 줄로 생각하는 자는 넘어질까 조심하라.

여기 '선 줄'이 무엇입니까? 나는 이미 구원받았다는 자신만만함입니다. '넘어진다'는 것은 무엇입니까? 구원의 여정에서 탈락되는 것입니다. 바울은 구원의 여정에서 탈락하지 않기 위해 늘 깨어 있고자 하였습니다. 그러나 바울과 같은 신앙도 없고 삶도 살아내지 못하면서 한국 교인들은 너무나 구원받음에 대해 쉽게 생각합니다. 교회에 등록하고 세례만 받으면 이미 구원은 따놓은 것처럼 생각합니다. 자기는 이미 '선 자'라고 자신만만해 하는 것입니다. 그런 맥락에서 한국 교회는 바울 서신을 자세히 읽는 것이 필요합니다.

Q 고린도전서 5장 5절의 '음행한 사람들을 사탄한테 내주었으니 육신은 멸하고 그 영이 구원 받는다'는 의미가 무엇인지 알고 싶습니다.

A 신학자들은 '사탄에게 내준다'라고 하는 것을 두 가지 의미로 해석합니다. 첫째는 이 사람의 음행 자체가 이미 사탄에게 순종하고 있음을 드러내고 있다고 보는 것이고, 둘째는 이 사람을 징계하여 교회 공동체 바깥으로 내보내는 것으로 이해합니다. 즉 교회 공동체 바깥으로 내보내는 것을 사탄에게 내어 주는 것으로 보는 것입니다. 징계를 하는 목적이 어디에 있습니까? 이 사람으로 하여금 자기가 저지른 잘못에 대해 대오각성하기를 기대하는 것입니다. 대오각성을 통하여 돌이킬 수 있는 기회를 주는 것입니다. 이것을 '그 영이 구원 받는다'고 말하는 것입니다.

Q 초대 교회에서는 죽은 자들을 위해 세례를 받았다는 말을 들었는데 그것이 사실인가요?

A 네. 초대 교회에서는 죽은 자들을 위한 세례가 있었습니다.

Q 그렇다면 그것이 교리적으로 맞는 것인가요?

A 개신교가 가지고 있는 교리와는 맞지 않습니다. 그러나 가톨릭이 가지고 있는 교리와는 맞습니다. 그래서 가톨릭에서는 죽은 자들을 위한 기도를 합니다. 지금 우리는 죽은 자들을 위해 기도하지 않지만 초대 교회에서는 죽은 자들을 위한 기도가 있었습니다. 지금도 가톨릭에서는 11월 2일이 죽은 자를 위한 기도의 날입니다.

Q 초대 교회가 그렇게 했다면 오늘 우리도 그렇게 해야 하는 것은 아닌가요?

A 초대 교회가 했다고 해서 모두 옳은 것은 아닙니다. 세계 교회 역사를 보면 우리가 가지고 있는 주요 교리들은 700년 이상 토론과 논쟁을 통해 형성된 것입니다. 중요한 것은 현재 가톨릭과 개신교는 내세관이 다릅니다. 가톨릭에서는 죽은 자를 위한 기도가 가능하기 때문에 면죄부도 가능한 것입니다. 죽은 자를 위해 면죄부를 사게 되면 그의 영혼이 연옥에서 천국으로 간다고 하는 것은 이 땅에 있는 사람들의 행동에 따라서 이미 돌아가신 분들의 운명이 변화될 수 있다는 생각을 하기 때문에 그런 주장이 나오게 되는 것입니다. 가톨릭은 그것을 수용하지만 개신교는 단호하게 반대하며 나왔기 때문에 내세관 자체가 다릅니다. 개신교에서는 죽은 자의 운명에 대해 이 땅에 있는 사람들이 좌지우지할 수 없다고 말합니다.

바울 서신 강의

고린도전서 10장~고린도후서 5장

고린도전서 10장부터 보겠습니다. 2절에서 바울은 출애굽 1세대가 홍해를 건넌 사건을 집단 세례 사건으로 규정하고 있습니다. 2절입니다.

모세에게 속하여 다 구름과 바다에서 세례를 받고.

이것이 바로 출애굽 1세대가 홍해를 건넌 사건입니다. 3~4절을 보겠습니다.

다 같은 신령한 음식을 먹으며 다 같은 신령한 음료를 마셨으니 이는 그들을 따르는 신령한 반석으로부터 마셨으매 그 반석은 곧 그리스도시라.

출애굽 1세대는 신령한 음식을 먹었고 신령한 음료를 마셨습니다. 이것이 무엇입니까? 성만찬에 참여했다는 것입니다. 2절에서는 출애굽한 이스라엘 백성들이 홍해를 건넌 사건을 집단 세례 사건으로 말하고 있고, 3절과 4절에서는 그들이 하늘에서 내려오는 신령한 음식인 만나를 먹은 것과 반석에서 나오는 물을 마신 사건을 성만찬에 참여한 것으로 설명합니다. 그런 후에 바울이 말하고자 하는 바가 바로 5절입니다.

그러나 그들의 다수를 하나님이 기뻐하지 아니하셨으므로 그들이 광야에서 멸망을 받았느니라.

이것이 바울이 말하고자 하는 핵심입니다. 무슨 말입니까? 출애굽 1세대는 세례를 받았고 성만찬에도 지속적으로 참여를 했습니다. 그러나 하나님의 구원을 받는 일에는 대부분 실패했다는 것입니다. 왜 바울이 출애굽 1세대를 인용하면서 이러한 주장을 하게 되었을까요? 당시 고린도 교회에 세례를 받으면 구원을 받는다고 생각하는 사람들이 있었습니다. 이것을 세례 구원 절대주의라고 합니다. 오늘날 한국의 신앙인들 중에도 이런 분들이 많이 있습니다. 자기는 세례를 받았기 때문에 구원은 따 놓은 당상이라고 생각하는 분들이 많습니다. 그러나 그렇지 않음을 바울은 강조합니다. 어떤 사람들은 자기는 주의 성만찬에 참여했기 때문에 구원을 받을 거라고 생각하는 사람들이 있습니다. 그러나 바울은 3절과 4절을 통해서 성만찬에 참여했다는 것이 구원을 보증하지 않음을 강조합니다.

구원의 여정에서 탈락한 사람들의 대표가 누구입니까? 출애굽 1세대들입니다. 출애굽 1세대들은 세례도 받았고 성만찬에도 지속적으로 참여했지만 그들 중 대다수는 광야에서 하나님의 심판을 받았습니다. 하나님의 최종적인 구원을 얻는 일에 실패했습니다. 하나님의 은혜로 하나님의 백성은 되었지만 하나님의 통치 안에 머물기를 거부하면서 그들 대부분은 구원의 완성에 도달하지 못했습니다. 바울이 이 이야기를 왜 하고 있을까요? 당시 고린도 교회 안에서 우리는 세례를 받았기 때문에 당연히 구원받을 거라고 생각하는 사람, 우리는 성만찬에 참여하기 때문에 당연히 구원받을 거라고 착각하는 사람들이 많았기 때문입니다. 바울은 이들에게 출애굽 1세대를 언급하면서 착각하지 말 것을 강력하게 권면하고 있습니다. 출애굽 1세대도 세례를 받고 성만찬에 참여했지만 하나님의 구원을 얻는 일에 실패했음을 강조하면서 스스로 구원에 대한 안일한 생각을 하는 자들에게 경고하고 있는 것입니다. 이것이 10장의 핵심적인 메시지입니다.

11장에는 성만찬에 대한 이야기가 나옵니다. 중요한 것이 28절입니다.

사람이 자기를 살피고 그 후에야 이 떡을 먹고 이 잔을 마실지니.

본문을 문자 그대로 받아들이면 우리가 주의 몸을 먹고 주의 피를 마시기 전에 자기를 살피고 그 후에야 성찬에 참여해야 하는 것처럼 말하고 있습니다. 한글 성경 번역에 보면 '자기를 살피는 것'이 성만찬에 참여하는 전제 조건인 것처럼 번역되어 있습니다. 제가 오래전에 강북구 수유동에 10년 정도 살았습니다. 어느 해 부처님 오신 날에 근처 화계사라는 절을 방문했습니다. 법회가 진행 중이었는데 한 불자께서 다른 불자에게 이렇게 물었습니다. '왜 대웅전에 안 들어가요?' 이때 법회에 들어가지 않은 불자가 이렇게 말했습니다. '어제 개고기를 먹었습니다.' 본인이 어제 개고기를 먹어서 오늘 대웅전에 들어가서 법회에 참여할 수가 없다는 것입니다. 이분이 보여주고 있는 모습이 28절 번역과 같은 것입니다. 내가 성만찬에 참여할 자격이 있는가를 먼저 돌아본 후에 성만찬에 참여하라는 것입니다. 그런데 헬라어 원어를 보면 '자기를 살피고 그 후에 성찬에 참여하라'는 의미가 아닙니다. 헬라어 원어는 '자기를 살피는 방식으로' 먹어야 함을 강조하고 있습니다. '내가 정말 주의 떡을 먹을 자격이 있는가?', '내가 주의 피를 마실 자격이 있는가?'를 살핀 다음에 '나는 자격이 없어. 오늘은 성찬에 참여할 수 없겠어'라는 식으로 하라는 것이 아닙니다. 자기를 살피는 방식으로 성찬에 참여하라는 것입니다. 예를 들면 자기를 살피는 것이 성만찬에 참여하는 전제 조건이라면 우리 가운데 누가 주의 피를 마시고 주의 떡을 먹을 자격이 있는 사람이 있겠습니까? 그것이 아닙니다. 자기를 살피는 방식으로 성찬에 참여해야 하는 것입니다. 이것이 28절의 핵심입니다. 바울이 이런 이야기를 하는 이유가 무엇일까요? 21절이 중요합니다.

이는 먹을 때에 각각 자기의 만찬을 먼저 갖다 먹으므로 어떤 사람은 시장하고 어떤 사람은 취함이라.

이 말을 제대로 이해하려면 당시의 성만찬이 어떻게 이루어졌는가를 생각해야 합니다. 오늘날에는 성찬식을 할 때 작은 잔에 담긴 포도주와 작게 잘라놓은 카스테라를 먹습니다. 그러나 초대 교회 당시 성만찬은 공동의 식사를 말하는 것입니다. 그런데 고린도 교회 안에 어떤 일이 벌어진 것입니까? 공동의 식사를 해야 하는데 주인들은 먼저 음식을 가지고 와서 자기들끼리 먹고 마신 것입니다. 이후에 가난한 자들, 종과 노예들이 교회에 와서 성만찬에 참여하고자 할 때 어떤 장면을 목격하겠습니까? 이미 거나하게 먹고 마신 주인들은 취해서 쓰러져 있고 늦게 온 가난한 사람들과 종과 노예들은 먹을 것이 없어 성만찬에 참여하지 못하는 상태가 된 것입니다. 고린도 교회가 그리스도 안에 한 몸이라면 주인과 종들이 공동의 식사를 함께해야 합니다. 그런데 주인들은 먼저 와서 자기들끼리 배부른 성만찬을 행하고 가난한 교인들은 이후에 와서 성찬을 할 수 없는 상황에서 이미 고린도 교회는 그리스도 안에 한 몸 됨이 깨져버린 것입니다. 우리가 그리스도 안에 한 가족이 되었다는 가장 중요한 증거가 무엇입니까? 함께 밥을 먹는 것입니다. 밥을 먹는 관계를 우리는 식구라고 합니다. 함께 식사함을 통하여 나와 저 사람이 그리스도 안에서 한 가족이 되었음을 확인하는 자리가 성만찬 의식입니다. 그런데 고린도 교회 안에서는 한 가족 됨이 깨져버린 것입니다. 원래 성찬이라고 하는 것은 그리스도 안의 한 몸, 한 가족 됨을 공적으로 확인하는 자리인데 도리어 성만찬을 통해 한 가족 됨을 파괴하고 있는 고린도 교회 안에 있는 부유한 교인들에 대해서 바울은 강력하게 질타하고 있습니다.

한번 상상해 보십시오. 요즘은 교회 공동체에서 함께 식사하는 것이 그리 낯설지 않은 일입니다. 그러나 신분제가 명확했던 2천 년 전 사회에서 주인과 종이 같은 테이블에 앉아서 밥을 먹는다는 것은 정말 혁명적인 행위입니다. 요즘도 서로 다른 이질적인 사람이 함께 식사하는 것은 참 쉽지가 않습니다. 제가 오래 전 분당의 한 교회에서 고등부 전도사로 사역했는데 주일 예배를 마치고 교회 식당에 가보면 꼭 같이 식사하는 사람들과 매주 함께 식사를 합니다. 그래서 어느 날은 "어떻게 항상 집사님들끼리 같이 식사를 하세요?"라고 물어보았습니다. 그때 집사님의 답변이 "우리는 대전고 출신입니다"였습니다. 그러면서 저쪽에 같이 모여 식사하시는 집사님들은 전주고 출신이라고 알려주셨습니다. 자세히 보면 오늘날 교회 공동체에서 밥상 교제를 나누는 분들도 같은 고향 출신이거나 같은 학교 출신, 같은 지역 거주 등 여전히 교회 안에 보이지 않는 담들이 강력한 힘을 발휘하고 있음을 보게 됩니다. 오늘날에도 그러한데 2천 년 전 신분제 사회에서는 어떠했겠습니까? 신분제 사회에서 주인과 종이 같은 식탁에 둘러앉아 식사한다는 것은 그 시대의 주류 질서를 깨뜨리는 혁명적인 행위였습니다. 이것이 정말 쉬운 일이 아닙니다. 그것을 기억하시면서 고린도 교회에 있었던 성만찬과 관련된 사건을 보는 것이 필요합니다.

이 땅에 처음으로 기독교 복음이 선포되었을 때 양반과 천민 가운데 누구에게 기독교 복음이 더욱 기쁜 소식으로 다가왔겠습니까? 남자와 여자 가운데 누구에게 기독교 복음이 좀 더 기쁜 소식으로 다가왔겠습니까? 당연히 천민들과 여자들입니다. 교회에서 선교사님들은 이렇게 가르쳤습니다. "예수 안에서 양반과 천민은 같은 형제입니다." 이 말은 결코 틀린 말이 아닙니다. 예수를 믿기로 작정하고 신앙생활을 시작했다면 선교사님의 이 말을 맞는 말로 받아들여야 합니다. 그런데 머리로는 수용이 되는데 천민 교인이 양반에게 다가와서 '형제님'이라고 부르면 양반 교인들은 기분이 나쁠 수밖에 없습니다. 선교사님이 "양반과 천민은 그리스도 안에서 한 형제입니다. 이제 서로를 형제라고 부르십시오"라고 할 때 그 말이 수긍은 되면서도 실제로 천민을 형제로 받아들이는 것은 쉽지가 않았던 것입니다. 우리가 신앙 안에서 새로운 문화를 창조해낸다는 것은 참 어려운 일이고 그 새로운 문화를 살아내는 것은 더욱 어려운 일입니다. 고린도 교회에서 주인과 노예가 같은 식탁에 앉아 그리스도 안에서 한 가족임을 확인하는 것도 정말 쉽지 않은 일이었을 것입니다. 그러한 새로운 문화를 만들어내는 것도 쉽지 않았을 것이고 그것을 온전히 살아내는 것은 더더욱 어려운 일이었을 것입니다. 처음에는 감격 가운데 성만찬이 이루어졌을지 모릅니다. 그러나 시간이 지날수록 주인들끼리 먼저 와서 먹고 이후에 종들이 와서 식사하는 일들이 벌어졌습니다. 그리스도 안에서 한 가족 됨을 확인하는 자리가 성만찬인데 도리어 성만찬을 통해 주인들과 종들이 구분되어지게 된 것입니다. 한 가족 됨을 확인해야 할 성만찬이라는 자리가 도리어 그리스도 안에서 여전히 주인과 종은 다른 존재임을 확인하는 자리가 되어버린 것입니다. 이것을 바울이 질타하고 있습니다.

오늘날 한국 교회도 성찬식을 자주 거행하고 있습니다. 성찬식을 자주 거행하는 것도 중요하지만 성찬식의 의미를 잘 기억하시는 것이 더 중요합니다. 많은 신앙인들은 성찬식을 할 때마다 내가 예수의 피로 말미암아 구원받았음에 대해 감격합니다. 이것도 우리가 회상할 중요한 내용임에 틀림없습니다. 그러나 성찬식의 진짜 중요한 의미가 또 하나 있습니다. 성찬에 참여하고 있는 사람들 모두가 그리스도의 몸과 피를 함께 먹고 마시면서 한 가족이 되었다는 것입니다. 왜 성찬을 혼자서 하지 아니하고 공동체가 함께 행합니까? 성찬을 함께하는 이유가 무엇입니까? 우리가 예수로 인하여 한 가족이 되었다는 것을 공동체적으로 확인하는 것입니다. 그래서 성찬식을 할 때마다 우리는 진중한 성찰을 해야 합니다. 우리가 예수 때문에 한 가족이 되었는데 오늘 우리 교회가 이 한 가족 됨을 온전히 누리고 있는가를 돌아봐야 합니다. 이것을 성찰해야 합니다.

12장부터 14장까지는 은사에 대한 내용입니다. 먼저 은사가 무엇인지에 대해 생각해 보겠습니다. 은사는 하나님으로부터 내가 받는 것이지만 그것을 사용함을 통해서 누군가를 유익하게 하는 것입니다. 이것이 은사의 가장 중요한 특징입니다. 은사는 내가 받는 것입니다. 내가 그것을 행하는 것입니다. 그런데 내가 은사를 행한다고 해서 내가 유익을 누리는 것이 아닙니다. 내가 그 은사를 발휘함을 통해서 누군가를 유익하게 하는 것이 은사입니다. 그래서 달란트 비유에도 나오는 것처럼 하나님께 은사를 받았지만 그 은사를 사용하지 아니하고 땅에 묻어두는 것이 죄가 되는 것입니다. 달란트 비유에서 한 달란트 받았던 종이 왜 주인으로부터 책망을 받습니까? 달란트를 받았지만 땅에 묻어두었기 때문입니다. 사용하지 않았기 때문입니다. 달란트를 사용하지 않은 것이 왜 죄가 됩니까? 내가 하나님께 은사를 받았지만 그 은사를 사용하지 않게 되면 누군가가 누려야 할 유익을 내가 빼앗은 것이 되기 때문입니다. 그가 받아야 할 은혜를 가로막은 것입니다. 은사는 내가 받은 것이지만 그 은사를 발휘함을 통하여 반드시 누군가를 유익하게 하는 것임을 기억하셔야 합니다. 그래서 은사는 잘 발휘되어야 합니다. 은사를 받았지만 사용하지 않게 되면 누군가가 누려야 될 유익을 내가 가로막는 것이 됩니다. 그래서 은사를 제대로 발휘하지 않는 것이 죄가 되는 것입니다.

우리가 은사를 행할 때 누가 유익을 누리고 있는가를 주목해야 합니다. 그러지 못하고 은사를 행하고 있는 자기 자신을 주목하게 만든다면 이 은사는 자기 자랑이 되어버립니다. 은사를 행함을 통해서 다른 사람 위에 군림하게 될 가능성이 높습니다. 예를 들면 누군가가 병 고치는 은사가 있다고 가정해 보십시오. 그 사람이 병 고치는 은사를 행함을 통하여 누가 유익을 누리고 있는가를 주목하지 아니하고 그 은사를 행하는 자기를 주목하게 만들면 그는 다른 사람 위에 군림할 가능성이 높아집니다. 은사를 행하는 자기를 자랑하거나 떠벌릴 가능성이 높아집니다. 그래서 바울이 13장에서 강조하는 것이 무엇입니까? 은사를 은사 되게 하는 핵심은 사랑이라는 것입니다. 왜 그렇습니까? 은사라고 하는 것은 내가 받는 것이지만 내가 그것을 행함을 통해서 반드시 누군가를 유익하게 하는 것이기 때문입니다. 그런데 누군가를 유익하게 하는 것이 은사인데 그 안에 사랑이 없다면 그 은사는 사실 의미가 없는 것입니다. 은사를 은사 되게 하는 핵심이 바로 사랑입니다. 나의 은사를 통해서 도움을 받는 사람들에 대한 진정한 사랑이 없다면 그것은 은사라고 할 수 없습니다. 그것은 자칫 자기 홍보 수단이 되는 것이고 다른 사람 위에 자기를 군림하기 위한 도구가 되는 것입니다. 그래서 12장부터 14장까지가 은사에 대한 이야기인데 '사랑이 없는 은사는 무익하다'는 것을 13장에서 강조하고 있는 것입니다. 우리가 사모해야 할 최고의 은사가 사랑임을 기억해야 합니다.

14장 1절을 보겠습니다.

사랑을 추구하며 신령한 것들을 사모하되 특별히 예언을 하려고
하라.

예언서 강의를 통해 강조한 것처럼 세상이 말하는 예언과 성경이
말하는 예언은 다릅니다. 세상에서는 무엇을 예언이라고 합니까? 미
래에 일어날 일을 미리 말하는 것을 예언이라고 합니다. 그래서 세상
에서 예언을 말할 때는 '미리 예'를 사용합니다. 그러나 성경이 말하
는 예언은 하나님께서 맡겨주신 말씀을 있는 그대로 선포하는 것을
예언이라고 합니다. 그래서 '맡길 예'를 사용합니다. 하나님께서 맡
겨주신 말씀을 하나님을 대신하여 선포하는 자가 예언자입니다. 성
경이 말하는 예언자는 다른 말로 하면 대언자라고 할 수 있습니다.
고린도전서 14장 1절도 마찬가지입니다. '특별히 예언을 하려고 하
라'에서 예언은 '몇 년 몇 월 며칠에 무슨 일이 있을 거야'라는 식으
로 미래에 일어날 일을 미리 말하는 것이 아닙니다. 하나님이 맡겨주
신 말씀을 있는 그대로 선포하는 예언을 말합니다. 즉 '특별히 예언
을 하려고 하라'는 말은 하나님의 말씀을 있는 그대로 선포하라는 의
미입니다.

고린도전서 14장은 전체가 방언과 예언에 대한 비교입니다. 한국
교회는 방언을 중요시합니다. 한국 교회가 방언을 중요시하게 된 여

러 이유가 있는데 그 가운데 하나가 순복음교회의 영향 때문입니다. 순복음교회에서는 '물세례만 받아서는 구원받을 수 없고 성령 세례를 받아야만 구원 받는다'고 주장하면서 '그렇다면 성령 세례를 받았다는 증거가 무엇인가'라고 할 때 그것을 방언이라고 주장하였습니다. 이때부터 자신이 성령 세례를 받은 자임을 입증하기 위하여 사람들은 방언에 대해 지나친 사모함을 드러냈습니다. 그런데 고린도전서 14장은 방언에 대해 중시하는 한국 교회 분위기와는 조금 상반된 태도를 취합니다. 방언에 대해서는 약간 비판적이고 예언에 대해서는 중요시하는 모습을 볼 수가 있습니다. 물론 고린도전서 14장이 말하는 방언은 사도행전 2장이 말하는 방언과는 다른 방언입니다. 사도행전 2장에서 말하는 방언은 구체적인 한 지역에서 사용되는 언어입니다. 그러나 고린도전서 14장에서 말하는 방언은 기도 시간에 흔히 들을 수 있는 알아들을 수 없는 의성어를 말합니다. 이처럼 신약 성경에는 두 종류의 방언이 나온다는 것을 기억하셔야 합니다. 사도행전 2장의 방언이 있고, 고린도전서 14장의 방언이 있습니다. 물론 헬라어로는 동일한 단어입니다. 그러나 전혀 다른 방언임을 주목하셔야 합니다.

사도행전 2장은 오순절을 맞이하여 예루살렘에 방문한 각 지역의 사람들이 초대 교인들이 하는 방언을 듣고 깜짝 놀라며 이렇게 말합니다. '이 사람들은 갈릴리 사람들인데 어떻게 우리 지역의 언어를 말하고 있지?' 이들이 말하는 것처럼 사도행전 2장의 방언은 구체적인 한 지역의 언어임을 알 수가 있습니다. 그렇다면 왜 오순절 성령 강림 사건 때 많고 많은 은사 가운데 초대 교인들에게 방언의 은사가 허락되었을까요? 방언은 예수님께서 승천하시면서 지상에 남아 있던 제자들에게 주셨던 마지막 지상 명령과 연관이 있습니다. 예수님이 승천하시면서 이 땅에 남아 있던 제자들에게 마지막으로 주신 지상 명령이 무엇입니까? 마태복음 28장 18절 이하에 '그러므로 가서 너희는 모든 족속으로 제자를 삼으라'는 것입니다. 제자들은 대부분 갈릴리 사람들이었습니다. 그런데 예수님은 이들에게 모든 족속에게 복음을 전하여 이들을 제자 삼으라고 명령하셨습니다. 그리고 성부와 성자와 성령의 이름으로 세례를 주고 주님이 가르치신 모든 내용을 그들에게 가르쳐서 지키게 하라고 말씀하셨습니다. 갈릴리 출신의 제자들이 모든 민족을 제자 삼으라는 주님의 명령에 순종함에 있어서 가장 큰 걸림돌이 무엇이었을까요? 바로 언어입니다. 아람어를 사용했던 제자들이 모든 민족에게 복음을 전함에 있어서 가장 큰 걸림돌은 의사소통의 문제였습니다. 이 문제를 단번에 해결시켜준 것이 오순절 성령 강림 사건의 방언입니다. 제자들은 성령의 임재를 통해서 자신의 의지와 무관하게 다양한 지역의 언어로 복음을 전하였습니다. 이것을 세계 각지로부터 오게 된 사람들이 듣게 된 것입니다. 그 결과 그들은 하나님 나라의 복음을 듣고 유대교를 뛰어넘어 초대 교회로 개종하게 되었습니다. 이것이 바로 사도행전 2장의 방언 사건입니다.

그런데 고린도전서 14장의 방언은 전혀 다릅니다. 한 지역에서 사용되고 있는 언어로서의 방언이 아니라 우리가 흔히 교회에서 경험하게 되는 기도 시간에 듣게 되는 알아들을 수 없는 의성어로서의 방언입니다. 이 방언과 관련하여 바울이 아주 비판적인 태도를 드러냈습니다. 두 구절만 보겠습니다. 먼저 4절입니다.

방언을 말하는 자는 자기의 덕을 세우고 예언하는 자는 교회의 덕을 세우나니.

바울은 방언을 말하는 사람은 자기의 덕을 세운다고 합니다. 이 말이 무슨 말입니까? 방언은 은사가 아니라는 것입니다. 은사는 무엇이라고 했습니까? 그것을 발휘함을 통하여 누군가를 유익하게 하는 것, 공동체를 유익하게 하는 것이 은사입니다. 그런데 알아들을 수 없는 의성어로서의 방언은 자기에게만 유익한 것입니다. 무엇인가 하나님과 신비롭게 만난다는 느낌을 제공해 주지만 그것은 자기에게만 유익한 것입니다. 여러분도 그렇지 않습니까? 공동체 안에서 누군가가 알아들을 수 없는 의성어로 기도한다고 해서 여러분이 유익을 누리십니까? 그렇게 방언으로 기도하는 것이 공동체에게 어떤 유익을 끼칩니까? 전혀 그렇지 않습니다. 방언은 오직 자기의 덕을 세우는 것입니다. 그런데 예언은 교회의 덕을 세웁니다. 왜 그렇습니까? 예언은 하나님의 말씀을 있는 그대로 선포하는 것입니다. 누군가가 하나님의 말씀을 제대로 가르쳐주게 되면 그것은 교회 전체에 유익을 끼치는 것입니다.

다음으로 19절을 보겠습니다.

그러나 교회에서 내가 남을 가르치기 위하여 깨달은 마음으로 다섯 마디 말을 하는 것이 일만 마디 방언으로 말하는 것보다 나으니라.

이것이 바로 예언입니다. 남을 가르치기 위하여 깨달은 마음으로 다섯 마디 말을 하는 것이 예언입니다. 이것이 일만 마디 방언으로 말하는 것보다 낫습니다. 여러분 예언과 방언의 가치는 비교가 안 됩니다. 하나님의 말씀을 온전히 가르치는 다섯 마디의 말이 일만 마디 방언을 하는 것보다 더 낫다는 것입니다. 그런데 안타깝게도 오늘날 한국 교회는 정반대의 모습을 드러내고 있습니다. 누군가가 일만 마디 하나님의 말씀을 가르쳐주는 것보다 다섯 마디 방언을 더 사모하는 것이 한국 교회의 현실입니다. 사도행전 2장과 고린도전서 14장의 방언을 구분하셔야 합니다. 고린도전서 14장에서 바울은 기도 시간에 듣게 되는 알아들을 수 없는 의성어로서의 방언은 은사가 아니라고 분명히 선언합니다. 그러한 방언은 자기의 덕을 세우는 것입니다. 그러한 일만 마디 방언보다 다섯 마디 깨달은 마음으로 하나님의 말씀을 선포하는 것이 더 중요하다고 강조하는 것이 고린도전서 14장입니다.

15장에서 바울은 주님의 부활의 확실함을 부활의 증인들을 열거함을 통하여 강조합니다. 주님은 부활하신 후에 누구를 만나셨습니까? 처음에는 게바를, 다음에는 열두 제자를, 다음에는 오백 명의 형제를 만났습니다. 여기에 나오는 오백 명의 형제를 우리는 주목해야 합니다. 이 숫자는 주님이 지상에서 사역을 행하실 때 끝까지 남아 있던 제자들의 가장 큰 숫자입니다. 그 수가 500명입니다. 여기 500명에는 남녀가 모두 포함됩니다. 이들은 끝까지 제자로 남은 자들입니다. 복음서를 보면 예수님 주변에 함께했던 사람들은 크게 두 부류가 있습니다. 한 부류는 무리이고, 다른 부류는 제자입니다. 무리는 예수

주변에 있지만 예수의 말을 경청하지도 않고 순종하고자 하는 마음도 없었습니다. 이들은 자기 이익을 기대하며 예수 주위에 머물렀던 사람들입니다. 그러나 제자들은 그렇지 않습니다. 제자는 스승의 말을 경청한 사람들이고 스승의 길을 따라 걸어가고자 한 사람들입니다. 끝까지 제자로 남은 자들의 총수가 500명인 것입니다. 500명의 부활의 증인 다음으로 야고보와 제일 마지막에 바울의 이름이 등장합니다.

마지막으로 바울은 십자가 죽음의 자세로 일상을 살아가야 함을 강조합니다. 십자가 죽음의 자세라고 하는 것은 무엇입니까? 예수님은 자기를 비우시고 낮추셨습니다. 죽기까지 하나님께 온전히 순종하셨습니다. 그 결과가 바로 십자가에서의 죽음입니다. 예수님의 제자들도 이러한 삶을 살아야 함을 강조합니다. 예수의 제자된 우리들도 십자가 죽음의 자세를 일상생활 속에서 삶으로 드러내야 합니다. 한국 초기 교회 가운데 강화도 홍의교회가 있습니다. 홍의교회 교인들은 자신들이 죄에 대해서 죽었다는 의미로 검은 옷을 입고 다녔습니다. 그래서 강화도 사람들은 홍의교회 교인들을 '검은 개'라고 조롱했습니다. 우리 조상들은 전통적으로 하얀 옷을 입었습니다. 그런데 홍의교회 교인들은 '우리가 죄에 대해서 죽었다, 우리의 옛 자아는 죽었다'라는 의미로 검은 옷을 입었습니다. 그래서 어떤 분은 이런 말씀도 하십니다. 우리 조상들은 원래 장례식 때도 하얀 옷을 입었었는데 어느 순간부터 장례식에서 검은 옷을 입기 시작했다는 것입니다. 언제부터 사람들이 장례식에 검은 옷을 입게 되었는가에 대한 두 가지 주장이 있는데, 하나가 홍의교회 교인들이 검은 색을 죽음과 동일하게 생각한 시점부터 사람들이 장례식에서 검은 옷을 입기 시작했다는 것입니다. 다른 하나는 1980년대 방영되었던 '전설의 고향'에서 저승사자들이 검은 옷을 입고 등장합니다. 그때부터 장례식 때 검은 옷을 입기 시작했다는 주장이 있습니다. 어느 것이 맞는지 알 수는 없지만 홍의교회 교인들이 검은 옷을 입은 것은 확실합니다. '하나님 앞에서 우리의 옛 자아는 죽었고 우리는 죄에 대해서 죽었다'는 의미를 담아 검은 옷을 입었던 것입니다. 이것이 바울이 강조하고 있는 삶의 모습이라고 할 수 있습니다.

바울은 고린도전서 15장 31절에서 '나는 매일 죽노라'는 고백을 합니다. 우리가 진짜 예수님의 제자라면 예수님을 따라가야 하고 예수님의 모습을 모방해야 합니다. 예수님의 모습 가운데 첫 번째가 무엇입니까? 자기를 낮추셔서 이 땅에 성육신 하신 것입니다. 예수의 제자라고 말하면서 끊임없이 자기를 높이려고 하고 자기를 드러내려고 하는 것은 옳지 않습니다. 예수의 사람이라면 모름지기 자기를 낮출 수 있어야 하고 자기를 부인할 수 있어야 합니다. 가장 중요한 것은 죽기까지 하나님께 온전히 순종할 수 있어야 합니다. 바울이 고린도전서 15장에서 부활하신 예수를 만났던 제자들의 이름을 열거하지 않습니까? 그들이 누구입니까? 부활하신 예수를 만나 삶이 변화된 사람들입니다. 세상 사람들이 '예수가 부활했다'라고 제자들의 주장을 믿게 된 이유는 부활한 예수를 만나고 나서 제자들의 삶이 바뀌었기 때문입니다. 만약 제자들의 삶이 바뀌지 않고 예수가 부활했다는 주장만 했다면 그 누구도 예수께서 부활하셨다는 사실을 신뢰하지 않았을 것입니다. 그런데 시간이 흐르면 흐를수록 사람들이 점점 예수가 부활했다는 것을 믿을 수밖에 없었던 이유는 제자들의 변화된 삶이 있었기 때문입니다. 삶이 변화된 제자들이 이구동성으로 했던 말이 무엇입니까? '우리는 부활한 예수를 만났다'는 것입니다. 오늘날에도 마찬가지입니다. 예수의 부활을 증거할 수 있는 유일한 길은 부활한 예수를 만나지 않았더라면 도저히 살아낼 수 없는 삶을 우리가 살아낼 때만 그때 우리는 예수의 부활을 증거할 수 있는 것입니다. 오늘날 교회가 대규모 행사로 부활 주일을 지킨다 하더라도 부활한 예수를 만난 삶의 증거가 부재하다면 사람들은 예수 부활에 대해 조금도 신뢰하지 않을 것입니다. 그것이 오늘날 부끄러운 우리의 모습입니다. 이것을 극복할 수 있어야 합니다.

다음으로 고린도후서로 넘어가겠습니다. 고린도후서는 눈물 없이는 읽기 어려운 텍스트입니다. 바울은 자신의 사도직을 의심하며 끊임없이 자신을 공격하고 있는 고린도 교인들을 향해 이 편지를 썼습니다. 자신의 사도직에 대한 항변이 서신서 전체에 걸쳐서 깊게 배어 있는 것이 고린도후서입니다. 2장 15절을 보겠습니다.

우리는 구원 받는 자들에게나 망하는 자들에게나 하나님 앞에서 그리스도의 향기니.

여기에 나오는 그리스도의 향기라는 말은 무슨 의미일까요? 작은 예수로 살아간다는 것입니다. 우리의 삶을 통해서 예수를 드러내야 한다는 것입니다. 이것이 바로 그리스도의 향기라는 것입니다. 우리는 만나는 모든 사람들에게 우리의 모습을 통하여 예수 대리자로서의 면모를 드러내야 합니다. 다시 말해 예수를 드러내는 삶을 살아야 하는 것입니다. 우리가 예수의 삶을 살아내고 예수의 향기를 풍기게 될 때 우리를 만나는 사람들은 두 부류의 반응을 보이게 됩니다. 하나님의 통치에 굴복하는 사람들은 우리를 환영할 것이고 자기의 뜻대로 살고자 하는 사람들은 우리를 미워하고 적대할 것입니다. 이것을 바울은 뭐라고 표현했습니까? '그리스도의 향기가 어떤 사람에게는 사망에 이르는 냄새'라고 말합니다. 반대로 복음을 수용하고 기뻐하는 사람들에게는 생명에 이르는 냄새라고 말합니다.

오늘날 한국 교회가 많은 문제를 드러내고 있기 때문에 한국 사회로부터 환영받지 못한다고 주장하는 사람들이 있습니다. 이것이 틀린 주장은 아닙니다. 그러나 교회가 진짜 교회다워지더라도 교회를 부담스러워하는 사람들이 있음을 기억해야 합니다. 교회가 사회복지 기관처럼 구제 활동을 열심히 하고 봉사 활동을 열심히 하면 많은 사람들에게 박수 받을 수 있습니다. 그러나 교회는 구제나 봉사 활동을 열심히 하는 사회복지 기관으로 세움 받은 곳이 아닙니다. 교회는 그 이상의 사명이 있습니다. 교회가 가난하고 연약한 자들을 위해서 그들에게 도움의 손길을 베푸는 것도 중요한 일이지만 교회는 일차적으로 하나님 나라가 어떤 곳인가를 보여주는 곳이 되어야 합니다. 하나님 나라의 메시지를 온전히 선포하는 곳이 되어야 합니다. 이것이 교회의 일차적인 사명입니다. 그런데 우리가 하나님 나라의 복음을 담대하게 선포하면 모든 사람들이 이 복음의 선포를 기뻐하거나 환영하지 않습니다. 예수님이 공생애 사역을 하실 때 육신의 가족으로부터 환영받으셨습니까? 환영받지 못했습니다. 우리가 그리스도 안에서 한 가족 됨을 교회 공동체 안에서 온전히 누리게 되면 도리어 육신의 가족들은 서운해 합니다. 우리가 하나님께 온전히 순종하고자 진실하고 정직하고 거룩하게 살아가게 되면 어떤 사람들은 그것을 부담스러워 합니다. 복음에 대한 환영자와 적대자가 존재함을 기억해야 합니다. 그 이야기를 바울이 2장 15절에서 하고 있는 것입니다.

3장 17절을 보겠습니다.

주는 영이시니 주의 영이 계신 곳에는 자유가 있느니라.

주의 영이 계신 곳에는 자유가 있습니다. 어떤 자유입니까? 세상의 가치관과 세상의 판단으로부터의 자유입니다. 우리가 주의 영으로 충만하게 되면 세속의 가치관, 세속의 문화, 세상의 판단에 더 이상 얽매이지 않습니다. 그것으로부터 자유해집니다. 성경에는 이 자유함과 관련된 표현들이 여러 번 나옵니다. 마태복음 11장 28절을 보십시오.

수고하고 무거운 짐 진 자들아 다 내게로 오라 내가 너희를 쉬게 하리라.

여기에 '수고하고 무거운 짐'이라고 할 때 이것은 일차적으로 율법의 제의법을 말하는 것입니다. 여기 나오는 '수고하고 무거운 짐'을 '내 남편'이라고 생각하시면 안 됩니다. 이런 해석은 적용의 부작용이라고 할 수 있습니다. 교인들이 큐티나 말씀 묵상을 하면서 너무나 개인적으로 본문을 해석하는 경우가 많습니다. 마태복음 11장 28절을 보면서 '나는 지금 수고하고 무거운 짐을 졌어, 자녀들 때문에 힘들고, 부모님 때문에 힘들고, 배우자 때문에 힘들어'라는 식으로 개인적으로 본문을 해석하는 경우들이 많습니다. 우리가 성경 본문을 대할 때 본문의 말씀이 일차적으로 그때 거기에서 어떤 의미를 가지는 것인지를 먼저 주목해야 합니다. 예수님께서 마태복음 11장에서 당시 사람들에게 '수고하고 무거운 짐 진 자들아'라고 했을 때 당시 유대인들에게 부여된 수고하고 무거운 짐은 일차적으로 율법의 제의법입니다. 율법의 제의법에는 무엇이 있습니까? 할례법, 음식 정결법, 절기법, 제사법 등이 있습니다. 당시 유대인들은 이것을 열심히 준수하는 것이 하나님 나라 백성 됨의 가장 큰 도리라고 생각했습니다. 이것 때문에 너무나 많은 유대인들이 수고하고 무거운 짐을 진 것처럼 곤고한 삶을 살았습니다. 예수님은 율법의 제의법으로부터 사람들을 자유케 하시고자 하셨습니다. 이것이 본문이 말하는 일차적인 의미입니다.

다음으로 요한복음 8장 32절을 보겠습니다.

진리를 알지니 진리가 너희를 자유롭게 하리라.

여기서도 진리가 우리를 무엇으로부터 자유케 하는 것입니까? 세상의 판단, 세속의 가치, 세속의 질서, 세속의 문화로부터 우리를 자유케 하는 것입니다. 이 땅에 기독교 복음이 처음 들어왔을 때 기독교 복음은 가부장제로부터 많은 여성들을 자유케 하였습니다. 신분제로부터 많은 천민들을 자유케 하였습니다. 고린도후서 3장 17절도 마찬가지입니다.

주는 영이시니 주의 영이 계신 곳에는 자유가 있느니라.

우리가 성령의 지배를 받게 되면 기존의 세속적 질서와 가치와 문화와 세계관으로부터 자유해집니다. 그리고 하나님의 말씀으로 세상을 새롭게 바라보게 됩니다. 하나님의 말씀에 근거해서 새로운 삶을 살아내게 되는 것입니다. 여기에서 자유함이라고 하는 것은 더 이상 세상의 것에 지배받지 아니하고 하나님의 통치를 기뻐하는 자로 변화된다는 것입니다. '진리가 너희를 자유케 한다'라고 할 때의 자유는 내 마음대로 살 수 있는 자유가 아닙니다. 여기서 말하는 자유는 한용운의 '복종'이라는 시의 내용과 유사합니다. 한용운은 '복종'이라는 시에서 절대자에게 복종하는 것이 자기의 자유라고 말합니다. 성경이 말하는 자유도 그러합니다. 참된 인간의 자유라고 하는 것은 하나님께 온전히 순종할 때 가능합니다. 기쁜 마음으로 하나님께 온전히 순종하는 것이 참 자유입니다. 세속의 지배로부터 자유해서 하나님의 통치를 기뻐하는 자로 변화되는 것이 바로 고린도후서 3장 17절이 말하는 참 자유입니다.

4장 7절을 보겠습니다.

우리가 이 보배를 질그릇에 가졌으니 이는 심히 큰 능력은 하나님께 있고 우리에게 있지 아니함을 알게 하려 함이라.

여기서 보배는 6절이 말하는 '하나님의 영광 예수 그리스도'를 가리키는 것입니다. 바울은 지금 고린도 교인들에게 '너희 안에 하나님의 영광이신 예수 그리스도가 거하신다'는 것을 가르쳐주고 있습니다. 성령이 고린도 교인들과 함께하신다는 것을 알려주는 것입니다. 그렇다면 고린도 교인들이 성령을 모시고 있는데 어디에 모시고 있을까요? 너무나 연약한 육신 안에 모시고 있습니다. 그래서 조심해야 됩니다. 무엇을 조심해야 합니까? 우리의 육체성이 주인 노릇하게 되면 우리 안에 계신 성령이 나타나지 않습니다. 우리가 기억해야 할 것은 영성과 육체성은 반비례한다는 사실입니다. 영성과 육체성은 반비례합니다. 우리가 이기심이나 자기중심주의나 자기 욕망에 지배를 받게 되면 성령은 우리 안에서 역사하지 않으십니다. 우리가 이기심과 자기중심주의와 욕망을 꺾어내고 자기를 부인할 때만 성령께서 우리를 통해서 역사하십니다. 영성과 육체성은 반비례한다는 것을 바울은 고린도후서 4장 7절을 통해서 강조하고 있습니다.

우리는 예수 그리스도라는 보배를 연약한 질그릇인 육체에 가지고 있습니다. 우리의 질그릇이 드러나게 되면 보배는 숨겨지게 됩니다. 그렇다면 우리는 어떤 자세로 삶을 살아가야 할까요? 요한복음 3장 30절에 나오는 세례 요한의 말을 주목해야 합니다.

그는 흥하여야 하겠고 나는 쇠하여야 하리라 하니라.

이것이 이 땅의 모든 신앙인들과 교회에게 주시는 하나님의 말씀입니다. 내가 나를 드러내게 되면 예수님은 숨겨지게 됩니다. 교회가 교회를 드러내고 영광을 다 차지하게 되면 하나님은 영광을 받으실 수가 없습니다. 하나님이 진정 영광받기를 원한다면 교회는 자기를 낮추어야 합니다. 신앙인들은 자기를 낮추어야 합니다. 그것이 바로 4장 7절의 핵심적인 의미입니다. 우리가 자기 흥함을 추구하게 되면 예수님의 영광은 가려지게 되고 우리가 자기를 낮추는 것만큼 하나님은 영광을 받으시게 됩니다. 중세 시대 교회를 생각해 보십시오. 중세 시대 교회가 얼마나 전성기를 구가했습니까? 얼마나 화려한 성당들을 많이 건축했습니까? 그러나 그 중세 시대가 하나님께도 기쁨이었을까를 한번 생각해 보십시오. 그 거대한 교회당이 하나님과 무슨 상관이 있었을까를 생각해 보십시오. 이 땅에 있는 교회가 자기를 낮추고, 목사가 자기를 낮추고, 성도가 자기를 낮출 때만 하나님은 영광을 받으실 수 있습니다. 교회가 거대해지고 많은 힘을 소유할수록 하나님의 영광을 도리어 가리게 되는 경우들을 많이 보게 됩니다. 하나님의 영광과 우리의 영광은 반비례하는 것임을 기억하셔야 합니다.

5장 17절을 보겠습니다.

그런즉 누구든지 그리스도 안에 있으면 새로운 피조물이라 이전 것은 지나갔으니 보라 새 것이 되었도다.

오늘날 한국 교회가 사회로부터 비판을 받는 가장 중요한 이유가 여기에 있습니다. 새로운 피조물된 존재들이 부재함으로 인해 비판을 받고 있습니다. 성경 말씀은 진리라고 하고 성경에 분명히 '그리스도 안에 있으면 새로운 피조물이다'라고 선언하고 있는데 우리의 현실은 예수로 말미암아 새로운 피조물된 사람들이 잘 보이지 않습니다. 이런 현실에서 세상 사람들은 '성경 말씀이 거짓말이네'라고 하면서 비판을 가하는 것입니다. 부끄러운 우리의 현실을 인정하면서 고린도후서 5장 17절의 의미를 살펴보겠습니다. 신약 성경에서 '그리스도 안에'에서 '안에'라는 말은 '함께'로도 번역할 수 있습니다. '누구든지 그리스도 안에 있다'는 말은 '그리스도와 함께 있다'는 의미입니다. 그리스도와 함께 있다는 것은 무엇을 의미합니까? 그리스도와 함께 행한다는 의미입니다. 그리스도와 함께 행하면 우리는 새로운 피조물이 되는 것입니다. 그리고 '이전 것은 지나갔으니 보라 새 것이 되었도다'고 할 때 '새 것'은 '새로운 피조물'과 같은 의미인데 이는 '새로운 질서 안에 거한다'는 의미입니다. 즉 5장 17절의 말씀은 '누구든지 그리스도와 함께하면 새로운 질서 안에 거하게 된다'는 의미입니다. 새로운 질서 안에 거한다는 말은 무슨 의미입니까? 기존의 질서에 더 이상 순응하지 않는다는 것입니다. 고린도전서 11장에서 언급했던 성만찬은 주인과 노예가 한 식탁에서 함께 식사하는 새로운 식탁 문화를 창조했습니다. 우리가 예수와 함께하게 되면 기존의 질서와 문화에 더 이상 순응할 수 없습니다. 왜 그렇습니까? 하나님은 우리에게 새로운 삶을 요청하시기 때문입니다. 이 땅에 복음이 들어와서 신분제를 타파했습니다. 가부장제를 타파했습니다. '여성들도 교육받을 수 있다'고 주장하면서 여학교들을 세웠습니다. 이 모든 것들이 새로운 질서를 세운 것입니다. 복음의 메시지는 결코 주장으로만 끝나지 않습니다. 그 주장에 걸맞은 새로운 질서를 만들고 새로운 문화를 만들어냅니다.

인사동에 가면 승동교회가 있습니다. 승동교회를 옛날에는 곤당골 교회라고 불렀습니다. 곤당골교회에는 양반도 있었지만 백정들이 많이 출석했습니다. 그 교회에 백정들이 많았던 이유는 박성춘이라고 하는 백정이 많은 백정들을 전도했기 때문입니다. 박성춘이 죽을 병에 걸려 고생하고 있을 때 왕의 시의였던 선교사가 박성춘의 몸을 만져 치료해준 사건이 있었습니다. 이때 박성춘이 얼마나 감격했겠습니까? 왕의 몸을 만지는 사람이 자기처럼 천한 백정의 몸을 직접 만져주었으니 너무나 큰 감동을 받았습니다. 그래서 박성춘은 자기 아들 이름을 박서양으로 바꾸었습니다. 박서양은 우리나라 최초로 외과 의사가 됩니다. 병으로부터 치유함을 받은 박성춘은 동료 백정들에게 이렇게 전도했습니다. "우리를 사람 대접해주는 새로운 종교가 왔다." 박성춘의 메시지를 듣고 많은 백정들이 곤당골교회에 모여들게 됩니다. 이것이 바로 복음이 창조해낸 새로운 질서입니다. 오늘날 한국 교회를 바라볼 때 가장 안타까운 부분이 여기에 있습니다. 오늘날 한국 교회는 함께 모여 예배드리는 것 외에는 새로운 문화를 만들어내지 못하고 있습니다. 신앙에 기초한 결혼식 문화, 신앙에 기초한 자녀 양육 문화, 신앙에 기초한 놀이 문화, 향유 문화 등을 탄생시켜 내지 못하고 있습니다. 우리가 진짜 그리스도와 함께한다면 새로운 질서를 만들어낼 수밖에 없습니다. 더 이상 과거에 우리를 지배했던 세속의 문화에 끌려 다니지 않게 됩니다. 이것이 바로 고린도후서 5장 17절의 의미입니다. '그리스도 안에 있으면 새로운 피조물이다'라고 할 때 새로운 피조물은 존재가 바뀌는 것보다 새로운 질서 안에 거한다는 의미입니다. 새로운 질서 안에 거함을 통해 새로운 문화를 만들어내고 살아내는 것입니다.

고린도후서 5~13장

고린도후서 5장 17절 그대로 우리가 그리스도 안에 있으면 새로운 피조물이 됩니다. 새로운 피조물이 된다는 것은 새로운 질서 안에 거한다는 것입니다. 우리가 새로운 질서 안에 거해야 한다는 것을 받아들이는 것이 중요합니다. 출애굽 1세대가 왜 실패했습니까? 바로의 지배로부터 하나님의 백성으로 신분이 전환되었음에도 불구하고 오랜 시간 그들을 지배했던 애굽적 질서, 애굽의 문화, 애굽의 가치관으로부터 그들이 해방되지 못했기 때문입니다. 우리가 하나님을 믿는다고 하는 것은 인생의 주인을 바꾸는 것입니다. 예를 들면 구한말에 이 땅에 기독교 복음이 들어왔을 때 하나님을 믿겠다고 결단하는 것은 더 이상 성리학의 이데올로기에 지배받지 않고 하나님의 말씀에 순종하는 자가 되겠다고 결단하는 것입니다. 성리학의 이데올로기가 만들어낸 제도가 무엇이었습니까? 신분제와 가부장제입니다. 나는 더 이상 성리학의 가치와 이념에 지배받는 자가 아니라 하나님께 순종하는 자가 되겠다고 한다면 성리학의 이데올로기가 만들어낸 질서나 제도와 문화로부터 탈출해야 하는 것입니다. 거부해야 하는 것입니다. 그런 것에 더 이상 지배를 받아서는 안 되는 것입니다. 그런 맥락에서 출애굽 1세대는 실패했습니다. 바로의 가시적인 지배로부터 몸은 탈출했지만 여전히 그들의 정신은 애굽적인 가치관과 애굽적인 문화와 애굽적인 질서에 지배를 받고 있었습니다. 바울은 고린도 교인들이 출애굽 1세대의 실패를 반복하지 않기를 바랐습니다. 고린도 교인들이 그리스도 안에서 새로운 질서 안에 거하는 자가 되었음을 받아들이기를 간절히 원한 것입니다. 그동안 당신들을 옭아매고 있던 과거의 질서에 더 이상 연연하지 말라고 종속되지 말라고 강조하고 있는 것이 5장 17절입니다.

5장 18절을 보겠습니다.

모든 것이 하나님께로서 났으며 그가 그리스도로 말미암아 우리를 자기와 화목하게 하시고 또 우리에게 화목하게 하는 직분을 주셨으니.

20절 후반부에 '너희는 하나님과 화목하라'고 말합니다. 그리스도 안에 있는 자로서 우리에게 요청되는 것은 하나님과 화목하는 것입니다. 그리고 사람들과의 관계 속에서는 화목하게 하는 직분을 행해야 합니다. 이것이 무엇과 연관이 있을까요? 하나님과 우리의 관계를 단절하게 만드는 것이 무엇입니까? 죄가 하나님과 우리의 관계를 단절하게 만듭니다. 죄에는 중요한 특징이 있습니다. 죄는 하나님과의 관계뿐 아니라 사중의 관계를 파괴합니다. 이를 죄의 사중 파괴성이라고 부릅니다. 죄는 하나님과 우리의 관계를 파괴하고 나와 이웃의 관계를 파괴하고 사람과 자연의 관계를 파괴합니다. 그리고 죄는 내가 얼마나 존귀한 존재인가를 인지하지 못하게 만들면서 자기 자신과도 분열되게 만듭니다. 이것을 죄의 사중 파괴성이라고 합니다.

하와가 선악과를 따먹은 후에 하나님께서 그들을 찾아오셨을 때 아담과 하와는 하나님의 낯을 피하여 숨어버립니다. 평소 같으면 기쁘게 하나님께로 나아갔겠지만 죄로 인해 하나님과 사람의 관계는 파괴되어 버린 것입니다. 하나님이 아담에게 묻습니다. "내가 먹지 말라고 한 선악과를 왜 먹었느냐"라고 하실 때 아담은 "당신이 나에게 준 저 여자 때문에"라고 말합니다. 아담이 하와를 처음 만났을 때 뭐라고 했습니까? "이는 내 뼈 중의 뼈요 살 중의 살"이라고 했습니다. 그런데 죄를 범하고 나니까 그 여인을 뭐라고 합니까? '하나님이 나에게 주신 이 여자'라고 합니다. 그리고 그 여자 때문에 자신이 죄를 범하게 되었다고 자신이 죄를 범한 책임을 여자에게 떠넘깁니다. 이것을 죄의 전가성이라고 합니다. 이처럼 죄로 인해 아담과 하와의 관계는 파괴되어 버립니다. 인간의 죄로 말미암아 땅은 가시덤불과 엉겅퀴를 내게 됩니다. 인간은 가시덤불과 엉겅퀴로 가득한 땅에서 농사를 짓기 위해서 땅을 더 파헤치는 도구들을 만들어내게 됩니다. 인간과 자연의 관계가 파괴되어 버린 것입니다. 그리고 죄를 범한 아담과 하와는 무화과 잎으로 자기 몸을 가리고자 합니다. 자기를 부끄럽게 생각한 것입니다. 자기 자신과도 분열하는 모습을 여기서 볼 수 있습니다. 이처럼 죄는 사중의 관계를 파괴합니다. 그런데 예수 그리스도로 말미암아 깨어진 하나님과 우리의 관계가 회복되어졌습니다. 그러나 여기에서만 만족해서는 안 됩니다. 죄로 인해 파괴된 사중의 관계를 다시 회복하는 것이 참되고 온전한 구원입니다. 하나님과의 관계 회복에만 만족해서는 안 되고 깨어진 사람과의 관계를 회복시켜 내야 하는 것이고 피조 세계와의 관계를 회복시켜 내야 하는 것이고 자기 자신과도 화해할 수 있어야 합니다. 이것이 바로 화목하게 하는 직분입니다. 하나님과 화목하기 위해서는 하나님이 원하시지 않는 죄의 모습들을 청산하는 회개가 필요합니다. 더 나아가 하나님의 말씀이 현실이 되게 하는 순종이 필요하고 하나님의 거룩함을 훼손하지 않는 지속적인 정결함이 필요합니다. 모든 회복의 출발은 하나님과의 관계 회복입니다. 하나님과의 관계가 온전히 회복된 사람은 절대 거기에만 머물지 않습니다. 하나님과의 관계 회복은 이웃과 자연 세계와 자신과의 관계 회복으로 이어지게 되어 있습니다. 각자의 삶 속에서 하나님과 화목한 삶의 증거가 무엇인지를 질문해 볼 수 있었으면 좋겠습니다.

6장 15절을 보겠습니다.

그리스도와 벨리알이 어찌 조화되며 믿는 자와 믿지 않는 자가 어찌 상관하며.

벨리알의 뜻은 무가치한, 악한이라는 뜻으로 나중에는 악마를 상징하는 명사가 되었습니다. 벨리알은 우리가 생각하는 사탄으로 이해하시면 됩니다. 15절에서 바울은 '그리스도와 사탄, 그리스도와 악마가 어찌 조화가 되고 믿는 자와 믿지 않는 자가 어찌 상관하겠느냐'라고 말합니다. 이 말씀을 오늘 교인들이 어떤 경우에 자주 인용합니까? 신앙을 가진 자녀가 믿지 않는 사람을 결혼 상대자로 데리고 올 때 결혼을 반대하면서 자주 인용하는 구절이 6장 15절입니다. 어떻게 믿는 자와 믿지 않는 자가 상관할 수 있는가 하는 것입니다. 그렇다면 이 말씀은 믿는 자와 믿지 않는 자의 결혼을 반대하는 맥락에서 주어진 말씀일까요? 그렇지 않습니다. 6장에서 믿는 자와 믿지 않는 자는 교회 공동체 안에 있는 사람들을 말하는 것입니다. 여기서 믿는 자는 교회 안에 있는 사람이고 믿지 않는 자는 교회 바깥에 있는 사람이라고 이해하시면 안 됩니다. 여기서 믿지 않는 자들은 교회 안에 있는 사람들 중 누군가를 말하는 것입니다. 몸은 교회 안에 있지만 실제로는 예수를 믿지 않는 사람들을 가리키는 말입니다.

6장 14절을 보겠습니다.

너희는 믿지 않는 자와 멍에를 함께 메지 말라 의와 불법이 어찌 함께 하며 빛과 어둠이 어찌 사귀며.

고린도후서 6장의 말씀을 올바르게 이해하시려면 고린도전서 5장 9절부터 13절의 말씀을 보셔야 합니다. 9~13절입니다.

내가 너희에게 쓴 편지에 음행하는 자들을 사귀지 말라 하였거니와 이 말은 이 세상의 음행하는 자들이나 탐하는 자들이나 속여 빼앗는 자들이나 우상 숭배하는 자들을 도무지 사귀지 말라 하는 것이 아니니 만일 그리하려면 너희가 세상 밖으로 나가야 할 것이라 이제 내가 너희에게 쓴 것은 만일 어떤 형제라 일컫는 자가 음행하거나 탐욕을 부리거나 우상 숭배를 하거나 모욕하거나 술 취하거나 속여 빼앗거든 사귀지도 말고 그런 자와는 함께 먹지도 말라 함이라 밖에 있는 사람들을 판단하는 것이야 내게 무슨 상관이 있으리요마는 교회 안에 있는 사람들이야 너희가 판단하지 아니하랴 밖에 있는 사람들은 하나님이 심판하시려니와 이 악한 사람은 너희 중에서 내쫓으라.

바울은 이 말씀을 통하여 고린도 교인들의 오해를 교정해주고자 했습니다. 바울이 고린도 교인들에게 '음행하는 자들을 사귀지 말라'고 하니까 고린도 교인들은 세상에 있는 음행하는 자들을 사귀지 말라는 것으로 이해했습니다. 그러나 바울의 강조점은 그것이 아닙니다. 바울이 말하는 강조점은 교회 공동체 안에 있는 음행하는 자들을 사귀지 말라는 것입니다. 그런 사람들을 교회 공동체 안에서 내쫓으라고 하는 것입니다. 그것이 바로 고린도전서 5장의 핵심입니다. 이런 맥락에서 고린도후서 6장을 읽으셔야 합니다.

마태복음 25장도 같은 맥락입니다. 마태복음 25장에는 양과 염소 이야기 나옵니다. 양은 최종적인 구원을 받는 사람이고 염소는 최종적인 구원을 받지 못하는 사람입니다. 그런데 여기서 양은 교회에 다니는 사람이고 염소는 교회를 다니지 않는 사람인가요? 그렇지 않습니다. 염소는 자기 스스로 구원받을 것이라는 자신만만함이 있었습니다. 그들도 예수를 믿는 사람이었고 교회 공동체 안에 속해 있던 사람입니다. 교회 공동체 안에 양과 염소가 있는 것입니다. 교회 공동체 안에 믿는 자와 믿지 않는 자가 있는 것이고 교회 공동체 안에 최종적인 구원을 받는 자와 받지 못하는 자가 있는 것입니다. 이것을 고린도후서의 맥락에서 말하게 되면 교회 공동체 안에 거룩한 자와 음행하는 자가 있는 것입니다. 바울은 교회 공동체 안에 음행하는 자들과 사귀지 말라고 말합니다. 그런 자들을 교회 공동체 바깥으로 내쫓으라는 것입니다. 이것이 바울의 권면입니다. 교회 바깥에 있는 사람들에 대해서 말하는 것이 아닙니다. 오늘날 우리는 이 본문을 너무 쉽게 믿는 자는 교인으로, 믿지 않는 자는 비교인으로 이해하고 있는데 바울은 지금 교회 바깥에 있는 죄인들에 대해서 말하는 것이 아닙니다. 교회 공동체 안에 믿는 자와 믿지 않는 자가 있음을, 하나님의 백성들의 무리 안에 양과 염소가 있음을 말하는 것이 신약 성경 안에 계속해서 강조되는 내용임을 아셔야 합니다.

오늘날에도 교회 공동체 안에 믿지 않는 자들이 많이 있습니다. 제가 볼 때 목사들 중에도 하나님을 믿지 않는 사람들이 많이 있습니다. 교회를 다니면서도 일주일 내내 하나님께 기도 한 번 하지 않고 성경 말씀 한 구절 읽지 않는 사람들, 일상의 삶 속에서 하나님께 순종하며 살아가고자 하는 마음이 전혀 없는 사람들이 많이 있습니다. 하나님을 믿는 것과 교회를 다니는 것은 별개의 문제입니다. 그런데 우리는 너무 쉽게 하나님을 믿는 것과 세례 받는 것을 동일시하고 하나님을 믿는 것과 교회에 출석하는 것을 동일시합니다. 정확히 말하면 교회를 다니는 것은 교회를 다니는 것입니다. 교회를 다닌다고 하나님을 믿는다고 말할 수 있습니까? 그건 전혀 다른 문제입니다. 교회를 다니는 것이 중요한 것이 아니라 하나님을 잘 믿는 것이 중요합니다.

8장 2절을 보면 바울은 마게도냐 교회의 연보를 칭찬하고 있습니다.

환란의 많은 시련 가운데서 그들의 넘치는 기쁨과 극심한 가난이 그들의 풍성한 연보를 넘치도록 하게 하였느니라.

너무도 역설적입니다. 극한 가난이 저희로 하여금 풍성한 연보를 넘치도록 하게 했다는 것입니다. 이러한 역설은 요한계시록에도 그대로 이어집니다. 요한계시록에 보면 예수님께서 소아시아 일곱 교회에 대해서 칭찬과 책망의 말씀을 하시는데 그때 칭찬만 받고 책망받지 않은 교회가 두 교회가 있습니다. 하나는 서머나 교회이고, 다른 하나는 빌라델비아 교회입니다. 그런데 서머나 교회와 빌라델비아 교회의 공통점이 있습니다. 두 교회 모두 가난하고 고난이 많았다는 것입니다. 그런데 두 교회 모두 환경의 곤고함 속에서도 믿음을 지켰습니다. 반대로 유일하게 칭찬은 없고 책망만 받은 교회가 있습니다. 어디입니까? 라오디게아 교회입니다. 라오디게아 교회는 책망만 받았는데 라오디게아 교회의 특징이 무엇이냐면 너무나 부유하다는 것입니다. 이것은 우리의 일반적인 생각을 뒤집어엎는 것입니다. 우리는 부유한 사람들이 하나님께 더 열심히 헌신할 것 같고 가난한 사람들은 마음은 있어도 헌신할 것이 없을 것 같은데 그렇지 않습니다. 참 역설이라는 생각이 듭니다.

마게도냐 교회는 극한 가난 가운데서도 열심히 연보를 했습니다. 이 연보는 무엇을 위한 것이었습니까? 예루살렘의 가난한 성도들을 돕기 위한 것이었습니다. 그 마음이 참으로 아름답지 않습니까? 자신들도 극한 가난 가운데 있었지만 자기들보다 더 어려운 자들을 돕기 위해 그들은 기꺼이 자신의 지갑을 열었습니다. 형제 사랑을 실천한 것입니다. 자기 처지에만 매몰되지 않고 자신의 상황을 뛰어 넘어 형제 사랑을 실천한 것입니다. 한국 교회 역사에도 이런 아름다운 이야기들이 많이 있습니다. 그 중에 하나가 날 연보입니다. 이 땅에 교회가 세워질 때 조선 사회에서 인간 취급받지 못했던 여인들과 천민들과 어린아이들이 교회의 주 구성원이었습니다. 이들은 하나님에 대한 뜨거운 사랑과 열정은 있었지만 경제적으로는 열악한 상황 속에서 하루하루를 살아가야 했습니다. 당시에 조선 백성들 대부분은 농사를 지었습니다. 농사는 일 년이 농번기와 농한기로 나뉩니다. 농번기 때는 너무나 바쁘지만 농한기 때는 여유가 좀 있습니다. 그래서 경제적으로 가난했던 성도들은 농한기 때 자신의 시간을 날 연보로 바쳤습니다. 하나님께 무엇인가를 바치고 싶은데 바칠 물질이 없었던 사람들이 헌금 봉투에다가 자신의 시간을 바친 것입니다. 예를 들면 10시간을 헌금 봉투에 써서 바치게 되면 그 사람은 그 주에 10시간을 교회에 와서 하나님의 일을 하겠다는 것입니다. 이런 식으로 날을 바친 것을 날 연보라고 합니다. 또한 어머니들은 무엇을 바쳤습니까? 당시 조선 사회에서 여성들이 유일하게 자기가 주관할 수 있는 영역이 어디였습니까? 부엌입니다. 어머니들은 밥을 지을 때마다 쌀을 한 숟가락씩 따로 떼어 놓았고 그것을 모아 주일날 교회로 가지고 와서 그 쌀을 바쳤습니다. 이것을 성미라고 합니다. 한국 교회 초기 교인들은 하나님께 무엇이라도 바치고 싶은데 경제적으로 빈곤하였습니다. 그러나 빈곤한 자기 처지만을 탄식하며 가만히 있지 않았습니다. 물질이 없으면 자기에게 있는 시간이라도 바치고 자기가 주관할 수 있는 쌀이라도 바쳤습니다. 하나님께서 허락하신 은혜에 대해서 은혜 받은 자답게 살아가려고 애를 썼던 모습을 보게 됩니다. 마게도냐 교인들도 그러했습니다. 그들은 가난하고 고난이 있었지만 그럼에도 자기들보다 더 어려운 형편에 있는 예루살렘 교인들에 대해서 마음 문을 닫지 않고 열심으로 그들에게 손을 내밀었던 것입니다. 이러한 형제 사랑의 모습을 우리들이 배워야 하겠습니다.

고린도후서 8장 13절에 보면 연보의 목적 중 하나가 평균케 하는 것임을 알 수 있습니다. 각자가 가지고 있는 것으로 서로의 부족한 것을 채워주는 것이 연보의 목적 중 하나입니다. 내가 물질이 좀 넉넉하다면 물질이 부족한 사람에게 채워주어야 합니다. 내가 신앙적 지식이 있으면 신앙의 지식이 부족한 사람에게 채워주면 됩니다. 서로 상부상조하는 것입니다. 왜 도와주어야 합니까? 그 사람들이 그리스도 안에 한 가족이기 때문입니다. 이것이 무엇입니까? 체데크를 실천하는 것입니다. 구약 성경에서 강조하고 있는 것이 땅 신학입니다. 모든 땅의 주인이신 하나님께서 임차인들에게 바라시는 임대료가 무엇입니까? 미쉬파트와 체데크를 구현하는 것입니다. 미쉬파트는 사법적인 정의를 구현하는 것이고, 체데크는 형제 됨을 실천하는 것입니다. 그것을 행할 때 하나님께서는 임차인들로 하여금 그 땅에서 계속해서 살아갈 수 있도록 기회를 부여해 주신다는 것입니다. 이처럼 나에게 있는 넉넉한 것을 가지고 부족한 자들을 채워주는 것이 필요합니다. 이것을 실천하는 것 가운데 하나가 연보입니다. 오늘날에도 교회 안에서 이러한 연보의 목적을 현실로 누리는 일들이 필요합니다. 주일 학교에서는 달란트 시장을 통해서 어른들은 구제 헌금을 통해서 연보의 목적을 현실적으로 경험하게 하는 것이 중요합니다.

옛날에는 주일 학교에서 달란트 시장을 많이 했습니다. 한번 달란트 시장을 할 때마다 많은 예산을 지출하게 됩니다. 그런데 달란트 시장을 하는 것을 볼 때마다 안타까운 마음이 들었습니다. 그 이유는 달란트 시장을 전형적인 자본주의 경제 방식대로 운영하기 때문입니다. 예를 들면 어떤 학생이 50달란트가 있으면 그 학생은 자신이 가진 달란트를 가지고 자신이 원하는 물건을 구입하여 자기가 소유합니다. 이것이 일반적인 달란트 시장의 모습입니다. 저는 교회에서 예산을 들여 어떤 프로그램을 진행할 때 가급적이면 그 안에서 기독교적인 가치를 담아내는 것이 중요하다고 봅니다. 달란트 시장도 이렇게 진행할 수 있습니다. 한 반에 다섯 명의 아이가 있다고 할 때 아이들마다 각자 가지고 있는 달란트가 다를 수 있습니다. 어떤 아이는 50달란트, 어떤 아이는 40달란트, 30달란트, 20달란트, 10달란트를 가지고 있다고 가정해 봅시다. 그러면 고린도후서 8장이 말하는 것처럼 평균케 함을 실천하려면 50달란트부터 10달란트를 다 모아서 오분의 일로 평균케 하는 것입니다. 그러면 한 명에 30달란트씩을 갖게 됩니다. 그런데 이렇게 하면 그 다음주부터 50달란트나 40달란트를 가졌던 친구들은 마음에 상처를 받고 나오지 않을 수도 있습니다. 자신이 50달란트를 가지고 있었는데 선생님이 다 모아서 평균케 한 다음에 30달란트밖에 주지 않았으니 학생 입장에서는 얼마나 억울하겠습니까? '이 교회는 빨갱이 교회야'하면서 교회를 떠날 수도 있습니다. 성경의 가르침대로 하려고 하는데도 이것이 쉽지 않은 이유는 평소에 교회에서 한 번도 제대로 말씀을 가르쳐보거나 실천해 본 적이 없기 때문입니다. 매번 아이들과 율동하고 노래하고 놀기만 했지 말씀을 제대로 가르쳐 본 적이 없기 때문에 성경에 나와 있는 말씀대로 주일 학교에서 실천하려고 하면 반발하는 학생들이 꼭 생겨나게 됩니다. 특히 어떤 학생들이 반발합니까? 무엇인가를 많이 가지고 있는 학생들이 반발합니다. 이것이 안타깝지만 한국 교회의 현실입니다. 그래서 성경에 나와 있는 것을 교회 공동체에서 실천할 수가 없습니다. 왜 그렇습니까? 평소에 말씀을 제대로 가르치거나 순종해 본 적이 없기 때문입니다. 그래서 중간 과정이 필요합니다.

갑작스럽게 학생들이 가진 달란트를 다 모아서 평균케 하려고 하면 반발이 심할 수밖에 없습니다. 이때 중간 과정으로 이런 실천을 할 수 있습니다. 각자 학생들이 가진 달란트 가운데 절반은 자신이 원하는 것을 구입해서 각자 가지게 하고 절반은 자신이 물건을 구입하여 달란트가 적은 친구들에게 선물로 주는 것을 시도해 볼 수 있습니다. 이것도 성경이 말하는 형제 사랑의 모습 가운데 하나를 실천하는 것입니다. 이런 식으로 내가 가지고 있는 달란트의 절반은 내가 원하는 것을 구입하고 절반은 달란트가 적은 친구에게 선물함으로써 나눔을 실천하는 것도 바람직합니다. 교회 공동체에서 이런 나눔과 평균케 함이라는 성경의 가르침을 실천해 보는 것이 중요합니다. 내가 가지고 있는 것을 나누어 없는 자를 도와줌으로써 평균케 함을 실천하는 것, 이것이 일상에서 아름답게 구현되는 곳이 교회가 되어야 합니다.

고린도후서 10장부터 13장까지 보겠습니다. 이 본문은 고린도 교회에 대해서 종의 자세로 일했던 바울의 자기 변호적인 내용입니다. 우리가 바울의 마음에 공감하면서 이 본문을 보셔야 합니다. 고린도 교회는 바울이 개척한 교회로 1년 6개월 동안 교인들을 가르쳤습니다. 그런데 바울의 엄격한 목회로 인해서 바울을 부담스러워하는 교인들이 많았습니다. 당시 고린도 교회에는 네 개의 당파가 있었습니다. 고린도 교회는 30명에서 많으면 50명 정도 모이는 가정 교회였습니다. 30명 정도 모이는 교회에서 네 개의 당파가 있었으니 각 당파에 7~8명이 모인 것입니다. 당시 교회 안에 네 개의 당파가 있었고 그 중 하나가 바울파라고 한다면, 사분의 삼은 바울을 싫어했다는 말입니다. 바울이 개척한 교회이고 바울이 1년 6개월 동안 직접 말씀을 가르친 교회인데 그 교회 구성원 가운데 사분의 삼이 바울의 사도성을 인정하지 않았다고 할 때 바울의 마음이 얼마나 아프고 괴로웠겠습니까? 이런 교인들을 대상으로 바울이 자신의 사도성을 변증하는 내용이 10장부터 13장까지 기술되어 있습니다. 바울이 눈물로 써내려간 본문이라고 할 수 있습니다.

바울의 사도성을 의심하고 공격하는 사람들에게 바울은 자신이야말로 예수 그리스도의 참된 사도임을 변호합니다. 그렇다면 바울은 무엇을 근거로 자신이 예수 그리스도가 파송하신 참된 사도임을 주장하고 있을까요? 예수가 파송한 사도는 예수의 길을 온전히 따라 걸어가는 자입니다. 바울은 자신이 예수 그리스도의 그 길을 신실하게 따라가는 자임을 강조합니다. 그 근거가 무엇일까요? 예수께서 고난을 받으셨던 것처럼 자신도 고난을 받고 있다는 것입니다. 하나님 나라의 일을 행하다가 고난 받고 매를 맞음, 이것을 예수 따름의 가장 중요한 표징으로 바울은 제시하고 있습니다. 사도라는 말은 문자 그대로 해석하면 '보냄 받은 자'라는 뜻입니다. 예수의 사도라는 말은 '예수로부터 보냄 받은 자'라는 뜻입니다. 사도들은 예수로부터 세상으로 보냄을 받아서 무엇을 하는 자입니까? 자신의 언행을 통해서 예수를 대신하고 대표하는 것입니다. 예수님은 자기를 부인하셨습니다. 자기를 부인한다는 것은 자기가 누릴 수 있는 것조차 기꺼이 내려놓는 것을 말합니다. 예수님은 죽기까지 많은 고난을 받으셨습니다. 바울도 예수의 사도로서 세상적으로 자랑할 수 있는 많은 것들을 모두 부인했습니다. 빌립보서 3장에 보면 바울이 예수를 만나기 전에 자기의 자랑거리였던 많은 것들을 배설물로 여긴다고 말합니다. 그 이유가 무엇입니까? 예수와의 만남 이후에 가치의 우선순위가 변했기 때문입니다. 빌립보서 2장이 말하는 것처럼 예수님은 하나님과 동등 됨을 취할 것으로 여기지 아니하시고 자기를 비우셨습니다. 바울도 사도가 되었을 때 세상적으로 자랑할 만한 것들을 다 내어 던졌습니다. 그다음에 예수님이 고난 받으신 것처럼 바울도 무수하게 많은 고난을 받고 있습니다. 이것을 강조함으로써 바울은 자신이야말로 예수의 진정한 사도임을 항변하고 있는 것입니다.

10장 10절을 보면 고린도 교인들이 바울을 비판할 때 언급했던 내용이 나옵니다.

그들의 말이 그의 편지들은 무게가 있고 힘이 있으나 그가 몸으로 대할 때는 약하고 그 말도 시원하지 않다 하니.

사람들의 비슷한 심리가 있습니다. 누가 미우면 뭐든지 밉고 누가 좋으면 그 사람의 실수조차도 예쁘게 보이지 않습니까? 지금 고린도 교회 안에 바울을 싫어하는 사람들은 바울에게 있는 작은 것 하나도 트집을 잡으려고 합니다. 뭐라고 말합니까? '바울이 편지는 좀 쓰는데 말은 영 시원치가 않아'라고 하면서 바울을 비판하고 있는 것입니다. 고린도후서 10장 10절만 보면 바울이 말을 못하는 사람이었다고 생각하기 쉽습니다. 그러나 사도행전 14장 12절에 보면 바나바는 제우스이고 바울은 말하는 사람이기 때문에 헤르메스입니다. 바울은 말하는 사람입니다. 그러면 말을 못했을 리가 없다고 봐야 합니다. 그런데 왜 고린도 교인들은 바울의 말이 시원치 않다고 하는 것일까요? 모세처럼 바울도 다중 언어 사용자였기 때문입니다. 모세도 40세까지는 왕궁에서 이집트 언어를 사용했습니다. 그러다 미디안으로 망명한 40세부터 80세까지는 미디안 언어를 사용합니다. 그리고 80세가 되던 해에 하나님께서 이집트 왕인 바로를 만나라고 하니까 모세는 자기는 말을 잘 하지 못한다고 한 것입니다. 40년 동안 이집트를 떠나 있었기 때문에 바로와의 의사소통에 자신이 없었을 것입니다. 그래서 하나님께서 말을 대신할 수 있는 형 아론을 모세와 함께 보내지 않으셨습니까? 바울도 마찬가지입니다.

바울은 길리기아 다소에서 태어났기 때문에 기본적으로 헬라어를 구사했을 것입니다. 그리고 출생 때부터 로마 시민권을 가지고 있었기 때문에 기본적인 라틴어도 공부했을 것입니다. 또한 10대 초반에 예루살렘에 와서 가말리엘 문하에서 정통 랍비 교육을 받았기 때문에 아람어와 히브리어를 공부했을 것입니다. 바울이 하나님으로부터 이방인들에게 복음을 전하는 자로 선택된 가장 중요한 이유는 그의 탁월한 언어 능력 때문입니다. 바울은 고대 근동에서 그 누구를 만나더라도 의사소통에 문제가 없을 만큼 다양한 언어를 구사할 수 있었습니다. 바울이 가진 가장 큰 달란트는 다중 언어 능력입니다. 바울은 다중의 언어를 사용했던 사람이기 때문에 하나의 언어만을 사용하는 사람에 비해서 그 언어 자체가 약할 수는 있습니다. 그렇다고 말을 못했다고 볼 수는 없습니다. 왜냐하면 헤르메스라고 하는 이야기를 들었기 때문입니다. 바울은 다중 언어 사용자였음을 기억하셔야 합니다.

11장 14절에서 바울은 고린도 교인들을 책망합니다.

이것은 이상한 일이 아니니라 사탄도 자기를 광명의 천사로 가장하나니.

바울이 이런 말을 하는 이유가 무엇일까요? 고린도 교인들이 진짜 사도인 자신은 무시하고 가짜 사도인 사람들에게는 환호하고 있기 때문입니다. 바울의 입장에서 이것이 얼마나 황당하고 안타까운 일이었겠습니까? 진짜는 거부하고 가짜를 환호하는 고린도 교인들을 보면서 바울의 마음이 얼마나 아팠겠습니까? 사실 이런 안타까운 일들은 기독교 역사 내내 일어났습니다. 중세 시대 교황들 가운데 오늘날 우리가 존경할 만한 교황이 있습니까? 그 교황들도 재위했던 기간에는 존경을 받았을지도 모릅니다. 아이러니하게도 사람들은 군림하는 사람들에게 굴종적인 태도를 드러냅니다. 진짜 예수님의 제자답게 자기를 낮추고 자기를 비우는 사람들은 하대하고 무시합니다. 사람들은 대부분 권위적인 사람을 싫어합니다. 그러나 권위적인 사람을 만나면 대부분 그 앞에 무릎을 꿇습니다. 사람들은 겸손한 사람을 좋아한다고 하면서도 실제로 겸손한 사람을 만나게 되면 그 사람을 하대합니다. 이러한 모습을 극복해야 합니다. 진짜 겸손한 사람들을 존귀하게 여길 줄 알아야 합니다. 진짜와 가짜를 구별할 줄 아는 분별력을 갖추어야만 합니다.

진짜 목사와 가짜 목사를 판단하는 제 나름대로의 기준이 하나 있습니다. 목회를 하면서 지나치게 많은 연봉과 대우를 받는 목사를 저는 목사로 인정하지 않습니다. 그런데 많은 사람들은 그룹의 회장 같은 대우를 받는 목사들 앞에서 굴종적인 태도를 취합니다. 진짜와 가짜를 구별하지 못하고 세속적 가치 판단 기준에 근거하여 권력이 있고 힘이 있고 부유한 목회자들을 하나님처럼 높이는 것입니다. 이런 일이 바울 때도 있었던 것입니다. 바울과 같이 고난을 감수하며 하나님 나라의 사역을 힘 있게 행하는 사람은 무시하고 가짜 사도와 사기꾼 같은 종교 사업가들 앞에서는 무릎을 꿇고 환호를 보내고 있었습니다. 이런 모습을 보면서 바울은 '사탄도 광명의 천사로 자기를 가장한다'고 말한 것입니다. 왜 이런 일이 일어나게 된 것인가요? 사람들은 외모만을 보고 판단하기 때문입니다. 그리고 자기 욕망에 부합되는 선택을 합니다. 오늘날도 마찬가지입니다. 자기를 낮추는 겸손한 목회자가 있다고 생각해 보십시오. 이 목회자와 계속해서 교제하려면 자신도 자기를 끊임없이 낮추어야 합니다. 그런데 어떤 목사가 화려한 삶을 살며 사람들로부터 영광을 독차지하고 있다면 이 목사

와 가까이 함을 통하여 자기에게 무엇인가 떡고물이라도 떨어질 것
이라는 그런 기대를 하지 않겠습니까?

　'사탄도 자기를 광명의 천사로 가장한다'는 말은 제발 겉모습에 속
지 말라는 것입니다. 겉모습 가운데 하나가 무엇입니까? 학벌입니다.
말과 글입니다. 외모입니다. 이 모든 것이 겉모습입니다. 오래전에 신
정아 사건으로 가짜 박사 학위가 사회적으로 문제가 된 적이 있었습
니다. 당시 검찰에 가짜 박사 학위 소지자로 800명 정도가 리스트에
올라왔는데 그 가운데 700명이 목사들이었습니다. 왜 이런 일이 벌
어졌을까요? 목사들이 굳이 박사 학위를 받아야 할 이유가 무엇일까
요? 목사들이 취득한 박사 학위는 대부분 목회학 박사입니다. 이것
은 학문적 성과를 입증하는 학위라고 보기는 어렵습니다. 요즘은 모
르겠지만 예전에는 목회학 박사는 쉽게 취득할 수 있었습니다. 제가
신대원 3학년 1학기 때 교수님 한 분이 들어오셔서 목회학 박사 논
문을 대신 써 줄 알바생을 모집하기도 했습니다. 목회학 박사 논문을
대신 써주고 100만원을 받는 것이었습니다. 이것이 당시에는 일반적
인 관행이었습니다. 오○○ 목사의 논문 표절 사건이 일어났을 때 목
회자들의 세계에서 이것이 그다지 놀라운 뉴스가 되지 못한 이유도
여기에 있습니다. 목사들이 목회학 박사 학위를 꼭 취득해야 할 이유
가 무엇입니까? 웬만한 중대형 교회에서는 교인들이 목회자에게 목
회학 박사 학위 취득을 요구하는 경우들이 많습니다. 이것도 겉모습
을 중시하는 현상입니다. 한국 교회가 새로워지려면 목사도 목사다
워야 하지만 성도들도 세속의 가치로부터 해방되어야 합니다. 목회
자가 말씀을 사랑하고 말씀대로 살려고 발버둥치고 있는가를 주목해

야지 목사의 학벌을 가지고 목사를 판단하고 외국 유학을 했느냐 안했느냐를 가지고 판단하고 영어를 잘하느냐 못하느냐를 가지고 판단하는 것은 너무 우스운 일 아닙니까? 목사가 영어를 잘하면 교인들이 그 목사에게 영어를 배울 건가요? 여전히 한국 교회에서 겉모습들이 강력한 힘을 발휘하고 있는 것이 참으로 안타깝다는 생각이 듭니다.

12장에서 바울은 14년 전에 셋째 하늘 체험을 했던 자신의 이야기를 하고 있습니다. 7절입니다.

여러 계시를 받은 것이 지극히 크므로 너무 자만하지 않게 하시려고 내 육체에 가시 곧 사탄의 사자를 주셨으니 이는 나를 쳐서 너무 자만하지 않게 하려 하심이라.

은사를 많이 가지고 있거나 놀라운 체험을 많이 하게 되면 사람이 자만해지기 쉽습니다. 자신이 하나님으로부터 특별한 대우를 받는 특별한 사람이라는 생각을 하게 되는 것입니다. 바울도 많은 은사를 가지고 있었고 놀라운 체험을 많이 했습니다. 그래서 하나님께서는 바울이 자만하지 않고 자기가 얼마나 연약한 존재인가를 깨닫게 하기 위해서 육체의 가시를 주셨습니다. 바울이 가진 육체의 가시에 대해서 학자들은 두 가지 주장을 합니다. 하나는 안질이라고 보고, 다른 하나는 간질이라고 봅니다. 제가 볼 때 바울의 몸에 있었던 육체의 가시는 성도들을 시험에 들게 만드는 것이었기 때문에 안질보다는 간질에 가깝다고 봐야 합니다. 왜냐하면 안질은 다메섹 도상에서 바울이 예수를 만난 증거가 될 수 있기 때문입니다. 초대 교회의 많은 성도들이 바울의 사도성을 의심했습니다. 다메섹 도상에서 예수를 만난 것에 대해 인정하지 않았습니다. 이렇게 바울의 사도성을 의심하는 사람들에게 안질은 바울이 예수를 실제 만난 증거로 제시할 수 있는 것이 됩니다. 다메섹 도상에서 너무나 강력한 빛에 노출되어 바울의 눈이 안 좋아졌다는 것 아닙니까? 그런데 바울은 성도들을 시험할 만한 것이 자기에게 있다고 말합니다. 그렇다면 이 육체의 가시는 간질이었을 가능성이 높다고 봐야 합니다.

12장 8절을 보겠습니다.

이것이 내게서 떠나가게 하기 위하여 내가 세 번 주께 간구하였더니.

여기서 '세 번'이라고 하는 것은 완전수입니다. 한 번, 두 번, 세 번 기도했다는 것이 아니라 끊임없이 기도했다는 말입니다. 예수님은 뭐라고 답변하십니까? 9절입니다.

나에게 이르시기를 내 은혜가 네게 족하도다 이는 내 능력이 약한 데서 온전하여짐이라 하신지라 그러므로 도리어 크게 기뻐함으로 나의 여러 약한 것들에 대하여 자랑하리니 이는 그리스도의 능력이 내게 머물게 하려 함이라.

바울은 육체의 가시를 제거해 달라고 기도했지만 예수님은 육체의 가시가 바울에게 있는 것이 더 낫다고 하십니다. 이것을 바울은 하나님의 응답으로 받아들입니다. 성경에는 기도 응답의 세 가지 경우가 나오는데, 첫째는 아브라함의 경우입니다. 아브라함은 당시 일반적인 남자들처럼 40세 정도에 결혼했을 것입니다. 결혼 이후에 아들을 달라고 얼마나 간절히 기도했겠습니까? 드디어 아브라함이 75세 되었을 때 하나님으로부터 구두 약속이 주어집니다. 많은 자녀를 주시겠다는 약속입니다. 그런데 10년을 기다렸음에도 불구하고 하나님의 약속은 이루어지지 않았습니다. 그래서 아브라함이 85세 때 하갈이라는 여인을 통하여 자기 힘으로 이스마엘이라는 아들을 얻게 됩니다. 하나님의 약속의 자녀인 이삭이 주어진 것은 아브라함이 100세 때입니다. 간절히 기도했던 내용이 60년 만에 응답되어진 것입니다. 이렇게 우리로 하여금 기다리게 하고 인내하게 함으로써 주어지는 응답이 있습니다.

둘째는 여호수아의 경우입니다. 여호수아 10장에 보면 이스라엘은 아모리 사람들과 전쟁을 합니다. 조금만 더 시간이 있다면 완전히 전멸할 수 있는 상황에서 해가 기웃기웃 저물어가고 있었습니다. 이때 여호수아는 해를 멈추게 해달라고 기도합니다. 이 기도는 놀랍게도 즉각적으로 응답됩니다. 이런 경우는 우리 인생에서 한 번 있을까 말까 한 사건입니다. 내가 하나님께 구하자마자 즉각적으로 응답되어진 것입니다. 아브라함의 경우나 여호수아의 경우는 내가 A를 구했을 때 그 A가 이루어진 것입니다. 다만 시간적인 차이가 있습니다. 즉각적으로 이루어진 응답도 있고 우리를 인내하게 만드는 응답도 있습니다.

그런데 바울의 경우는 전혀 다릅니다. 나는 하나님께 A를 구했습니다. 바울은 육체의 가시를 제발 좀 없애달라고 간절히 구했습니다. 그런데 하나님은 바울에게 B로 응답하십니다. 바울이 원했던 응답이 아닌 전혀 다른 응답을 주신 것입니다. 바울은 육체의 가시를 제거하기를 원했지만 하나님께서는 그것이 바울에게 있는 것이 더 낫다고 말씀하십니다. 중요한 것은 자기가 원한 응답이 아니었지만 바울은 하나님의 응답을 아멘으로 받아들였다는 것입니다. 이런 기도의 응답이 있습니다. 우리 각자에게도 육체의 가시가 있을 수 있습니다. 저는 연약한 잇몸이 제 육체의 가시입니다. 신체의 다른 부분은 건강한데 연약한 잇몸으로 인해 치과 치료를 받은 지가 20년 가까이 됩니다. 아마도 제가 죽을 때까지 치과 치료를 계속 받을 것 같습니다. 매번 치료를 받을 때마다 지옥 문 앞에까지 갔다 옵니다. 그러나 저는 이것을 제 육체의 가시로 받아들이며 감사하려고 합니다. 잇몸을 제외한 신체의 다른 부분은 건강하니 이것도 감사한 것입니다. 무엇보다 육체의 가시를 통해서 제가 얼마나 연약한 존재인가를 매순간 자각하게 됩니다. 하나님의 도우심이 없다면 단 하루도 살아갈 수 없는 존재라는 것을 매일 인식합니다. 역설적인 것은 20세 전까지는 제 육신에서 가장 자랑스러워했던 것이 치아였습니다. 그런데 서른이 넘어가면서부터 확 바뀌었습니다. 저도 바울처럼 하나님이 나를 너무 자만하지 않게 하기 위해서 이런 육체의 가시를 주셨다고 생각하며 하나님의 뜻으로 받아들이고 있습니다. 나는 내 인생에 A가 이루어지기를 간절히 원했지만 나보다 나를 더 잘 아시는 하나님께서 A가 아닌 B가 필요하다 말씀하시며 우리에게 B를 허락하실 때가 있습니다. 그것을 하나님의 뜻으로 받아들이는 것이 중요합니다.

13장 5절을 보겠습니다.

너희는 믿음 안에 있는가 너희 자신을 시험하고 너희 자신을 확증하라 예수 그리스도께서 너희 안에 계신 줄을 너희가 스스로 알지 못하느냐 그렇지 않으면 너희는 버림 받은 자니라.

바울은 편지를 마무리하면서 고린도 교인들에게 간절한 권면을 하고 있습니다. 이것은 오늘 우리에게도 반드시 필요한 것입니다. 우리가 믿음에 있는가에 대해 우리 자신을 시험하고 우리 자신을 확증해야 합니다. 저는 이 진지한 성찰을 게을리 해서는 안 된다고 봅니다. 내가 오늘날 믿음 안에 있다고 하는 것을 무엇을 통해서 증명할 수 있겠습니까? 진짜 믿음의 사람들과 함께하는 것, 하나님께 온 존재를 다해 순종하고자 하는 것, 불의를 기뻐하지 않는 것 등이 우리가 지금 믿음 안에 있는 증거라고 할 수 있습니다. 오늘날 우리가 믿음 안에 있음을 무엇을 통해서 입증할 수 있을지 진지하게 성찰할 수 있기를 바랍니다.

바울은 편지를 축도로 마무리하고 있습니다. 13장 13절입니다.

주 예수 그리스도의 은혜와 하나님의 사랑과 성령의 교통하심이 너희 무리와 함께 있을지어다.

오늘날 목사님들만 축도를 할 수 있다고 생각하는 분들이 대부분입니다. 그러나 이 말씀은 성경에 쓰여 있는 구절입니다. 무엇보다 개신교는 만인사제를 믿습니다. 만약 축도를 목사님만 할 수 있다고 생각하신다면 성도들은 고린도후서 13장 13절의 말씀은 읽지 말아야 합니다. 축도라는 것은 축복 기도입니다. 부모가 자녀를 위해 축복 기도를 할 수 있습니까? 여러분이 알고 있는 누군가를 위해 축복 기도를 할 수 있습니까? 그렇지 않으면 목사님들만 누군가를 위해 축복 기도를 할 수 있는 것입니까? 안타깝게도 한국 교회는 만인사제를 그다지 강조하지 않습니다. 유교가 강조하는 봉건적인 질서가 교회 안에 깊숙이 들어와 있습니다. 군사부일체에 목회자를 집어넣고 목사들을 특별한 존재로 인식하는 경향이 여전히 강한데 그렇지 않습니다. 목사들만 축복 기도를 할 수 있는 것이 아닙니다. 그렇다고 한다면 중보 기도도 목사들만 할 수 있는 것입니다. 목사들뿐 아니라 모든 성도들이 중보 기도를 할 수 있고 누군가를 위해 축복 기도도 할 수 있습니다. 축복을 주시는 분은 하나님이시지 축복 기도를 해주는 존재가 아님을 기억해야 합니다.

Q 바울이 고린도후서 12장에서 셋째 하늘에 올라간 한 사람에 대한 이야기를 합니다. 이 사람이 바울이라고 볼 수 있는 근거가 있을까요?

A 맞습니다. 바울은 그리스도 안에 있는 한 사람에 대한 이야기라고 말합니다. 그런데 많은 학자들은 이 한 사람을 바울로 이해합니다. 그 이유는 바울이 자신의 경험을 겸손하게 낮추어 표현했다고 보는 것입니다. 그렇게 보는 근거는 뒷부분에 보면 바울은 자기가 하나님께 받은 은혜가 너무 크다고 말합니다. 셋째 하늘 체험과 같은 신비로운 경험들이 바울에게 많이 있었을 것입니다. 그런데 자칫 이런

신비로운 경험들을 많이 강조하다 보면 사람들은 신비로운 경험을 한 사람을 우러러볼 가능성이 있습니다. 하나님께 특별한 은혜를 받은 특별한 사람으로 인식하게 되는 것입니다. 그래서 바울은 일부러 자기를 낮추어서 자기 경험임에도 불구하고 마치 제3자가 경험한 사건인 것처럼 기술하고 있다고 봅니다.

개역 개정은 이렇게 번역하고 있습니다. "무익하나마 내가 부득불 자랑하노니"(1절). 그리고 4절에는 "사람이 가히 이르지 못할 말이로다." 그런데 영어 성경에는 '무익하다'를 '유익하지 않은 일이다'라고 기술하고 있습니다. 바울도 자신이 이런 말을 하면 그것이 별로 유익하지 않을 것이라는 것을 알고 있었다고 봐야 합니다. 개인이 경험한 체험은 증인이 없습니다. 하나님의 계시로 주어진 것 일수도 있지만 평소에 자기 생각이 환상 가운데 재연될 수도 있습니다. 따라서 개인의 체험을 근거로 하여 '하나님의 뜻은 이러하다'라는 식의 주장을 하는 것을 조심해야 합니다. 예를 들면 천국 경험을 한 분들이 책을 출간했습니다. 이것은 함부로 기술되어서는 안 되는 것인데 책으로 나온 것입니다. 그런 책의 출간으로 하나님의 나라에 대해서 많은 사람들은 왜곡된 인식을 가질 가능성이 커집니다. 그런데 개인의 체험에 대해서 누군가 토를 달거나 문제를 제기하는 것도 우스운 일입니다. 그래서 대부분은 침묵합니다. 이러한 침묵에 대해서는 교회의 리더십과 교단의 책임이 있다고 생각합니다. 왜냐하면 그런 책으로 인해서 너무나 많은 사람들이 혼란스러워 합니다. 신비주의에 함몰되는 경향도 높아집니다. 천국에도 계층이 있다는 식의 사고를 강화합니다.

　　열왕기상 3장을 보면 솔로몬이 기브온 산당에서 일천번제를 드리고 나서 하나님으로부터 지혜를 받는 장면이 나옵니다. 그런데 그 이야기 앞뒤를 둘러싸고 있는 3장 5절과 15절에 어떤 표현이 나옵니까? '꿈에'라는 말과 '깨어보니 꿈이더라'는 말이 나옵니다. 솔로몬이 지혜를 받았다고 하는 그 이야기 전부가 솔로몬의 꿈에서 일어난 내용입니다. 이것을 어디까지 믿을 수 있는 것인가요? 하나님의 계시 가운데 가장 낮은 수위의 계시가 꿈입니다. 왜 꿈이 가장 낮은 수위의 계시입니까? 꿈은 증인이 없기 때문입니다. 이 사람이 정말 하나님으로부터 그런 계시적인 환상을 받았는지를 확인할 길이 없습니다. 또한 그 사람이 그러한 경험을 했다고 하더라도 자기가 경험한 것과 말하는 것이 일치한다는 것을 알 길이 없습니다. 같은 맥락에서 신비로운 환상은 하나님의 말씀보다 낮은 권위를 가질 수밖에 없습니다. 신비로운 환상 경험은 자의적인 것입니다. 일단 증인이 없습니다. 그리고 그 사람이 진짜 자기가 본 그대로를 말하는 것인지 추가적으로 무엇인가를 지어내는 것인지를 알 수가 없습니다. 그리고 그 사람이 본 것을 말한다고 하더라도 그것이 평소에 그 사람의 생각이 투사된 것인지를 우리가 알 길이 없습니다. 그래서 어떤 신비로운 경험 자체를 말씀보다 중시하게 되면 위험해지는 것입니다. 결국은 그런 경험을 한 사람을 우러러 보게 될 가능성이 높아집니다. 그래서 이단과 사이비들은 자기 교주의 신비로운 체험을 많이 강조하는 것입니다. 천국 체험을 하셨다는 분들의 책들은 우리가 독서할 만한 책은 아니라고 생각합니다. 무엇보다 성경보다 그러한 개인의 체험에 더 큰 권위를 부여하는 것은 아주 위험합니다.

Q 오늘날에도 구원론에 대한 알미니우스적 신학 이론과 칼빈적 신학 이론 사이에 논쟁이 있는지 궁금합니다.

A 오늘날에는 거의 논쟁의 여지가 없습니다. 알미니우스에 근거하여 감리교가 탄생했고 칼빈주의에 근거하여 장로교가 탄생했습니다. 오늘날에는 장로교나 감리교가 서로를 이단시하지 않습니다. 이단시하지 않는 가장 큰 이유는 성경을 읽어 보니까 장로교에서 주장하는 것도 나름대로 근거가 있고 감리교에서 주장하는 것도 나름대로 근거가 있다고 상호 인정하게 되었기 때문입니다. 개신교 안에 다양한 교파가 존재함을 통해서 우리가 누리는 유익 가운데 하나가 바로 여기에 있습니다. 만약 개신교 안에 칼빈주의에 기반을 둔 장로교만 있다고 생각해 보십시오. 얼마나 성경을 보는 눈이 제한적이고 좁아졌겠습니까? 그런데 다양한 교파가 존재함으로 인해서 장로교가 주목하지 못하는 부분을 감리교가 발견하고 오순절이 발견하고 성결교가 발견하게 된 것입니다. 이를 통해서 성경을 바라보는 시선과 해석이 매우 다양해졌습니다. 이러한 신학적 다양성은 여러 교파들이 존재함으로 인해서 누리게 되는 큰 은총이라고 할 수 있습니다.

Q 고린도전서 10장에서 바울은 이스라엘 백성들이 홍해를 건넌 것을 집단 세례를 받은 것으로 보고 하늘의 양식인 만나를 함께 먹고 반석에서 나온 물을 함께 마신 것을 성만찬 참여라고 보았습니다. 그러나 출애굽 1세대는 대부분 구원을 받지 못했습니다. 여기에서 출애굽 1세대가 대부분 구원 받지 못한 것을 무엇으로 판단할 수 있을지 궁금합니다. 그들이 가나안 땅에 입성하지 못한 것으로 그들이 구원받지 못했다고 볼 수 있는 것인가요?

A 　가나안 땅 입성과 구원의 여부는 동일한 것이 아닙니다. 그것은 별개의 문제로 보셔야 합니다. 가나안 땅에 들어가지 못한 것을 구원받지 못한 것으로 본다면 모세도 아론도 미리암도 구원을 못 받은 것이 됩니다. 구원받음의 여부는 그들이 진정 하나님을 믿었는가, 하나님의 백성으로 살았는가에 달려 있다고 봅니다. 즉 평소에 그들이 하나님에 대해서 보여준 모습이 중요하다고 봅니다. 예를 들면 민수기는 출애굽 1세대 대부분이 어떤 삶을 살았는지를 잘 보여주고 있습니다. 출애굽 1세대는 가나안에 들어가지 못했을 뿐만 아니라 하나님의 통치를 기뻐하지 않았습니다. 그들의 몸은 출애굽했지만 정신은 출애굽하지 못했습니다. 하나님의 약속의 땅 가나안으로 들어가기보다는 자기들이 나온 애굽으로 다시 돌아가고자 무수한 반역을 일으켰습니다. 이러한 출애굽 1세대들이 과연 하나님의 구원을 받을 수 있을까요? 구원이라고 하는 것은 단지 천국에 입성하는 것이 아닙니다. 하나님의 통치를 받는 하나님의 백성이 되는 것입니다. 그들 스스로가 하나님의 통치를 받으려고 하지 않는데 어떻게 그들이 구원받을 수 있을까요? 저는 애굽으로 돌아가고자 했던 대다수의 출애굽 1세대는 하나님의 구원으로부터 탈락했다고 봅니다. 그런 맥락에서 바울도 고린도전서 10장을 기술하고 있는 것입니다. 모세와 아론과 미리암도 가나안 땅에 들어가지는 못했습니다. 그러나 그들은 평소에 하나님의 뜻에 순종하고자 애쓴 존재들입니다. 평소에 그들의 삶을 본다면 그들은 충분히 구원받았다고 말할 수 있습니다.

갈라디아서

먼저 갈라디아가 어디에 위치하고 있는지를 보겠습니다. 갈라디아 지방은 비시디아, 안디옥, 이고니온, 루스드라, 더베 같은 성읍들이 있는 지역입니다. 사도행전 13장과 14장에서 바울과 바나바가 전도했던 지역이 갈라디아 지방입니다. 바울이 갈라디아 지방에서 전도한 결과 그곳에 교회가 세워졌습니다. 바울은 순회 전도자였습니다. 갈라디아 교회에서 계속 목회를 하지 못하고 다른 사람에게 갈라디아 교회의 목회를 맡기고 다른 곳으로 순회 전도를 떠났습니다. 바울이 떠난 상황에서 예루살렘 교회에서 갈라디아 교회를 관리 감독 지도하기 위해서 사람을 보냈습니다. 당시 예루살렘 교회는 예수에 대한 믿음뿐만 아니라 율법의 제의법을 준수해야 한다는 입장을 가지고 있었습니다. 그런데 바울은 달랐습니다. 바울에게는 예수에 대한 믿음만이 중요했습니다. 유대인들이 중요시했던 율법의 제의법을 이방 기독교인들에게 강요하는 것을 반대했습니다. 바울에게 신앙을 배운 갈라디아 교인들도 당연히 율법의 제의법에 대해 중요시하지 않았습니다. 예루살렘 교회에서 내려온 사람들은 갈라디아 교인들이 제대로 된 신앙생활을 하고 있는가를 감독하러 왔는데 이들이 와서 율법의 제의법을 준수하지 않는 갈라디아 교인들을 보고 어떤 마음이었겠습니까? 크게 충격을 받았습니다. 그러면서 제대로 된 신앙의 삶을 살아가려면 율법의 제의법을 준수해야 한다고 교육했습니다. 당연히 갈라디아 교인들은 초대 교회의 모교회인 예루살렘 교회의 가르침을 받아들였습니다. 바울이 가르쳐 준 내용을 버리고 예루살렘 교회의 지도를 따르게 된 것입니다. 그 가운데 하나가 할례의 시행입니다.

그런데 얼마의 시간이 흐른 후에 바울이 다시 갈라디아 교회를 방문했는데 교인들의 변화된 모습을 보면서 바울이 큰 충격을 받았습니다. 자신이 가르쳐준 신앙의 모습을 저버리고 예루살렘 교회의 가르침을 따라서 율법의 제의법을 철저하게 준수하고 있었던 것입니다. 이것을 바울은 강하게 질타합니다. 갈라디아서에서 바울이 규정하는 거짓 복음은 이런 것입니다. 유대 기독교인들처럼 하나님을 믿어야 한다는 것, 율법의 제의법을 철저하게 준수해야만 진정한 하나님의 백성이라는 주장을 바울은 거짓 복음으로 규정합니다. 1장 6~7절입니다.

그리스도의 은혜로 너희를 부르신 이를 이같이 속히 떠나 다른 복음을 따르는 것을 내가 이상하게 여기노라 다른 복음은 없나니 다만 어떤 사람들이 너희를 교란하여 그리스도의 복음을 변하게 하려 함이라.

여기서 말하는 '다른 복음'이 무엇입니까? 하나님의 백성이 되고자 한다면 유대 기독교인들처럼 행해야 된다는 것입니다. 이것을 바울은 다른 복음으로 규정합니다. 이 복음을 누가 전해준 것입니까? 예루살렘 교회에서 전해준 것입니다. 예루살렘 교회는 초대 교회 당시 어머니 교회라고 할 수 있습니다. 예루살렘 교회는 초대 교회의 중심 교회였습니다. 오순절 성령 강림을 통해서 교회가 탄생했습니다. 그곳이 어디입니까? 예루살렘 교회입니다. 예수의 제자들과 형제들이 어디에 있었습니까? 예루살렘 교회에 있었습니다. 교회의 탄생지이자 기둥 같은 신앙인들이 이곳에 있었기에 예루살렘 교회의 권위는 그 누구도 무시할 수 없었습니다. 그런데 예루살렘 교인들은 오랜 세월 유대교에서 신앙생활을 했던 사람들입니다. 철저하게 율법을 준수한 것입니다. 그래서 이들은 예수를 메시아로 믿었지만 여전히 오랜 세월 동안 하나님의 백성들이 지켜왔던 제의법 준수를 기독교인들도 행해야 한다는 입장을 가지고 있었습니다. 이것을 바울은 '다른 복음'이라고 비판합니다. 율법의 제의법과 관련하여 예루살렘 교회의 주장과 바울의 주장은 전혀 달랐습니다. 문제는 여러분이 갈라디아 교회 교인이라면 예루살렘 교회 지도자들의 말과 바울의 주장이 다를 때 누구의 말을 경청하시겠습니까? 오늘날 대부분의 기독교인들은 바울이 사도라는 사실을 모두가 인정합니다. 많은 신앙인들이 바울을 존경합니다. 그러나 초대 교인들도 우리와 같은 마음이었을 것이라고 생각하시면 안 됩니다. 오늘날에는 바울의 사도성을 인정하고 바울이 쓴 서신들도 성경으로 받아들이고 있지만 초대 교회 당시 예루살렘 교회의 지도자와 바울의 주장이 달랐을 때 사람들은 누구에게 더 큰 권위를 부여했겠습니까? 당연히 예루살렘 교회 지도자들입니다. 예루살렘 교회에 누가 있었습니까? 베드로도 있고 요한도 있고 예수님의 제자들이 예루살렘 교회에 있었습니다. 예루살렘 교회의 지도자가 누구입니까? 야고보입니다. 야고보가 누구입니까? 예수님의 동생입니다. 그런데 사람들이 흔히 규정하는 사도의 기준에 근거해 보면 바울은 예수의 제자도 아니었고 예수를 만난 적도 없었습니다. 바울 자신만이 자신이 예수를 만났다고 주장하는 것입니다. 이런 상황에서 예루살렘 교회의 지도자들과 바울의 주장이 충돌할 경우에 사람들은 당연히 예루살렘 교회 지도자들의 주장에 훨씬 더 큰 권위를 부여할 수밖에 없었습니다.

예루살렘 교회에서 사람들이 와서 진짜 하나님의 백성이 되고자 한다면 이것도 행해야 되고 저것도 행해야 된다고 했을 때 갈라디아 교인들은 그것을 수용할 수밖에 없었습니다. 예루살렘 교회 지도자들이 더 큰 권위를 가지고 있었기 때문입니다. 이에 대해 바울은 매우 분노하고 책망합니다. 이방 기독교인들을 유대 기독교인처럼 만들고자 하는 것에 대해 '다른 복음'으로 규정하며 강하게 반대합니다. 바울은 하나님의 백성 됨에 있어서 예수에 대한 믿음만이 중요하다고 보았습니다. 유대인은 유대인의 문화 안에서 신앙을 꽃 피울 수 있고 이방인은 이방인의 문화 안에서 신앙을 꽃 피울 수 있다는 것이 바울의 생각입니다. 예수에 대한 참된 믿음만이 중요한 것이지 율법의 제의법을 준수하느냐 준수하지 않느냐 하는 것은 본질적인 문제가 아니라고 보았습니다. 유대 기독교인들에게는 이럴 수 있는 것이고 이방 기독교인들에게는 저럴 수 있는 것으로 본 것입니다. 그런데 바울이 없는 사이에 예루살렘 교회의 지도를 받은 결과 갈라디아 교인들은 할례를 받고 음식 정결법을 준수하고 있었습니다.

4장 9~10절을 보겠습니다.

이제는 너희가 하나님을 알 뿐 아니라 더욱이 하나님이 아신 바 되
었거늘 어찌하여 다시 약하고 천박한 초등학문으로 돌아가서 다시
그들에게 종 노릇 하려 하느냐 너희가 날과 달과 절기와 해를 삼가
지키니.

여기서 '날'은 안식일 같은 날을 말합니다. 달은 월삭을 말합니다.
절기는 유월절, 오순절, 초막절 같은 것을 말합니다. 이 모든 것들을
누가 지켰습니까? 유대인들이 지켰습니다. 예루살렘 교회도 마찬가
지입니다. 우리가 하나님의 백성이 되려면 예수가 메시아이심을 믿
을 뿐만 아니라 오랜 세월 동안 하나님의 백성들이 준수했던 제의법
을 준수해야 한다는 것이 예루살렘 교회의 입장입니다. 예루살렘 교
회의 가르침을 받고 갈라디아 교인들은 이 모든 날과 달과 절기들을
준수하고 있었습니다. 그래서 바울은 이렇게 말합니다. "내가 너희
를 위하여 수고한 것이 헛될까 두려워하노라." 한마디로 갈라디아 교
인들은 바울의 가르침을 다 버렸습니다. 이런 상황에서 바울이 갈라
디아 교인들에게 편지를 보내고 있는 것입니다. 핵심은 무엇입니까?
거짓 복음을 질타하고 올바른 믿음을 붙잡으라는 것입니다. 예루살
렘 교회는 율법의 제의법을 강조했습니다. 바울은 율법 전체를 부정
하지는 않았습니다. 바울은 율법 안에서 도덕법을 여전히 중요시합
니다. 바울이 반대했던 것은 이방 기독교인들에게 율법의 제의법을

강요하는 것입니다. 바울에게는 율법의 제의법은 아디아포라의 문제였습니다. 아디아포라의 문제라는 것은 할 수도 있고 하지 않을 수도 있는 것입니다. 바울은 유대 기독교인들이 할례를 받는 것을 반대하지는 않았습니다. 그런데 이방 기독교인들에게 할례를 받으라고 강요하는 것은 반대합니다. 왜 그렇습니까? 바울에게 있어서 하나님의 백성 됨에 있어서 결코 포기할 수 없는 본질은 예수에 대한 믿음입니다. 그 외에 할례나 음식 정결법이나 절기 준수법 같은 율법의 제의법은 바울에게는 아디아포라의 문제였습니다. 본질이 아닌 것입니다. 본질이 아니기 때문에 할 수도 있고 하지 않을 수도 있는 것입니다. 이것이 예루살렘 교회와 바울의 입장 차이였음을 기억하시기 바랍니다.

1장 1절을 보겠습니다.

사람들에게서 난 것도 아니요 사람으로 말미암은 것도 아니요 오직 예수 그리스도와 그를 죽은 자 가운데서 살리신 하나님 아버지로 말미암아 사도 된 바울은.

바울은 여기서 자신이 사도임을 강조합니다. 사실 이 표현은 눈물이 묻어 있는 주장입니다. 갈라디아 교인들도 바울의 사도성을 계속 의심했습니다. 바울이 예수의 열두 제자도 아니고 예수 공생애에 함께했던 것도 아님을 강조하면서 바울의 사도성에 대해 공격을 한 것입니다. 이것에 대해 바울은 자신의 사도성이 사람에게서 난 것이 아니라고 말합니다. 이 말을 다른 말로 하면 자신이 예루살렘 교회로부터 권위를 인정받지 못하고 있다는 것입니다. 그러나 바울은 자신이 예수를 만나 예수로부터 보냄 받았음을 강조합니다. 1장 12절도 마찬 가지입니다.

사람들은 인정하지 않았지만 바울은 자신이 예수를 만났고 예수로부터 사도로 보냄 받았음을 강조합니다. 바울은 다메섹 도상에서 놀라운 사건을 경험한 후에 아라비아로 갑니다. 그리고 다메섹으로 다시 돌아왔고 3년 후에 예루살렘으로 올라갑니다. 그때 예루살렘에 15일 동안 머물면서 베드로와 야고보를 만납니다. 바울의 고향은 길리기아 다소입니다. 그런데 회심 이후에 바울의 동정을 보면 고향 다소에 머문 기록이 없습니다. 이를 통해 우리는 바울의 회심 사건 이후에 바울과 가족 사이의 관계가 완전히 단절되어졌음을 추측할 수 있습니다. 바울의 부모님은 바울을 10대 초반에 예루살렘에 바리새 교육을 위해 유학을 보낼 정도로 철저한 유대교 신자였습니다. 그런데 바울이 다메섹 사건 이후에 유대교를 떠나 초대 교회로 넘어왔을 때 바울 친가의 충격이 얼마나 컸겠습니까? 이때부터 바울은 친가로부터 완전히 버림받았을 것이라고 봅니다. 유대교를 철저하게 신봉하고 있던 가족들과 관계가 단절된 것입니다. 갈라디아서 2장 1절을 보면 14년 후에 바울은 바나바와 디도와 함께 예루살렘에 2차로 방문을 합니다. 이때를 49년으로 봅니다. 이때 예루살렘에서 종교 회의가 열립니다. 사도행전 15장에 기술된 내용이 예루살렘 종교 회의에 대한 것입니다. 그때 바울은 바나바와 디도와 함께 예루살렘으로 올라갑니다. 이를 통해 바울이 다메섹 도상 사건을 언제쯤 경험했는가를 역추적 할 수 있습니다.

　바울은 다메섹에서 회심 사건을 경험하고 나서 아라비아로 갔다가 다시 다메섹으로 돌아옵니다. 그리고 3년 후에 예루살렘에 올라갑니다. 그리고 14년 후에 바나바와 디도와 함께 예루살렘에 두 번째로 올라갑니다. 이때를 49년 예루살렘 종교 회의로 봅니다. 그렇다면 바울이 회심 사건이 일어난지 3년 후와 14년 후니까 17년 후가 됩니다. 다메섹 회심 사건을 경험한지 17년 후가 49년이라면 다메섹 도상 사건은 32년에 일어났다고 볼 수 있습니다. 학자들은 예수님이 주전 4년경에 태어나시고 27년경에 공생애 사역을 시작하시고 30년경에 십자가와 부활, 승천 사건이 일어났다고 봅니다. 그리고 32년경에 다메섹 도상 사건이 있었고, 예루살렘 종교 회의가 열린 것은 49년으로 봅니다. 그러나 연도 계산과 관련하여 다른 목소리도 있습니다. 갈라디아서 2장 1절에 나오는 '14년 후를' 다메섹 도상 사건을 경험한지 14년 후로 보는 것입니다. 즉 바울이 처음에는 다메섹 도상 사건이 일어난 지 3년 후에 예루살렘에 처음 올라갑니다. 그리고 2장 1절 이하는 다메섹 도상 사건을 경험하고 14년 후에 두 번째로 예루살렘에 올라간 이야기로 보는 것입니다. 이와 같이 '14년 후'를 언제부터 14년 후로 볼 것이냐에 따라서 두 가지 주장이 있습니다. 다메섹 회심 사건을 기점으로 14년 후가 된다면 다메섹 회심 사건은 35년경에 발생한 것으로 볼 수 있고, 처음 예루살렘에 올라갔던 3년 후를 기점으로 본다면 14년 후는 다메섹 사건이 발생한지 17년 후가 되는 것입니다. 그렇게 보면 다메섹 도상 사건은 32년에 발생한 사건이 됩니다. 바울의 다메섹 회심 사건은 빠르면 32년 늦으면 35년에 일어난 사건으로 정리할 수 있습니다.

2장 7절을 보면 바울과 베드로는 복음 전도 사역에 있어서 역할 분담을 합니다.

도리어 그들은 내가 무할례자에게 복음 전함을 맡은 것이 베드로가 할례자에게 맡음과 같은 것을 보았고.

여기에 나오는 무할례자는 이방인, 할례자는 유대인이나 디아스포라 유대인으로 구분합니다. 그런데 사도행전에서 바울이 이방 지역에 복음을 전할 때 모습을 떠올려 보십시오. 바울이 어느 지역에 들어가서 복음을 전하고자 할 때 먼저 찾아간 곳이 어디였나요? 회당입니다. 회당에 가면 누구를 만나게 됩니까? 디아스포라 유대인들과 경건한 이방인들입니다. 사실 바울이 순수 이방인을 대상으로 복음을 전한 것은 사도행전 17장에 아테네 지역이 유일합니다. 그런데 아테네는 원래 바울의 전도 여행지가 아니었습니다. 데살로니가에서 복음을 전하다가 유대인들이 바울을 죽이려고 한 일로 인해 베뢰아로 피신하게 되었고 그 사람들이 베뢰아까지 쫓아왔기 때문에 아테네로 다시 피신을 한 것입니다. 우리가 무의식적으로 바울은 이방인들을 대상으로 복음을 전했다고 생각하지만 사실 바울이 순수 이방인을 대상으로 복음을 전한 것은 아테네 밖에 없고 그것도 핍박의 상황에서 우발적으로 일어난 일이었음을 기억해야 합니다. 사도행전을 보면 바울이 어느 지역에 전도를 하고자 들어갔을 때 처음 방문하는 곳은 그곳에 있는 유대인 회당입니다. 그곳에서 바울은 디아스포라 유대인들과 경건한 이방인들을 만났습니다. 그런데 디아스포라 유대인들은 할례를 받은 사람들입니다. 즉 갈라디아서 2장 7절과 맞지 않습니다. 바울이 이방 지역에 있는 회당에서 만났던 디아스포라 유대인들도 할례자들입니다.

2장 7절이 말하는 복음 전도에 있어서 역할 구분은 이렇게 이해하셔야 합니다. 베드로는 할례자들이 살고 있는 가나안 지역을 주로 책임을 맡아 복음을 전했습니다. 바울은 무할례자들이 살고 있는 이방 지역에서 주로 복음을 전했습니다. 바울과 베드로가 이렇게 역할 분담을 하게 된 이유는 무엇이었을까요? 언어 때문에 그렇습니다. 다양한 언어를 구사할 수 있었던 바울은 이방 지역 어디를 간다고 하더라도 사람들과 의사소통하는 것에 문제가 없었습니다. 그러나 베드로는 그렇지 않습니다. 베드로는 당시 유대인들이 사용하던 아람어를 일상 언어로 사용했을 것입니다. 아람어를 사용하던 베드로가 이방 지역에 가서 복음을 어떻게 전할 수 있었겠습니까? 통역이 없다면 쉽지 않았을 것입니다. 따라서 본문의 할례자들과 무할례자들이라고 하는 것은 가나안 땅과 이방 땅으로 구분해야 합니다. 유대인과 이방인으로 구분하는 것은 맞지 않습니다.

2장에서 우리가 주목해야 할 말씀은 9절입니다.

또 기둥 같이 여기는 야고보와 게바와 요한도 내게 주신 은혜를 알

므로 나와 바나바에게 친교의 악수를 하였으니 우리는 이방인에게
로, 그들은 할례자에게로 가게 하려 함이라.

여기에 중요한 표현이 나오는데 '친교의 악수를 하였다'는 것입니다. 친교의 악수를 했다는 말은 예루살렘 교회의 지도자들이 바울의 사도성을 인정해주었다는 것입니다. 예루살렘 종교 회의를 하러 올라간 자리에서 친교의 악수를 한 것이니 바울이 다메섹 도상 사건 이후에 몇 년 만에 사도성을 인정받게 된 것입니까? 17년만입니다. 다메섹 회심 사건 이후에 17년이 걸린 것입니다. 사도로 인정받지 못했던 그 17년의 세월 동안에도 바울은 하나님께서 자기에게 맡겨주신 복음 전도자로서의 삶을 신실하게 감당했습니다. 이러한 모습을 우리는 본받아야 합니다. 여기서 우리가 주목해야 할 것은 바울의 사도성을 인정해준 사람들의 이름 순서입니다. 야고보와 게바와 요한으로 되어 있습니다. 이들이 예루살렘 교회의 지도자들입니다. 그렇다면 왜 야고보의 이름이 제일 먼저 언급되고 그다음 게바와 요한의 순서로 기술되어 있을까요? 이 순서에 대해서 두 가지 해석을 합니다. 첫째는 나이 순서로 보는 것입니다. 야고보가 제일 연장자이고, 그다음 베드로, 요한의 순서일 것이라고 해석합니다. 둘째는 예루살렘 교회 안에서 권위의 순서로 이해합니다. 야고보는 예루살렘 교회 수장입니다. 예루살렘 교회의 수장인 야고보가 제일 앞에 나오고, 그다음 권위의 순서로 베드로, 요한이 기술되었다고 보는 것입니다. 이것이 정확하게 신약 성경 배치 순서와도 연관이 있습니다. 신약 성경은 장르별로 보았을 때 4권의 복음서, 1권의 역사서, 21개의 서신서, 1개의 묵시록으로 배치되어 있습니다. 그 가운데 21개의 서신이 어떻게 배

치되어 있는가를 보십시오. 바울의 편지를 먼저 배치하였습니다. 로마서부터 빌레몬서까지가 바울의 편지입니다. 그다음에 히브리서가 있습니다. 히브리서는 초대 교회 때부터 저자가 누구인지에 대해 많은 주장이 있던 서신입니다. 히브리서의 저자로 언급된 사람들의 수만 해도 수십 명이 됩니다. 히브리서는 저자 미상입니다. 그다음에 배치된 것이 공동 서신입니다. 야고보서, 베드로전후서, 요한일서, 이서, 삼서 순서로 되어 있습니다. 공동 서신의 저자들은 하나같이 예루살렘 교회 지도자들입니다. 즉 서신서의 배치 순서는 바울의 편지가 앞에, 저자가 누구인지를 알 수 없는 히브리서를 중간에, 예루살렘 교회 지도자들의 편지를 뒤에 배치한 것입니다.

신약 27권이 정경으로 최종 확정된 것은 397년 카르타고 종교 회의입니다. 서신서의 배치를 통해서 중요한 사실을 하나 알 수가 있습니다. 신약 27권이 정경으로 확정되어 배치가 될 때 예루살렘 교회의 지도자들의 권위보다 바울의 권위가 우위에 있었다는 것입니다. 그것은 바울의 편지가 다수 정경으로 확정된 사실과 바울의 편지를 서신의 앞부분에 배치한 것으로 알 수가 있습니다. 서신서의 배치는 바울의 편지가 앞에 나오고 누가 썼는지 알 수 없는 히브리서를 중간에 배치하고 뒷부분에는 예루살렘 교회의 지도자들의 편지를 배치했습니다. 주목할 것은 예루살렘 교회의 지도자들의 편지가 어떻게 배치되어 있습니까? 갈라디아서 2장 9절에 나오는 이름의 순서와 동일하게 배치되어 있습니다. 야고보서가 제일 앞에 나오고 베드로전후서가 그다음에 나오고 요한일서, 이서, 삼서가 그다음에 나오는 순서입니다. 정확하게 야고보, 게바, 요한의 순서입니다. 이것이 나이 순서

일 수도 있고 예루살렘 교회 안에서의 권위의 순서일 수도 있습니다. 이를 통해 우리는 성경의 배치가 어떤 기준에 의해 이루어진 것임을 알 수 있습니다. 397년 초대 교회 안에서 바울의 권위가 예루살렘 교회 지도자들의 권위보다 더 우위에 있었음을 기억하시면 좋겠습니다.

2장 11절 이하에 보게 되면 바울이 안디옥에서 베드로와 바나바의 외식에 대해 질타하는 내용이 나옵니다. 당시 바울과 베드로와 바나바는 이방 기독교인들과 식사하고 있었습니다. 그런데 예루살렘 교회의 지도자인 야고보가 보낸 사람들이 안디옥에 오고 있다는 이야기를 듣고 나서 베드로와 바나바가 이방 기독교인들과의 식사를 중단하는 일이 벌어졌습니다. 이에 대해 바울이 공개적으로 베드로와 바나바를 책망한 것입니다. 바울이 말하고자 하는 핵심은 초대 교회 지도자들이 여전히 율법의 정결법의 지배 가운데 있는 것을 질타하면서 믿음의 새 원리를 받아들여서 자유할 것을 호소하는 것입니다. 재미있는 것은 한국 교회에서 갈라디아서 2장을 보면서 많이 불편해한다는 것입니다. 불편해하는 이유가 무엇일까요? 베드로가 이방 기독교인들과 식사를 하다가 자신은 마치 하지 않은 것처럼 연극을 한 것은 잘못했다고 인정하지만 아무리 베드로가 잘못했다고 하더라도 나이 어린 바울이 나이 많은 베드로를 공개적으로 책망한 것은 잘못된 것이라고 생각하는 것입니다. 연장자에 대한 예의를 중시하는 교인들이 불편해하는 것입니다. 여기서 불편해하는 분들에게는 전제가 하나 있습니다. 베드로가 바울보다 연장자라고 생각하는 것입니다. 베드로가 잘못한 것이 있다고 하더라도 나이 어린 바울이 베드로에게 조용히 문제 제기를 해야지 공개적인 자리에서 연장자인 베드로를 질타하는 것은 유교적 사고 속에서는 수용하기 어렵다고 보는 것입니다. 그래서 많은 교인들이 갈라디아서 2장에 나오는 안디옥 사건을 부담스러워 합니다. 그러면 제가 한번 질문해 보겠습니다. 왜 한국 교인들은 베드로가 바울보다 더 연장자라고 생각할까요? 성경적 근거가 있나요? 이것은 미디어의 영향 때문에 그런 것입니다.

예수님이 30세에 공생애를 시작하셨다고 할 때 당시 30세는 청년의 나이가 아닙니다. 당시 30세라는 나이는 결혼을 앞둔 딸이 있는 나이입니다. 지금으로 말하면 65세 정도 됩니다. 결코 적지 않은 나이임을 알 수 있습니다. 학자들은 예수님이 30세일 때 바울은 25세, 베드로는 21세 정도였을 것으로 봅니다. 바울의 나이가 베드로보다 많다고 생각합니다. 그런데 한국 교인들은 바울이 더 어리다고 생각할까요? 사도행전 7장 58절 때문이라고 생각됩니다. 사도행전 7장 58절을 보면 스데반을 투석형으로 죽일 때 사람들이 자신들의 겉옷을 누구의 발 앞에 벗어놓습니까?

성 밖으로 내치고 돌로 칠새 증인들이 옷을 벗어 사울이라 하는 청년의 발 앞에 두니라.

사울의 발 앞에 두었습니다. 그런데 여기 사울 앞에 청년이라는 단어가 나옵니다. 이것 때문에 바울은 청년이고 베드로는 중장년 정도의 나이일 것이라고 생각하는 것입니다. 그런데 여기 나오는 청년이라는 단어는 '네아니오스'로 24세에서 40세의 남성을 가리키는 표현입니다. 24세에서 40세까지 남성을 청년이라고 한 것은 너무 현대식으로 번역한 것입니다. 1세기에 24세에서 40세의 남성은 대부분 기혼자입니다. 절대 어린 나이가 아니었습니다. 학자들은 바울의 나이를 베드로보다 몇 세 더 많게 봅니다. 예수님이 30세일 때 바울은 25세, 베드로는 21세로 봅니다. 따라서 바울이 베드로를 책망했다고 할 때 너무 유교식으로 '나이도 어린놈이 나이 많은 사람을 공개적으로 면박을 주었다'고 생각하실 필요가 전혀 없습니다. 복음서 강의 때도 말씀드린 것처럼 예수님이 제자들보다 나이가 훨씬 많았습니다. 열두 명의 제자 가운데 20세 이상의 제자는 베드로밖에 없었습니다. 당시 유대인 남성들은 18세에서 20세 사이에 결혼했습니다. 20세 이상의 유대 남성이 내는 세금이 성전세입니다. 마태복음 17장 24절 이하를 보면 예수님과 열두 제자 가운데 성전세를 내야 할 사람은 예수님과 베드로밖에 없었습니다. 그리고 복음서에 보면 베드로는 장모가 있었다는 표현이 계속 나옵니다. 그래서 학자들은 베드로는 결혼을 한 기혼 남성으로 20대 초반으로 보는데 바울을 '네아니오스'(24세 이상), 즉 청년으로 말하기 때문에 베드로보다는 더 연장자로 보는 것입니다. 2장에 나오는 안디옥 사건을 유교적인 잣대를 가지고 생각할 필요는 없습니다.

2장 16절을 보겠습니다.

사람이 의롭게 되는 것은 율법의 행위로 말미암음이 아니요 오직 예수 그리스도를 믿음으로 말미암는 줄 알므로 우리도 그리스도 예수를 믿나니 이는 우리가 율법의 행위로써가 아니고 그리스도를 믿음으로써 의롭다 함을 얻으려 함이라 율법의 행위로써는 의롭다 함을 얻을 육체가 없느니라.

여기서 '율법의 행위로써는 의롭다 함을 얻을 육체가 없느니라'는 말씀이 나옵니다. 갈라디아서 2장 16절의 핵심이 무엇입니까? '그리스도를 믿음으로써 의롭다 함을 얻으려 함이라'는 것입니다. 이것을 이신칭의라고 말합니다. 그리스도를 믿음으로써 우리가 의롭다 함을 얻는 것입니다. 학자들은 2장 16절을 가지고 오랜 시간 논쟁을 했습니다. 지금도 이 논쟁은 종결되지 않았습니다. 무슨 논쟁을 하는가 하면 한글 번역에 '그리스도를 믿음으로써 의롭다 함을 얻는다'고 할 때 여기 '그리스도를 믿는다'는 것이 두 가지로 번역이 가능합니다. 첫째는 '내가 그리스도를 믿음으로써 내가 의롭다 함을 받는다'는 의미입니다. 이것이 일반적으로 한국 교회가 해석하는 방식입니다. 내가 그리스도를 믿음으로써 내가 의롭다 함을 받는 것입니다. 둘째는 '내가 예수 그리스도의 신실함 때문에 의롭다 함을 얻는다'로도 해석이 가능합니다. 믿음의 동의어는 신실함입니다. 믿음은 신실함, 충성으로도 번역이 가능합니다. 내가 의롭다 함을 받는 것은 나의 믿음 때문이 아니라 그리스도의 신실하심 때문에 의롭다 함을 받는다고 주장하는 것입니다. 이처럼 '내가 예수를 믿음으로써 내가 의롭다 함을 받는다'로도 번역이 가능하고 '내가 그리스도의 신실하심으로 말미암아 의롭다 함을 받는다'로도 번역이 가능합니다. 다시 말해 '나는 예수님 때문에 의롭다 함을 받았고 그것을 나의 믿음으로 유지하고 있다'라고 정리할 수 있습니다.

3장 11절을 보겠습니다.

또 하나님 앞에서 아무도 율법으로 말미암아 의롭게 되지 못할 것이 분명하니 이는 의인은 믿음으로 살리라 하였음이라.

본문은 하박국 2장 4절을 인용한 것입니다.

보라 그의 마음은 교만하며 그 속에서 정직하지 못하나 의인은 그의 믿음으로 말미암아 살리라.

여기도 마찬가지로 두 가지 해석이 모두 가능합니다. '의인은 그의 믿음으로 말미암아 산다'고 할 때 여기에 나오는 '그'를 누구로 볼 것이냐에 따라서 두 가지 주장이 있습니다. 첫째는 그를 의인으로 보는 것입니다. 그러면 '의인은 자기 자신의 믿음으로 말미암아 산다'라고 해석할 수 있습니다. 둘째는 그를 하나님으로 보는 것입니다. 그러면 '의인은 하나님의 믿음, 즉 하나님의 신실하심으로 말미암아 산다'라고 해석할 수 있습니다. 이처럼 두 가지 해석이 모두 가능합니다. 하박국 2장 4절처럼 갈라디아서 2장 16절의 말씀도 두 가지 해석이 모두 가능합니다. 이것을 종합하면 우리가 구원을 받는 것은 하나님의 통치 안에 들어오는 것입니다. 하나님과 깨어진 관계가 다시 회복되는 것입니다. 하나님의 통치 바깥에 있던 자가 하나님의 통치 안에 거하는 하나님의 백성이 되는 것이 구원받는 것입니다. 하나님과의 관계 회복을 의라고 말합니다. 우리가 의롭다 함을 받는 것은 예수 그리스도로 인함입니다. 과거의 어느 순간에 죽기까지 순종하신 예수 그리스도의 신실하심으로 말미암아 깨어진 하나님과의 관계가 회복된 것입니다. 이것을 말해주고 있는 본문이 로마서 5장 6절, 8절, 10절입니다. 우리가 하나님과의 관계 회복에 있어서 내세울 공로는 아무것도 없습니다. 예수님께서 하나님과 우리의 관계를 전적으로 회복시켜주신 것입니다. 예수의 신실하심으로 말미암아 우리는 과거적 칭의를 얻게 되어 과거의 어느 순간에 하나님의 백성이 되었습니다. 그러나 여기에만 머물러서는 안 됩니다. 현재는 나의 믿음으로 말미암아 하나님과의 관계를 이어나가야 하는 것입니다. 이것을 현재적 칭의라고 할 수 있습니다. 하박국 2장 4절과 갈라디아서 2장 16절은 이 두 가지를 강조하는 말씀입니다. 과거적 구원에 있어서는 그리스도의 신실하심이 중요하고 오늘 여기에서 하나님의 백성으로 살아가는 현재적 구원에 있어서는 우리의 믿음이 요청되는 것입니다.

2장 20절을 보겠습니다.

내가 그리스도와 함께 십자가에 못 박혔나니 그런즉 이제는 내가 사는 것이 아니요 오직 내 안에 그리스도께서 사시는 것이라 이제 내가 육체 가운데 사는 것은 나를 사랑하사 나를 위하여 자기 자신을 버리신 하나님의 아들을 믿는 믿음 안에서 사는 것이라.

이 말씀의 핵심은 이제는 내가 사는 것이 아니라 내 안에 그리스도께서 사시는 것입니다. 우리가 보통 예수 그리스도의 대속의 죽음을 생각하면서 예수님으로 인해서 내가 구원받았고 살아났음만을 강조하는 경향이 있습니다. 우리의 생각이 거기에만 머물러서는 안 됩니다. 대속 신앙의 핵심은 그 이상을 강조해야 합니다. 원래는 죄로 인해 내가 죽어야 되는데 예수님이 나를 대신해서 돌아가셨습니다. 예수는 죽고 내가 살게 된 것입니다. 그렇다면 예수의 죽으심으로 인해 내가 살게 되었는데 이제 나는 어떻게 살아야 할까요? 내 마음대로 살 수 있습니까? 아닙니다. 대신 살아남은 자로서 나를 위해 죽으신 예수의 삶을 계승해야 될 책임이 있는 것입니다. 예수의 은혜를 받은 자답게 살아가야 할 책임이 있는 것입니다. 이것을 강조하는 것이 2장 20절 말씀입니다. 예수로 말미암아 내가 구원받았음만 강조해서는 안 됩니다. 예수로 말미암아 구원받게 된 우리가 어떻게 살아야 할 것인가를 주목해야 합니다. 이제 우리는 우리가 원하는바 의지와 욕망대로 살아서는 안 됩니다. 예수께서 나를 통해서 사실 수 있도록 예수의 뜻에 온전히 순종하는 삶을 살아내야 하는 것입니다. 이것이 바로 대속 신앙의 핵심입니다.

3장 1절에서 바울은 갈라디아 교인들을 책망합니다.

어리석도다 갈라디아 사람들아 예수 그리스도께서 십자가에 못 박히신 것이 너희 눈 앞에 밝히 보이거늘 누가 너희를 꾀더냐.

왜 바울은 갈라디아 교인들을 어리석다고 책망하고 있을까요? 그 이유가 2절에 나옵니다.

내가 너희에게서 다만 이것을 알려 하노니 너희가 성령을 받은 것이 율법의 행위로냐 혹은 듣고 믿음으로냐.

바울은 예수 제자 됨의 핵심을 성령 받음으로 이해합니다. 이 사람이 진짜 예수의 제자인가 라는 것을 성령 받음을 통해서 판단한 것입니다. 유대 기독교인들이 성령 받았을 때가 언제입니까? 오순절 성령 강림 때입니다. 그 내용이 사도행전 2장에 나옵니다. 이방인 중에 예수가 그리스도이심을 믿음으로 말미암아 성령 받은 사람이 누구입니까? 고넬료 집안사람들입니다. 그 내용이 사도행전 10장에 나옵니다. 할례를 받았거나 받지 않았거나 상관없이 예수가 그리스도이심을 믿었을 때 유대인이건 이방인이건 동일하게 성령이 임재했습니다. 바울은 갈라디아 교인들에게 질문합니다. "너희가 율법의 제의법을 신실하게 준수했기 때문에 성령을 받은 것인가 아니면 예수가 그리스도이심을 믿었을 때 성령을 받은 것인가?" 당연히 예수가 그리스도이심을 믿었을 때 갈라디아 교인들은 성령을 받았습니다. 이것이 핵심입니다. 예수에 대한 믿음이 중요한 것인데 그 중요한 것을 강조하지 않고 율법의 제의법에 열심을 다하고 있는 갈라디아 교인들을 보면서 바울은 '어리석다'고 책망하지 않을 수가 없었습니다.

3절을 보겠습니다.

너희가 이같이 어리석으냐 성령으로 시작하였다가 이제는 육체로 마치겠느냐.

믿음으로 성령을 받았는데 이제는 육체적인 제의법 준수에 목을 매고 있으니 바울이 얼마나 안타까웠겠습니까? 그러면서 24절에 이렇게 말합니다.

이같이 율법이 우리를 그리스도께로 인도하는 초등교사가 되어 우리로 하여금 믿음으로 말미암아 의롭다 함을 얻게 하려 함이라.

바울은 율법의 제의법을 예수께로 인도하는 초등교사로 이해합니다. 그리고 제의법은 초등교사로서의 그 역할을 다했다고 천명합니다. 지금 갈라디아 교인들은 모두가 장년입니다. 그런데 장년이 되어서도 여전히 초등교사의 지배를 받고 있으니 이 얼마나 어리석은 일입니까? 초등교사는 어린 시절 우리의 교육을 위해서는 필요하지만 성인이 된 자에게는 더 이상 필요하지 않습니다. 성인이 되었다면 이제는 초등교사의 가르침 이상의 것을 붙잡아야 합니다. 언제까지 초등교사의 품에서만 머물고자 하는 것은 너무나 어리석은 일입니다. 바울은 그것을 질타하고 있는 것입니다.

3장 28절에는 믿음 안에서 우리가 경험하게 되는 새로운 질서가 나옵니다. 고린도후서 5장 17절을 기억하십니까? "그런즉 누구든지 그리스도 안에 있으면 새로운 피조물이라." 여기 새로운 피조물은 새로운 질서 안에 거한다는 뜻입니다. 우리가 예수와 함께하고 하나님의 통치 안에 거하게 된다면 그동안 우리를 지배했던 주류 문화와 주류 가치와 주류 질서에 더 이상 끌려 다니지 않아도 됩니다. 하나님의 뜻 아닌 것은 과감하게 내어던져야 하고 하나님의 뜻을 새롭게 붙잡아야 합니다. 그것이 바로 새로운 질서입니다. 이 땅에 복음이 들어왔을 때 예수를 자기 인생의 주인으로 고백한 사람들은 남자와 여자가 함께 사랑방에 모여서 예배를 드렸습니다. 당시 조선 사회는 유교적 이념을 강조하며 남녀칠세부동석을 주장했습니다. 그러나 교회는 기존의 질서를 거부하고 새로운 질서를 만들고 실천한 것입니다. 교회에서는 양반과 천민이 함께 모여 하나의 공동체를 만들었을 때 공동체의 지도자로 천민을 장로로 뽑았습니다. 유교적인 봉건 질서 아래서는 상상도 할 수 없는 일이었습니다. 이것이 가능할 수 있었던 이유는 교인들이 기존의 질서를 거부하고 새로운 질서를 수용했기 때문입니다. 신앙이 만들어낸 새로운 질서를 잘 보여주고 있는 것이 3장 28절입니다.

> 너희는 유대인이나 헬라인이나 종이나 자유인이나 남자나 여자나 다 그리스도 예수 안에서 하나이니라.

유대인과 헬라인 사이에는 엄청난 장벽이 가로막혀 있습니다. 종과 자유인 사이에도 엄청난 장벽이 가로막혀 있습니다. 남자와 여자 사이에도 엄청난 장벽이 가로막혀 있습니다. 이들은 그 거대한 장벽으로 인해 도저히 하나 될 수 없는 관계였습니다. 그런데 예수 안에서 하나가 되었습니다. 이것이 바로 복음이 가져다 준 새로운 질서입니다. 올해가 종교 개혁 508주년입니다. 저는 종교 개혁 주간을 맞이하면서 다양한 세미나 이전에 오늘날의 교회가 세상과 전혀 다른 질서와 문화를 창조해내고 있는지를 돌아보아야 한다고 생각합니다. 교회 안에 있는 다양한 문제들을 백날 지적을 해도 한국 교회는 절대로 새로워지지 않습니다. 오늘 한국 교회는 집단적으로 회개해야 할 내용이 있습니다. 예수가 자기 인생의 주인이라고 고백은 하면서도 세상에서는 대한민국 사회를 지배하고 있는 주류 문화에 대부분의 신앙인들이 복종하며 살아가고 있는 현실을 회개해야 합니다. 기존 질서에 순응하며 살아가고 있기 때문에 교회는 새로운 질서를 만들어내지 못하고 있습니다. 새로운 문화도 거의 존재하지 않습니다. 오늘날 신앙인들과 비신앙인들 사이에 삶에 있어서 어떤 차별성이 있는지를 보십시오. 차별성이 거의 없습니다. 저는 이것이 오늘 우리가 회개해야 될 가장 중요한 문제라고 봅니다. 우리가 맘몬과 욕망이 아닌 예수 그리스도를 우리 인생의 주인으로 고백하고 있는데 맘몬과 욕망이 자기 인생의 주인인 사람과 동일한 질서와 문화 안에서 살아가고 있다면 이것이 큰 문제가 아닙니까? 신앙인들은 말씀에 근거한 새로운 질서를 창조해내야 합니다. 안타깝게도 오늘날 교회는 세속의 강력한 힘 앞에서 무력하게 무릎 꿇고 살아가고 있습니다. 교회 안에 세상의 질서가 여전히 왕 노릇하는 경우들이 많은데 이는 하루빨리 청산해야 할 과제임을 기억해야 합니다.

3장 6절을 보겠습니다.

아브라함이 하나님을 믿으매 그것을 그에게 의로 정하셨다 함과 같으니라.

바울은 믿음의 모델로 아브라함을 제시합니다. 구약에 보면 믿음의 모델로 제시할 수 있는 인물들이 많이 있습니다. 그런데 바울은 지속적으로 믿음의 모델로 아브라함을 제시합니다. 다윗이나 에스라나 느헤미야 같은 인물을 믿음의 모델로 제시할 수도 있는데 바울은 왜 믿음의 모델로 아브라함을 제시하고 있을까요? 바울이 아브라함을 믿음의 모델로 제시하는 중요한 이유는 아브라함이 이스라엘 사람이 아니기 때문입니다. 엄밀한 의미에서 아브라함은 이방 사람입니다. 아브라함이 어디 사람입니까? 갈대아 우르입니다. 갈대아 우르가 어디에 있습니까? 메소포타미아 지역에 있습니다. 오늘날 이라크 지역입니다. 이스라엘은 언제 탄생했습니까? 출애굽 사건 이후에 시내산 언약 사건 때 이스라엘이 탄생했습니다. 아브라함은 메소포타미아 사람입니다. 그의 아들인 이삭도 메소포타미아 사람입니다. 이삭의 아들인 야곱도 메소포타미아 사람입니다. 다시 말씀드리지만 이스라엘 사람이라고 하는 것은 출애굽 이후에 하나님만을 믿겠다고 다짐하고 결단했던 시내산 언약 사건 때 탄생한 것입니다. 바울이 믿음의 모델로 다윗을 제시하게 되면 다윗은 이스라엘 사람입니다. 그런데 아브라함은 메소포타미아 사람으로서 이스라엘 사람들의 판단으로는 이방인인 것입니다.

이방인이었던 아브라함이 하나님을 믿음으로 말미암아 하나님의 백성이 된 것입니다. 그 아브라함 이야기가 오늘 갈라디아 지역에 있는 이방 기독교인들에게 하나의 원형이라고 할 수 있습니다. 갈라디아 지역의 사람들도 이스라엘 사람들이 볼 때는 이방인들입니다. 그런데 이들이 어떻게 하나님의 백성이 될 수 있었습니까? 아브라함이 하나님을 믿어 하나님의 백성이 된 것처럼 갈라디아 교인들도 하나님을 믿어 하나님의 백성이 된 것입니다. 그래서 바울은 계속해서 믿음의 모델로 아브라함을 말하고 있는 것입니다. 오늘날 우리는 바울이 계속하여 아브라함을 믿음의 모델로 제시하기 때문에 우리는 아브라함을 믿음의 조상이라고 생각합니다. 그런데 기억해야 할 것은 엄밀한 의미에서 아브라함은 이스라엘 사람이 아닙니다. 이스라엘의 잣대로는 이방인입니다. 바울이 계속해서 이방 교회에 편지를 보낼 때마다 아브라함을 믿음의 모델로 제시하는 이유는 과거의 아브라함과 지금의 이방인들은 조건이 동일하기 때문입니다. 이방인이지만 하나님을 믿음으로 인해 하나님의 백성이 된 것입니다.

4장에는 갈라디아 교회가 바울을 얼마나 사랑했는지에 대한 내용이 나옵니다. 4장 15절입니다.

너희의 복이 지금 어디 있느냐 내가 너희에게 증언하노니 너희가 할 수만 있었더라면 너희의 눈이라도 빼어 나에게 주었으리라.

본문을 통해서 볼 때 바울이 눈이 좋지 않았음을 알 수 있습니다. 그래서 학자들은 4장 15절에 근거해서 바울에게 안질이 있었다고 봅니다. 그리고 이것이 고린도후서 12장에서 말한 '육체의 가시'가 아닐까 생각합니다. 그런데 이것을 반박하는 학자들도 많습니다. 바울이 시력이 좋지 않은 것은 사실이지만 그것이 육체의 가시는 아니라고 보는 것입니다. 그 이유가 무엇입니까? 바울은 오랜 시간 사도로 인정을 받지 못했습니다. 다메섹 도상 회심 사건에 대해 신뢰를 받지 못한 것입니다. 그런데 바울에게 있었던 안질이 육체의 가시였다면 이 안질은 바울이 자신의 사도성을 증명하는 하나의 증거로 사용될 수 있었을 것입니다. 자신이 다메섹 도상에서 너무나 환한 빛에 노출되어서 이렇게 눈이 나빠졌다고 하면 안질은 바울이 예수를 실제로 만난 확실한 증거가 되는 것 아닙니까? 그런데 바울은 14절에서 이렇게 말합니다.

너희를 시험하는 것이 내 육체에 있으되 이것을 너희가 업신여기지도 아니하며 버리지도 아니하고 오직 나를 하나님의 천사와 같이 또는 그리스도 예수와 같이 영접하였도다.

여기서 중요한 것은 '너희를 시험하는 것이 내 육체에 있다'는 것입니다. 이것이 안질이 될 수는 없는 것 아닙니까? 안질은 갈라디아 교인들을 시험하는 것이 아니라 갈라디아 교인들에게 바울의 사도성을 확증시켜주는 증거로 제시될 수 있는 것입니다. 그런데 바울은 자기의 육체 안에 사람들을 시험하는 것이 있다고 봅니다. 이것을 학자들은 간질이라고 보면서 그것이 고린도후서 12장에 나오는 육체의 가시 곧 사탄의 사자가 아닐까 라고 이해하는 것입니다. 저는 바울에게 두 가지 질병이 다 있었다고 봅니다. 바울은 눈도 안 좋았을 것이고 간질도 있었을 것입니다. 여기서 중요한 역설을 발견하게 됩니다. 만약 바울이 몸이 건강했다면 어느 교회에 문제가 발생했다는 이야기를 들었으면 바울은 그 교회로 곧바로 달려갔을 것입니다. 그런데 바울이 달려가지 않고 편지를 주로 보냅니다. 그 이유는 그들과 대면하게 되었을 때 그들을 시험 들게 만드는 것으로 인해 그들을 실족시킬 것에 대한 두려움이 있었기 때문입니다. 그것이 4장 14절이 말하는 '너희를 시험하는 것이 내 육체에 있다'는 말입니다. 이것이 역설입니다. 바울의 몸이 건강했다면 오늘날 우리가 보고 있는 이 많은 바울 서신은 탄생하지 못했을 수도 있습니다. 그런데 바울의 몸이 안 좋았고 무엇보다 사람들을 실족시킬 수 있는 연약함이 그의 몸 안에 있었기 때문에 바울은 사람들을 만나는 것보다는 편지를 주로 쓰게 된 것입니다. 그 편지가 오늘날까지 이렇게 남게 된 것입니다. 고난과 고통이 가져다 준 선물이라고 할 수 있습니다. 정리하면 바울은 눈도 안 좋았을 것이고 사람들을 시험에 빠뜨릴 만한 육체적인 연약함이 그에게 있었다고 봐야 합니다. 그럼에도 불구하고 갈라디아 교인들이 바울을 진심으로 사랑했습니다. 자신을 진심으로 사랑한 갈라디아 교인들을 향해 바울은 19절에서 이렇게 말합니다.

나의 자녀들아 너희 속에 그리스도의 형상을 이루기까지 다시 너희를 위하여 해산하는 수고를 하노니.

바울은 갈라디아 교인들의 영적 아버지로서 그들에 대해 끝까지 책임을 지겠다고 천명합니다. 언제까지입니까? 그리스도의 형상을 이루기까지입니다. 예수 믿으면 끝이 아닙니다. 세례 받으면 끝이 아닙니다. 신앙인이 나아가야 할 최종적인 목표는 그리스도의 형상을 이루는 것입니다. 이 목표를 위해 영적 부모로서의 책임을 끝까지 감당하겠노라고 바울은 말하고 있는 것입니다.

5장에서는 13절이 중요합니다.

형제들아 너희가 자유를 위하여 부르심을 입었으나 그러나 그 자유로 육체의 기회를 삼지 말고 오직 사랑으로 서로 종 노릇 하라.

하나님께서 우리에게 어떤 자유를 주셨습니까? 사랑의 종 노릇 하는 자유를 주셨습니다. 나 자신만을 위해서 누리는 자유가 아닙니다.

6절을 보겠습니다.

그리스도 예수 안에서는 할례나 무할례나 효력이 없으되 사랑으로 써 역사하는 믿음뿐이니라.

이것도 마찬가지입니다. 할례나 무할례가 효력이 없다는 말은 이 것이 본질이 아니라는 것입니다. 할례나 무할례는 아디아포라의 문 제입니다. 이럴 수도 있고 저럴 수도 있는 것입니다. 본질이 아니기 때문입니다. 그러나 하나님의 백성이라면 반드시 주목해야 할 본질 이 있습니다. 그것이 무엇입니까? 사랑으로써 역사하는 믿음입니다. 이것은 모든 신앙인들에게 있어야 하는 본질입니다. 할례가 아디아 포라의 문제라면 사랑으로써 역사하는 믿음은 모든 신앙인들에게 반 드시 존재해야 될 본질입니다. 온전히 의로운 자가 되려면 문화적으 로도 유대인이 되어야만 한다는 거짓 복음에 대해서 바울은 단호하 게 거부할 것과 그리스도인의 진정한 자유를 누리며 성령의 열매를 맺을 것을 강조하고 있습니다. 5장 후반부에서 바울은 육체의 열매 와 성령의 열매를 계속하여 비교합니다. 중요한 것이 16~17절입니다.

내가 이르노니 너희는 성령을 따라 행하라 그리하면 육체의 욕심 을 이루지 아니하리라 육체의 소욕은 성령을 거스르고 성령은 육 체를 거스르나니 이 둘이 서로 대적함으로 너희가 원하는 것을 하 지 못하게 하려 함이니라.

본문이 강조하는 것은 영성과 육체성은 반비례해야 한다는 것입니다. 영성과 육체성은 반비례합니다. 진짜 하나님의 백성된 사람은 자기 욕망에 지배를 받거나 거짓의 지배받을 수 없습니다. 자기의 이익을 위해서 사람들을 함부로 대할 수 없습니다. 그가 하나님의 통치를 받고 있기 때문입니다. 우리가 한 사람이 드러내는 삶을 통하여 그가 성령의 사람인지 아닌지를 판단할 수 있습니다. 종교 의식적인 행위를 가지고 판단해서는 안 됩니다. 그의 삶을 통해서 판단해야 합니다. 우리가 잘 알고 있는 성령의 열매도 마찬가지입니다. 22~23절을 보면 성령의 아홉 가지 열매가 나옵니다.

오직 성령의 열매는 사랑과 희락과 화평과 오래 참음과 자비와 양선과 충성과 온유와 절제니 이같은 것을 금지할 법이 없느니라.

여기에 나오는 성령의 열매의 특징이 무엇입니까? 모두가 인격적이고 관계적인 것입니다. 성령의 열매는 매일 새벽 기도 참석하고 하루 3시간씩 기도하고 5시간씩 성경 읽고 만나는 사람들에게 전도하는 것이 아닙니다. 우리는 종교의식에 몰두하는 사람을 성령 충만한 사람이라고 생각하기 쉽지만 우리가 흔히 생각하는 성령의 열매와 갈라디아서가 말하는 성령의 열매는 완전히 다릅니다. 성령의 열매라고 하는 것은 결국 어디에서 드러나야 합니까? 관계 안에서 드러나야 합니다. 성령의 열매는 하나같이 상대방을 유익하게 하는 인격적인 행동들입니다. 따라서 우리가 정말 성령의 지배 가운데 존재하게 된다면 품성이 바뀔 수밖에 없습니다. 사람을 대하는 자세가 달라질 수밖에 없습니다. 예수 믿는 사람들이 많아진다고 해서 대한민국 경제가 좋아지지는 않습니다. 예수 믿는 사람들이 많아지는 것과

GDP가 올라가는 것은 아무런 상관관계가 없습니다. 그러나 진짜 예수 믿는 사람들이 많아지게 되면 국내 총 정직량이 높아져야 합니다. 국내 총 사랑량이 높아져야 합니다. 국내 총 진실량이 높아져야 하고 국내 총 거룩량이 높아져야 합니다. 그런데 오늘날 가톨릭과 개신교를 합쳐서 1,500만 명이 예수를 믿고 있다고 하는데 이 1,500만 명 때문에 대한민국 사회가 좀 더 진실해졌습니까, 거룩해졌습니까? 안타깝지만 그렇지 못합니다. 부끄럽지만 이것이 우리의 현실입니다. 진짜 성령의 열매를 맺은 사람들이 많지 않습니다. 갈라디아서 5장이 말하는 참된 성령의 열매가 우리 안에서 풍성하게 열매 맺기를 소망합니다. 성령의 열매가 모두 관계 안에서의 인격적인 모습으로 드러나야 함을 기억하시면 좋겠습니다.

6장 7절을 보겠습니다.

스스로 속이지 말라 하나님은 업신여김을 받지 아니하시나니 사람이 무엇으로 심든지 그대로 거두리라.

스스로 속이지 말라는 말은 착각하지 말라는 의미입니다. 무엇을 착각하지 말라는 것일까요? "하나님은 업신여김을 받지 아니하시나니 사람이 무엇으로 심든지 그대로 거두리라"는 것입니다. 그리고 곧 이어 나오는 말씀이 8절입니다.

자기의 육체를 위하여 심는 자는 육체로부터 썩어질 것을 거두고 성령을 위하여 심는 자는 성령으로부터 영생을 거두리라.

바울은 계속해서 정욕이 지배하는 육체성과 성령이 지배하는 영성을 비교하고 있습니다. 바울이 여기서 스스로 속이지 말라는 말, 착각하지 말라는 말은 무슨 의미일까요? 지금 누군가가 살아내고 있는 삶을 보게 되면 그 사람이 하나님의 통치 아래에 있는지 아닌지를 우리가 알 수 있다는 것입니다. 만약 알지 못한다면 너무 분별력이 없는 것입니다.

제가 얼마 전 방문한 교회에서 이런 이야기를 들었습니다. 그 교회 담임 목사님 승용차를 제네시스로 바꾸었다고 합니다. 당회에서 결정을 한 것입니다. 청년들이 담임 목사님을 찾아 가서 이렇게 말했다고 합니다. "목사님, 지금 청년들 중에는 하루하루를 힘겹게 살아가는 청년들이 많이 있습니다. 그 청년들이 알바를 몇 개씩 하면서 얼마 안 되는 수입에서 십일조도 하고 헌금도 하고 있습니다. 그런데 이런 상황에서 목사님께서 제네시스로 차량을 바꾸는 것을 당회에서 결정했다고 하는데 이것은 너무 덕스럽지 않은 것 같습니다." 청년들이 이렇게 말하자 담임 목사님께서 자기도 같은 마음인데 당회에서 장로님들이 결정해서 자기도 거부하는 것이 쉽지 않다고 핑계를 대셨다고 합니다. 목사님은 그 교회에서 10년을 목회하셨고 내년에 3개월 정도 안식월을 가지신다고 합니다. 그런데 목사님께서 장로님들께 안식월을 가질 때 사용할 수 있도록 3천만 원을 지원해 달라고 요청하셨다고 합니다. 청년들이 이런 이야기를 하면서 저에게 여기에 대해서 어떻게 생각하느냐고 질문했습니다. 저는 담임 목사님의 그러한 모습은 삯꾼들의 전형적인 모습이라고 했습니다.

저는 제 나름대로 목사들을 판단하는 하나의 잣대가 있습니다. 목회를 하면서 지나치게 많은 연봉을 받는 목사들, 고급 승용차를 타고 다니면서 기사를 고용하는 목사들, 비서를 두고 있는 목사들을 목사라고 생각하지 않습니다. 부목사들 위에 군림하면서 부목사들을 하대하는 목사들도 목사라고 생각하지 않습니다. 사실 목사의 일이 하나님의 일이라면 목사 생활을 10년, 20년, 30년 하면 할수록 더 자기를 낮춰야 하는 것 아닙니까? 세상의 모든 욕심으로부터 점점 자유해야 하는 것 아닙니까? 그것이 진짜 목사의 모습이라고 생각합니다. 목사들이 설교 시간에는 예수님이 제자들의 발을 씻기시고 자기를 낮추신 이야기를 하면서 부목사들에게 자기를 낮추지 아니하고 부목사에게 함부로 한다는 것은 있을 수 없는 이야기입니다. 목사가 아니고 종교 사업가들이기 때문에 그렇게 할 수 있는 것입니다. 그 사람이 살아내고 있는 삶을 보면 그가 진정 성령의 지배 가운데 있는지 아니면 자기의 욕심과 욕망 가운데 있는지를 분별할 수 있습니다. 그것을 6장 7절과 8절이 잘 말해주고 있습니다.

마지막으로 바울은 17절에서 이렇게 말합니다.

이 후로는 누구든지 나를 괴롭게 하지 말라 내가 내 몸에 예수의 흔적을 지니고 있노라.

우리가 바울의 삶을 생각할 때 바울의 이 말은 정말 눈물 나는 표현입니다. 바울은 제발 이후로는 자기를 괴롭게 하지 말라고 부탁합니다. 그 이유가 무엇입니까? "내가 내 몸에 예수의 흔적을 지니고 있기" 때문입니다. 여기서 흔적이라는 말은 헬라어로 '스티그마'입니다. 당시 스티그마는 노예들에게 찍었던 낙인을 말합니다. 정육점에 가보면 고기에 낙인 같은 것이 찍혀 있지 않습니까? 옛날에는 노예들의 몸에 그런 낙인을 찍었습니다. 이것을 스티그마라고 합니다. 바울은 자기에게 예수의 소유라고 하는 낙인이 찍혀 있다고 말합니다. 바울 자신이 예수의 종임을 인정하는 것입니다. 바울은 예수의 종이기에 자기의 뜻대로 살 수 없습니다. 주인 되신 그분이 원하시는 바를 살아낼 수밖에 없는 것입니다. 지금까지도 그렇게 살았고 앞으로의 삶도 바울은 그렇게 살아갈 것입니다. 많은 사람들이 바울의 사도성을 인정하지 않고 바울의 말보다 다른 사람들의 말에 더 큰 권위를 부여하고 있는 상황 속에서도 바울은 자기 의지와 자기 욕망대로 살지 않았습니다. 그가 그렇게 할 수 있었던 것은 예수의 사람이었기 때문입니다. 이것을 바울은 자기에게 예수의 흔적이 있다고 말합니다. 오늘 우리도 예수의 흔적이 있는 자로서의 삶을 신실하게 살아가야 하겠습니다.

에베소서

에베소서는 교회란 무엇인가에 대한 신학적인 논의를 담고 있는 교회론의 교과서라고 할 수 있습니다. 교회가 무엇인가를 알기 위해서는 에베소서를 자세히 읽어야 합니다. 오랜 세월 동안 교회 생활을 하시다 보면 자신들이 경험했던 교회의 모습을 참된 교회라고 생각하기 쉽습니다. 그러나 내가 경험한 교회 이전에 성경이 말하고 있는 교회의 모습이 어떠한가를 알아야 합니다. 그래서 내가 속한 교회가 과연 교회의 본질을 지켜내고 있는가를 질문해야 합니다. 신앙인들은 그리스도의 핏 값으로 하나님께서 이 땅에 교회를 세우셨다는 고백을 많이 합니다. 그렇다면 그리스도의 핏 값으로 하나님께서 이 땅에 교회를 세우실 때 하나님이 기대하셨던 교회의 모습은 무엇이었을까요? 그 교회의 모습을 오늘날 한국 교회는 현실로 만들어내고 있다고 생각하십니까? 일주일에 몇 시간을 함께 모여서 예배드리고 식사하고 차 마시고 교제하는 그 정도의 관계를 기대하면서 하나님께서 이 땅에 교회를 세우신 것일까요? 이런 문제와 관련하여 우리들이 진지한 반성과 성찰을 해야 한다고 봅니다.

에베소서는 교회는 적대적인 존재들인 유대인들과 이방인들이 예수 그리스도 안에서 극적인 화해를 맛보는 공동체임을 강조합니다. 왜냐하면 교회는 세상과 전혀 다른 또 하나의 세상이기 때문에 그렇습니다. 세상에서는 유대인과 이방인이 도저히 만날 수 없습니다. 남자와 여자가 하나 될 수 없습니다. 그런데 세상의 모든 담들이 허물어진 곳이 교회입니다. 그래서 교회를 다르게 말하면 교회는 또 하나의 다른 세상입니다. 그런 의미에서 우리가 교회와 관련하여 고민할 때 반드시 물어야 할 질문이 있습니다. 오늘날 교회 안에 세상의 주류 문화나 주류 가치와 전혀 다른 새로운 가치와 새로운 문화들이 창조되고 있는가, 그런 것들을 살아내고 있는지를 질문해야 하는 것입니다. 예를 들면 교회 안에서도 출신 지역이나 출신 학교별로 그룹이 형성되거나 남성과 여성의 구별, 장애인과 비장애인의 구별, 젊은 사람들과 나이 드신 어르신들의 구별 등의 모습이 있다면 그것은 세상의 연장이지 교회라고 할 수는 없는 것입니다. 그런 의미에서 회피하고 싶지만 우리가 꼭 해야 할 본질적인 질문이 있습니다. 과연 우리에게 진짜 교회가 있는가 하는 것입니다.

교회는 이 세상 사람들을 적대적으로 갈라지게 만드는 어둠의 세력들과 거룩한 전투를 치러야 하는 전투적 공동체입니다. 이것이 에베소서 6장 11절부터 17절에 잘 나타나 있습니다. 교회는 전투적 공동체입니다. 우리가 교회의 사명을 생각할 때 구제나 봉사활동을 주로 생각하기 쉽습니다. 그러나 교회의 사명은 그 이상입니다. 교회는 이 땅을 지배하고 있는 온갖 죄악들과 치열하게 싸워야 하는 전투적 공동체입니다. 이 싸움을 어디서부터 해야 합니까? 교회 안에서부터 해야 합니다. 교회 안에는 무엇이 있으면 안 됩니까? 거짓이 있으면 안 됩니다. 불의가 있으면 안 됩니다. 세속적인 욕망이 지배하면 안 됩니다. 자기밖에 모르는 이기심이 교회에서 왕 노릇하면 안 됩니다. 교회 안에서 이런 것들이 발붙일 수 없도록 교회는 이런 죄 된 것들과 치열하게 싸워야 합니다. 그런데 안타깝게도 교회 안에 존재하는 윤리적 일탈과 탈선에 대해서 우리는 문제가 해결되는 것을 목격한 경우가 거의 없습니다. 에베소서 6장에 나와 있는 전투적 공동체의 모습이 너무나 무력한 상황에 직면하게 되는 경우들이 많습니다. 저는 우리가 하나님 앞에서 양심이 있고 하나님의 심판이 있다는 것을 진정으로 믿는다면 교회에서 지도자들의 범죄에 대해서는 원스트라이크 아웃으로 처리해야 한다고 생각합니다. 목사들이 어떤 성적인 일탈이나 재정적인 횡령, 논문 표절과 같은 범죄를 저지를 때 원스트라이크 아웃과 같은 단호한 태도를 취해야 한다고 봅니다. 단호한 태도를 취해야 할 때 은혜를 강조하면서 유야무야 넘어가는 태도를 이제는 청산해야 합니다. 세상에 만연한 죄악들이 교회 안에서도 강력하게 힘을 발휘하고 있는 지금의 모습들은 하루빨리 교회 안에서 극복되어야 합니다.

에베소서는 옥중 서신입니다. 바울이 감옥에 갇혀 있을 때 기술한 편지입니다. 옥중 서신은 에베소서, 빌립보서, 골로새서, 빌레몬서 이렇게 네 권입니다. 디모데전후서도 옥중에서 쓴 편지이기는 하지만 목회 서신으로 분류합니다. 앞에서 말씀드린 것처럼 에베소서는 교회론의 교과서라고 할 수 있습니다. 그렇다면 바울이 교회를 어떻게 정의하고 있습니까? 1장 23절입니다.

교회는 그의 몸이니 만물 안에서 만물을 충만하게 하시는 이의 충
만함이니라.

교회는 예수의 몸입니다. 대한민국에 있는 모든 교회는 예수 그리
스도의 몸입니다. 이 말이 무슨 의미일까요? 예수님께서 오늘날 대
한민국 사회에 계시다면 예수님이 대한민국 사회를 향해서 선포해야
될 말씀을 누가 대신 선포해야 하는 것입니까? 교회가 선포해야 합
니다. 예수님이 오늘날 대한민국 사회에 계시다면 예수께서 행하실
일들을 누가 예수를 대신하여 행해야 하는 것입니까? 교회가 행해야
합니다. 이것이 바로 교회가 그리스도의 몸이라는 말의 의미입니다.
즉 교회가 그리스도의 몸이라는 말은 오늘날 교회가 그리스도의 사
역을 계승해야 한다는 말입니다. 오늘 이 땅에 주님이 계시다면 주님
이 행하실 일과 주님이 선포하실 말씀들을 교회가 행하고 선포해야
합니다. 이것이 교회에게 맡겨진 중요한 사명입니다. 그렇다면 과연
오늘날 교회는 이 사명을 제대로 감당하고 있습니까? 안타깝지만 그
렇지 못합니다. 23절에 '충만'이라는 단어가 여러 번 나옵니다. 충만
이라는 말은 만물을 온전케 한다는 말입니다. 창조의 본래 모습을 회
복시켜준다는 의미입니다. 그리스도의 사역은 창조의 본 모습을 회
복시켜주는 사역입니다. 그것을 오늘날에는 교회가 계승하여 행해야
하는 것입니다.

2장 14절을 보겠습니다.

그는 우리의 화평이신지라 둘로 하나를 만드사 원수 된 것 곧 중간

　　세상이 사람들을 지배하고 통제하는 방법 가운데 하나는 담을 쌓는 것입니다. 담이라고 하는 것은 이스라엘에 있는 분리 장벽만 있는 것이 아닙니다. 미국도 멕시코 사람들이 들어오지 못하도록 엄청난 담을 쌓고 있습니다. 우리가 더욱 주목해야 하는 것은 사회 안에는 유형무형의 다양한 담들이 존재한다는 것입니다. 세상은 담들을 쌓아서 끼리끼리 모이게 만듭니다. 담 이쪽에 있는 사람들과 담 저쪽에 있는 사람들을 갈라서게 만듭니다. 이것이 세상이 사람들을 지배하고 통제하는 방식 가운데 하나입니다. 그런데 바울은 에베소서 2장 14절에서 예수님을 이 세상이 만들어 놓은 담을 허무신 분이라고 말하고 있습니다. 예수님께서 담을 허무심을 통하여 담 이쪽에 있는 사람들과 담 저쪽에 있는 사람들이 만날 수 있게 되었습니다. 이런 일이 실제로 어디에서 일어났습니까? 예수 제자 공동체에서 일어났습니다. 예수 제자 공동체는 예수가 아니었다면 도저히 함께할 수 없는 사람들이 하나 됨을 누린 곳입니다. 대표적인 인물이 누구입니까? 세리 마태와 젤롯당 출신의 시몬입니다. 젤롯당은 로마의 압제로부터 이스라엘을 해방시키기 위하여 독립 운동을 하던 사람들입니다. 젤롯당이 했던 일 가운데 하나가 매국노를 암살하는 일입니다. 그 매국노 암살의 영순위가 누구입니까? 로마에 빌붙어서 동족 유대인들의 고혈을 짜내던 세리들입니다. 즉 젤롯당 출신의 시몬과 세리 마태가 예수와 상관없이 사회에서 만나게 된다면 쫓고 쫓기는 관계가 되는 것입니다. 시몬은 마태를 죽이고자 쫓아갔을 것이고 마태는 죽지 않기 위해서 도망쳤을 것입니다. 복음서에 보면 세리는 항상 군병과 함께 다녔습니다. 세리는 절대 혼자 다니지 않습니다. 세례 요한에게 세례 받으러 올 때도 세리는 군병과 함께 옵니다. 왜 세리는 항상 군병을 데리고 다녔을까요? 세리에게 군병은 보디가드인 것입니다. 동족의 고혈을 짜내는 세리에 대한 유대인들의 분노와 적개심이 하늘을 찔렀기 때문에 세리가 홀로 길을 다니게 되면 맞아 죽을지도 모릅니다. 세리는 자기를 지켜줄 수 있는 존재가 필요했습니다. 그래서 세리는 항상 군병과 함께 다녔습니다.

그런데 예수 제자 공동체에는 세리 출신인 마태와 젤롯당 출신인 시몬이 만나게 되었습니다. 예수가 아니었다면 도저히 함께할 수 없는 사람들이 예수 안에서 하나 됨을 누린 것입니다. 이것이 예수 제자 공동체의 중요한 특징입니다. 오늘날 예수 제자 공동체인 교회가 그러해야 합니다. 출신 지역, 출신 학교, 경제적인 부유함과 가난함의 차이, 신체적인 장애의 유무 등을 교회는 뛰어넘어야 합니다. 세상에서는 도저히 함께할 수 없는 사람들이 교회 안에서만이라도 하나 됨을 누릴 수 있어야 합니다. 그러나 오늘날 교회 안에서도 세상의 담들이 여전히 존재합니다. 다양한 이유로 사람들이 분리되어 있습니다. 이 왜곡된 현실을 방치하거나 묵인해서는 안 됩니다. 교회는 세상이 만든 온갖 담들을 허물어내는 평화를 일구는 자들의 공동체가 되어야 합니다. 2장 14절에 보면 "그는 우리의 화평이신지라"는 표현이 나옵니다. 신약 성경에는 예수에게 사용된 다양한 표현들이 등장합니다. 예를 들면 하나님의 아들 구원자, 주님, 그는 우리의 평화 등입니다. 이것은 초대 교인들이 예수에게 고백했던 신앙적인 수식어들입니다. 우리가 주목해야 할 것은 예수에게 사용되어진 이런 표현들은 당시 로마 황제가 독점하던 것들이라는 사실입니다. 당시 로마 제국에서는 황제를 신의 아들, 구원자, 우리의 주인, 세상의 평화를 만드시는 분 등으로 수식했습니다. 그런데 초대 교회는 로마 제국 안에서 황제를 수식했던 그 모든 표현들을 예수 그리스도에게 돌린 것입니다. 황제가 아닌 예수가 진짜 그분이라는 고백을 담은 것입니다. 진짜 세상에 평화를 만드시는 분은 황제가 아니라 예수라는 것입니다. 우리의 참된 구원자는 황제가 아니라 예수라는 것입니다. 이 얼마나 담대한 고백입니까? 신약 성경에서 예수에게 고백되어진 신앙의 표현들은 당시 로마 제국이 황제에게 사용했던 표현들입니다. 그러나 초대 교회는 황제에게 그러한 표현을 사용하는 것은 옳지 않다고 폭로한 것입니다. 이 모든 표현이 타당하신 분은 예수 그리스도임을 강조한 것입니다. 따라서 이러한 신앙 고백 자체가 당시 시대에 대한 저항을 담고 있는 것입니다. 누가 진짜 구원자냐 하는 문제에 대해 로마 황제가 아니라 예수 그리스도이심을 강조한 것입니다. 누가 진짜 이 땅에 평화를 가져오시는 분이냐는 질문에 로마 황제가 아니라 예수라고 교회가 선포한 것입니다.

2장 21절을 보겠습니다.

그의 안에서 건물마다 서로 연결하여 주 안에서 성전이 되어 가고.

이 말씀의 핵심은 공동체의 몸이 성전이라는 것입니다. 주목해야 할 것은 완료형이 아니라 되어간다는 것입니다. 신앙인과 신앙인의 만남을 통해서 교회는 그리스도의 몸이 되어가는 것이고 성전으로 지어져 가는 것입니다. 이 과정에서 교회가 부실 공사가 되지 않도록 조심해야 합니다. 지체들과 튼튼한 하나 됨의 관계를 세워나가야 하는 것입니다. 그렇지 못하고 물과 기름처럼 지내게 된다면 성전이 튼튼하게 지어질 수 있겠습니까? 세속의 가치가 작동하여 어떤 지체와는 만남을 갖지 않는다고 생각해 보십시오. 심한 경우에 서로를 원수처럼 대한다고 생각해 보십시오. 이런 상황에서 튼튼한 성전을 건축할 수 있겠습니까? 부실 공사가 될 수밖에 없을 것입니다. 오늘날 교회의 건강함을 무엇보다 중요하게 생각합니다. 교회의 건강함은 외형적인 것을 통해 세워나갈 수 있는 것이 아닙니다. 교회 공동체 안에서 만나고 있는 지체들이 얼마나 서로를 사랑하고 신뢰하고 있는가에 달려 있습니다. 그렇지 않으면 부실 공사가 될 수밖에 없습니다.

바울은 에베소 교회를 향해 4장 3절에서 이렇게 권면합니다.

평안의 매는 줄로 성령이 하나 되게 하신 것을 힘써 지키라.

하나 되게 하신 것을 힘써 지키는 것이 중요합니다. 교인들의 숫자가 많아지게 되면 하나 됨을 지켜내는 것이 결코 쉽지 않습니다. 저는 한국 교회가 교회론의 본질을 중요시했다면 어떻게 수천 명이 모이는 교회가 나올 수 있었을까를 생각하게 됩니다. 옆자리에 앉아서 예배드리는 사람이 누군지도 모르는 현실에서 내가 그 사람과 그리스도 안에서 한 가족이라고 말하는 것 자체가 사실은 부끄러운 이야기입니다. 고백의 언어로서가 아니라 실제적으로 한 가족 됨을 온전히 누릴 수 있는 아름답고 건강한 공동체를 세우는 일에 우리 모두 집중해야 하겠습니다.

4장 24절을 보겠습니다.

하나님을 따라 의와 진리의 거룩함으로 지으심을 받은 새 사람을 입으라.

여기서 "새 사람을 입으라"는 말은 새 사람의 삶을 살아내라는 뜻입니다. 하나님의 백성이 된 우리는 더 이상 이전의 삶을 지속할 수 없습니다. 우리는 인생의 주인을 바꾸었고 새로운 질서 안에 거하게 되었습니다. 이제 우리는 새 사람의 삶을 살아가야 합니다. 4장 25절부터 5장 14절까지는 새 사람의 삶이 무엇인가를 설명하고 있습니다.

4장 15절을 보면 신앙 성장의 목표가 나옵니다.

오직 사랑 안에서 참된 것을 하여 범사에 그에게까지 자랄지라 그는 머리니 곧 그리스도라.

신앙 성장의 목표는 예수 닮음입니다. 우리가 구원받았다는 사실을 신앙의 궁극적인 목표로 이해해서는 안 됩니다. 우리가 세례를 받고 하나님의 백성이 됨은 신앙의 출발입니다. 신앙의 궁극적 목표는 예수를 닮아야 하는 것입니다. 하나님이 우리를 부르시는 순간까지 끊임없이 예수를 닮기 위해서 노력해야 합니다. 안타깝게도 한국 교회는 이것을 강조하지 않습니다. 한국 교회는 구원받음 자체를 목표 인 듯 강조합니다. 그래서 신앙인들도 구원받을 수 있는가, 없는가 하는 문제를 가지고 고민합니다. 그러나 구원 받음은 시작인 것입니다. 하나님의 백성이 되어 하나님의 통치 안에 거하는 것이 구원받음의 시작입니다. 중요한 것은 우리가 하나님의 백성이 되었다면 끊임없이 성장해야 한다는 것입니다. 어디까지 성장해야 합니까? 우리의 성장의 최종적인 목표는 예수 닮음입니다. 예수 닮음의 모습이 무엇입니까? 새 사람의 삶을 살아내는 것입니다. 그렇다면 어떻게 해야 새 사람의 삶을 힘 있게 살아낼 수 있을까요? 새 사람의 삶을 살아내려면 4장 23절이 중요합니다.

오직 너희의 심령이 새롭게 되어.

여기 심령이 새롭게 된다는 말은 회개한다는 말입니다. 성경이 말하는 회개는 헬라어로 '메타노이아'입니다. '메타'는 바꾼다는 것이고, '노이아'는 인식, 관점이라는 뜻입니다. 회개는 인식과 관점을 바꾸는 것입니다. 세상이 우리에게 심어준 세계관과 가치관을 하나님의 말씀으로 바꿔내는 것을 회개라고 합니다. 노예제가 지배하던 사회에서는 주인들은 노예를 '인간의 말만 하는 짐승', '일만 하는 기계'라고 규정했습니다. 그래야만 노예들을 부려먹는 것에 대해 미안한 마음이 생기지 않을 수 있습니다. 여러분들이 만약 흑인들을 노예로 부려먹는 백인 가정의 자녀로 태어났다고 생각해 보십시오. 교회에 가면 백인 목사님에게 교육을 받고 학교에 가면 백인 선생님에게 교육을 받고 집에서는 백인 부모님에게 교육을 받습니다. 그분들은 하나같이 흑인들을 뭐라고 규정합니까? 흑인들은 인간의 말만 하는 짐승이고 우리 백인들을 위해서 하나님이 주신 선물이라고 말합니다. 흑인에 대한 왜곡된 인식이 심어지는 것입니다. 그러나 여러분이 성경을 제대로 읽게 된다면 성경에서 무엇을 발견할 수 있습니까? 백인이나 흑인이나 모두 하나님의 형상대로 지음 받은 존귀한 존재임을 깨닫게 됩니다. 지금까지는 흑인을 인간의 말을 하는 짐승이라고 생각했는데 흑인도 하나님의 형상대로 지음 받은 존귀한 존재라고 생각이 바뀌게 되는 것입니다. 이것을 회개라고 합니다. 이렇게 인식이 바뀌게 되면 흑인을 대하는 태도가 달라질 수밖에 없습니다. 이처럼 인식의 전환에서 출발하여 삶의 변화까지를 총칭하는 말이 회개입니다. 삶이 변화되려면 인식이 먼저 바뀌어야 합니다. 이것을 성경은 '심령이 새롭게 되어'라고 말합니다. 로마서 12장 2절에 보면 "마음을 새롭게 함으로 변화를 받아"라는 말씀이 나옵니다. 의미가 동일한 것입니다. 신앙의 여정에서 꼭 필요한 것이 회개입니다. 세상이 우리에게 심어준 세계관과 가치관을 하나님의 말씀으로 변화시켜 내야 하는 것입니다.

5장 5~6절을 보겠습니다.

너희도 정녕 이것을 알거니와 음행하는 자나 더러운 자나 탐하는 자 곧 우상 숭배자는 다 그리스도와 하나님의 나라에서 기업을 얻지 못하리니 누구든지 헛된 말로 너희를 속이지 못하게 하라 이로 말미암아 하나님의 진노가 불순종의 아들들에게 임하나니.

오늘날 한국 교회는 5장 5~6절의 말씀을 가르치지 않습니다. 교회 안에도 음행하는 자들이 많이 있습니다. 욕망의 지배를 받으며 탐하는 자들이 많이 있습니다. 하나님과 맘몬, 하나님과 욕망, 하나님과 권력을 겸하여 섬기는 우상 숭배자들이 많이 있습니다. 성경은 이에 대해 분명하게 말씀하고 있습니다. 하나님의 나라에서 기업을 얻지 못한다고요. 그런데 한국 교회에서 이런 메시지가 선포되고 있습니까? 그렇지 못합니다. 이미 서비스업으로 전락해버린 목회 현실에서 목회자들은 하나님의 말씀을 가감하여 선포하는 일들이 목회 현장에서 비일비재하게 일어나고 있습니다. 6절에는 "누구든지 헛된 말로 너희를 속이지 못하게 하라"고 말합니다. 여기서 말하는 '헛된 말'은 무엇을 가리키는 것일까요? 음행을 행하는 자에게 '그래도 당신은 구원받을 수 있습니다' 같은 말을 바울은 헛된 말이라고 하는 것입니다. 진짜 하나님을 믿고 하나님의 백성 된 사람은 그렇게 살아갈 수 없습니다. 설령 한 번 실수를 했다고 하더라도 바로 회개하고 돌이켜야 합니다. 그런데 음행을 행하고 욕망의 지배를 받으면서도 사람들은 자신만만해 합니다. 자기가 신앙 생활한지 몇 년인지를 자랑하고 세례를 받고 교회에서 이런 저런 직분과 사역을 감당해왔다고 주장하면서 자기 구원에 대해서 자신만만해 합니다. 이런 모습에 대해 바울은 단호하게 반대하면서 그 모든 것을 '헛된 말'이라고 규정합니다. 한 사람이 살아내고 있는 삶의 모습을 통해 우리는 그 사람이 하나님의 통치 안에 있는지를 분별할 수 있습니다. 그런데 교회를 다니면서도 하나님의 통치 안에 거하기를 원하지 않는 사람들이 있습니다. 구원이 무엇입니까? 하나님의 통치 안에 거하는 것이 구원 받음입니다. 그런 의미에서 음행하는 자나 더러운 일을 행하는 자는 하나님의 통치 바깥에 있음을 증명하는 것입니다. 자기 스스로 하나님의 통치 안에 거하기를 거부하는 사람이 최종적인 구원을 받는다는 것은 상상도 할 수 없는 일입니다.

몇 년 전 성경 공부를 함께하던 권사님께서 저에게 이런 질문을 하셨습니다. 권사님께서 일주일 내내 성경 보고 싶은 마음이 생기거나 하나님께 순종하고픈 마음이 생기지 않는다고 하셨습니다. 그러면서 자기가 왜 그런지 모르겠다며 그 이유를 알고 싶다고 질문하셨습니다. 제가 분명하게 말씀드렸습니다. "권사님께서 하나님의 통치 바깥에 있는 것을 보니 아직까지 구원을 받지 못했기 때문입니다." 제 말에 권사님은 깜짝 놀라셨습니다. 권사님은 신앙생활 하신지 몇 십 년이고 지금 교회에서도 중요한 역할을 도맡아 왔는데 본인이 하나님의 통치 바깥에 있다고 하니까 깜짝 놀라신 것입니다. 교회를 다닌다고 구원받는 것이 아닙니다. 진짜 예수를 믿고 예수를 자기 인생의 주인으로 삼아야 합니다. 진짜 예수를 믿게 되면 하나님의 백성이 되고자 하는 갈망, 하나님의 뜻대로 살고자 하는 간절함이 생기게 됩니다. 하나님의 뜻대로 살고자 하는 간절함 속에서 하나님의 뜻을 알고자 하는 열심이 나오는 것 아니겠습니까? 그런데 일주일 내내 말씀도 보고 싶지 않고 하나님께 순종하고 싶은 마음도 생기지 않는다면 아직 구원을 받지 못했기 때문에 그런 것입니다. 그 증거가 무엇입니까? 하나님의 통치 바깥에 있다는 것입니다.

사실 우리가 누군가에 대해 그 사람이 구원을 받았는지 받지 않았는지를 판단할 수 없습니다. 구원의 여부에 대해서는 그 누구도 판단할 수 없습니다. 구원의 여부는 오직 하나님의 주권 가운데 있는 것입니다. 제가 구원받을지에 대해서도 여러분은 알 수 없습니다. 이처럼 우리가 다른 사람의 구원 여부에 대해서 함부로 이야기할 수 없습니다. 다만 저는 구원 여부에 대해서 자가진단은 할 수 있다고 봅니다. 자가진단을 어떻게 할 수 있습니까? 오늘도 내가 하나님의 백성으로 살아가고자 하는 마음이 있다면, 하나님을 더욱 사랑하고 싶은 마음이 있다면, 하나님의 통치 안에 거하고자 하는 마음이 있다면, 그는 하나님의 구원 안에 있다고 봐야 합니다. 그런데 일상을 살아가면서 하나님에 대한 생각이 전혀 들지 않고 하나님의 뜻보다는 내 뜻대로 살기를 더 원한다면 그는 분명 하나님의 통치 바깥에 있다고 봐야 합니다. 아직 구원을 받지 못해서 하나님의 통치 바깥에 있거나 하나님은 구원해주셨지만 스스로 그 구원을 거부하고 있다고 말할 수 있습니다. 이 문제에 대해 바울은 단호하게 하나님의 통치 바깥에 있는 자들은 하나님의 구원을 받지 못할 것이라고 말합니다.

5장 8절과 9절을 보겠습니다.

너희가 전에는 어둠이더니 이제는 주 안에서 빛이라 빛의 자녀들처럼 행하라 빛의 열매는 모든 착함과 의로움과 진실함에 있느니라.

이제 우리는 빛의 자녀들처럼 행해야 할 책임이 있습니다. 빛의 자녀들처럼 살아가는 삶의 모습이 5장 21절에 나옵니다.

그리스도를 경외함으로 피차 복종하라.

여기에 대해 구체적으로 5장 22절부터 6장 9절까지 아내와 남편, 자녀와 부모, 종과 상전의 관계에서 어떻게 행동해야 하는지가 나옵니다. 빛의 자녀들처럼 행동하는 대원칙은 그리스도를 경외함으로써 피차 복종하는 것입니다. 여기서 '피차 복종한다'는 것이 참으로 중요합니다. 사실 이것은 현대 사회를 살아가고 있는 우리들에게는 낯설지 않은 것입니다. 요즘은 여성 상위시대라고 할 만큼 남편과 아내의 관계에서도 아내가 발언권이 더 강한 경우들도 많습니다. 자녀와 부모의 관계에서도 자녀가 왕 노릇하는 경우들도 많습니다. 사용자와 노동자의 관계에서도 노동자들이 힘을 행사하는 경우들도 많습니다. 현대 사회에서 피차 복종한다는 것은 그리 낯설지 않은 당연한 모습으로 받아들여지고 있습니다. 그러나 바울이 에베소서를 쓰고 있던 1세기에는 절대 그렇지 않았습니다. 남편과 아내의 관계에서 남편만이 사람으로 인정받았고 아내는 남편의 소유물로 인식되던 시대였습니다. 자녀는 부모의 소유물로 인식되던 시대이고 종도 사람대접 받지 못하던 시대였습니다.

5장 21절에 그리스도를 경외함으로 피차 복종하라고 말하고 나서 5장 22절부터는 구체적인 관계 안에서의 행동 지침이 나옵니다. 남편과 아내의 관계에서 남편은 무엇을 해야 하고 아내는 무엇을 해야 하는지가 나옵니다. 우리가 여기에서 주목해야 할 것이 있습니다. 쌍방의 관계에서 약자였던 사람들은 지금까지 늘 해왔던 것들을 지속하면 된다는 것입니다. 예를 들면 남편과 아내의 관계에서 아내, 부모와 자녀의 관계에서 자녀, 주인과 종의 관계에서 종은 약자라 할 수 있는데 이 약자들은 지금까지 늘 해오던 그것을 지속하면 됩니다.

새롭게 요청되는 일이 없습니다. 그런데 상호 관계에서 강자들은 그렇지 않습니다. 지금까지 강자들은 그 관계 안에서 어떤 의무도 요청되지 않았습니다. 그런데 이제 신앙 안에서는 강자들에게 새로운 행동들이 요청되고 있습니다. 이것이 바로 핵심입니다. 오늘 우리에게 에베소서 5장 22절 이하의 행동 지침이 큰 감동 없이 다가오는 경우가 많습니다. 왜냐하면 현대 사회에서는 이 모든 것들이 당연하게 받아들여지고 있기 때문입니다. 그런데 1세기의 맥락에서는 그렇지 않습니다. 쌍방의 관계에서 강자가 있고 약자가 있다고 할 때 약자에게 요청되고 있는 내용들은 원래 약자가 지금까지 강자에게 해오던 것들입니다. 새로운 내용이 전혀 없습니다. 그런데 그동안 강자는 약자와의 관계에서 그 어떤 의무도 지지 않았습니다. 그런데 바울은 그리스도를 경외하는 마음으로 피차 복종하라고 하면서 강자에게 새로운 행동 양식을 요청하고 있는 것입니다. 약자들은 늘 해오던 모습 그대로를 행하면 되는 것이고 강자들은 지금까지와는 다른 삶의 양식을 요청받고 있음을 주목해야 합니다.

바울이 에베소 교회에 편지를 보냈을 때 에베소 교인들은 30명 정도 되었을 것입니다. 아무리 많아도 50명은 넘지 않았을 것으로 봅니다. 그렇다면 바울이 에베소 교회에 편지를 보냈을 때 그 편지를 직접 읽을 수 있는 사람은 많아야 2~3명 정도였을 것입니다. 그렇다면 바울의 편지를 읽을 수 있는 사람들은 어떤 사람들이었겠습니까? 남편이고 부모이고 주인인 사람들이었을 것입니다. 바울이 어느 지역 교회에 편지를 보내게 되면 그 교회 공동체 안에서 글을 읽을 수 있는 사람이 회중 앞에서 편지를 읽어주었을 것입니다. 그래야만 글을 모르는 사람들도 바울이 우리에게 어떤 내용의 편지를 보냈는지를 알 수 있습니다. 중요한 것은 바울이 에베소 교회에 편지를 보냈을 때 그 편지를 읽었던 사람들은 관계 안에서 강자였던 사람들입니다. 그런데 현재의 에베소서 안에는 강자에게 요청되는 새로운 실천의 내용이 그대로 남아 있습니다. 당시에 편지를 읽었던 사람들은 남편이고 부모이고 주인이었을 가능성이 높은데 그 사람들이 바울이 보낸 편지의 내용을 수정하지 않고 그대로 보존한 것입니다. 자기에게 부담스러운 내용을 그대로 받아 안은 것입니다. 저는 이것이야말로 그들이 성령의 지배 가운데 있었던 증거라고 생각합니다. 만약 이 사람들이 성령의 지배 가운데 있지 않고 세속의 질서와 가치를 여전히 신봉하는 사람들이었다면 자신에게 유리한 것은 읽고 자기에게 불리한 것은 얼마든지 생략했을 수도 있었을 것입니다. 그런데 "그리스도를 경외함으로써 피차 복종하라"는 말과 함께 그 아래에 관계 안에서의 세부적인 내용들이 그대로 남아 있다는 것은 관계 안에서 강자였던 사람들이 기꺼이 이것을 수용한 것입니다. 자기의 뜻대로 살아가지 않고 하나님의 뜻에 자기들을 굴복시켜낸 결과입니다. 이 얼마나 대단한 일입니까? 저는 그런 의미에서 초대 교회에도 여러 가지 한계와 문제점들이 있었겠지만 그럼에도 초대 교회가 성령 충만한 공동체였다고 생각합니다.

6장 11절을 보겠습니다.

마귀의 간계를 능히 대적하기 위하여 하나님의 전신 갑주를 입으라.

교회는 함께 모여 예배드리고 성도의 교제를 나누는 그 이상의 모임입니다. 교회는 전투적 공동체가 되어야 합니다. 왜 전투적 공동체가 되어야 할까요? 사탄은 이 땅에 교회가 건강하게 세워져 가는 것을 방관하거나 묵인하지 않습니다. 사탄은 뜻이 하늘에서 이루어진 것 같이 땅에서도 이루어지는 것을 가장 싫어합니다. 종교 개혁자 마틴 루터가 이런 말을 했습니다. "하나님의 말씀이 선포될 때 사탄의 활동도 시작된다." 이 말이 무슨 뜻인가요? 왜 하나님의 말씀이 선포될 때 사탄의 활동이 시작될까요? 사탄은 하나님의 말씀의 씨앗이 우리 존재 안에 심겨지는 것을 싫어합니다. 그래서 말씀의 씨앗이 우리 안에 심겨지지 못하도록 방해합니다. 사탄은 우리가 하나님께 불순종하고 죄악의 지배를 받을 때에는 우리를 그대로 내버려둡니다. 그런데 우리가 마음을 돌이키고 하나님께 돌아가려고 작정하거나 하나님의 백성으로 살아가고자 결단하면 사탄은 끊임없이 우리를 흔들어댑니다. 사탄은 신앙인이 신앙인다워지는 것, 하나님의 백성이 하나님 백성다워지는 것, 교회가 교회다워지는 것을 가장 싫어합니다. 그런 소망을 결단하고 실천하고자 할 때 사탄은 끊임없이 공격하거나 유혹함을 통해서 신앙인이 신앙인답지 않기를, 교회가 교회답지 않기를 바랍니다. 따라서 우리가 건강한 교회를 세워나가고자 한다면 무엇을 예상해야 하겠습니까? 사탄의 끊임없는 공격과 유혹이 있음을 각오해야 합니다. 우리를 공격하고 유혹하는 사탄과의 치열한 싸움을 이겨내지 못한다면 교회의 교회 됨, 목사의 목사 됨, 성도의 성도 됨은 불가능합니다. 그런 의미에서 이 치열한 전쟁에서 승리하기 위해서는 하나님의 전신 갑주를 입어야만 합니다.

마가복음 4장에 보면 씨 뿌리는 비유가 나옵니다. 말씀의 씨앗은 길가에도 뿌려지고 돌밭에도 뿌려지고 가시밭에도 뿌려지고 좋은 땅에도 뿌려집니다. 여기에 나오는 길가, 돌밭, 가시밭, 좋은 땅은 신앙의 열매를 맺는 네 단계라고 할 수 있습니다. 누구든지 처음부터 좋은 땅이 될 수는 없습니다. 누구든지 예외 없이 길가와 돌밭과 가시밭 단계를 통과해야만 합니다. 그런데 씨 뿌리는 비유에서 우리가 주목해야 할 것은 각 단계마다 사탄의 방해가 나온다는 것입니다. 길가에는 새, 돌밭에는 해, 가시밭에는 가시 기운 등이 있습니다. 이것은 사탄의 끊임없는 방해를 상징하는 것들입니다. 사탄은 결코 우리가 말씀의 열매를 맺는 것을 수수방관하지 않습니다. 반드시 훼방을 놓습니다. 우리를 공격하고 유혹하는 사탄과의 싸움에서 승리하지 못한다면 우리는 결코 말씀의 열매를 맺을 수 없습니다. 그렇다면 어떻게 해야 사탄과의 싸움에서 승리할 수 있을까요? 어둠의 세력이 무엇으로 신앙인들을 제압하고자 하는지를 분석하고 승리를 위한 전략과 전술을 세우고 싸움에 대비한 훈련을 잘 감당해야 합니다. 그럴 때만 사탄과의 영적 전쟁에서 승리할 수 있습니다. 사탄과의 영적 전쟁에서 우리가 사용할 수 있는 유일한 무기가 17절에 나옵니다.

구원의 투구와 성령의 검 곧 하나님의 말씀을 가지라.

6장에 나오는 하나님의 전신 갑주에서 대부분은 방어용 무기입니다. 유일하게 공격용 무기가 성령의 검, 즉 하나님의 말씀입니다. 이것이 유일한 공격용 무기입니다. 우리가 사탄과의 전쟁에서 승리하기 위해서는 수비만 해서는 안 됩니다. 하나님의 말씀으로 공격할 수 있어야 합니다. 왜 우리가 말씀으로 무장하는 것이 중요합니까? 말씀이 우리가 사용할 수 있는 유일한 공격용 무기이기 때문에 그렇습니다.

 갈라디아서 4장 10절에 나오는 '날과 달과 절기와 해를' 우리는 지금 지키고 있지 않습니다. 예수님을 통하여 이러한 의식들을 준수하는 것은 종결되었다고 이해합니다. 그런데 우리 신앙의 선조들인 청교도들이나 웨스트민스터 소요리문답 등을 보면 주일을 영적 안식일이라고 표현하기도 하고 어떤 분은 주일을 일요일만으로 해서는 안 되고 매일 매일이 주님의 날이라고 하면서 토요일을 토요 주일이라고 말하기도 합니다. 이에 대해서 목사님께서는 어떻게 생각하시는지 궁금합니다.

 그 부분은 제가 오랫동안 주장했던 내용입니다. 주일이라는 말은 주님의 날이라는 뜻입니다. 일반적으로 한국 교회에서 신앙이 좋으신 분들이 요일을 말할 때 월요일부터 토요일까지는 그냥 일반인들과 똑같은 용어를 사용하시지만 일요일은 주일이라는 표현을 사용하십니다. 그래서 많은 신앙인들은 자연스럽게 일요일을 주일이라고 말합니다. 그러나 일요일만 주님의 날인가요? 그렇지 않습니다. 월요일도 주님의 날이고 화요일도 주님의 날입니다. 그런 의미에서 저는 월요일을 월요 주일, 수요일을 수요 주일, 일요일을 일요 주일이라고 말하는 것이 옳다고 봅니다.

오늘날 대부분의 교회는 일요일에 교회 공동체 모임을 갖습니다. 그 이유는 일요일만이 주일이어서가 아니라 일요일이 공식적인 공휴

일이기 때문입니다. 만약 대한민국 사회가 어느 시점부터 수요일을 공식적인 공휴일로 정하자고 한다면 대부분의 교회는 수요일에 공예배를 드릴 것입니다. 왜냐하면 수요일도 주일이기 때문입니다. 우리가 일요일이라고 하는 그 요일 자체를 신성시하는 것은 옳지 않습니다. 지금은 교회 공동체에서 가장 많은 지체들이 함께할 수 있는 시간이 일요일이기 때문에 대부분의 한국 교회가 일요일에 공예배를 드리는 것입니다. 그런데 공동체 안에 있는 식구들 가운데 일요일에 예배를 드리는 것이 구조적으로 어려운 분들이 많이 계시다면 가장 많은 지체들이 함께할 수 있는 그 날에 공예배를 드리는 것이 전혀 문제되지 않습니다. 예를 들면 연극을 하시는 배우들이나 스텝들, 일요일에 일을 해야 하는 직종에 계신 분들 같은 경우에는 월요일이 휴일이라면 그날 주일 예배를 드릴 수도 있는 것입니다. 주5일 근무가 시작될 즈음 한 교회에서 금요일 저녁에 주일 1부 예배를 드린 적이 있었습니다. 그때 몇몇 목사님들이 총회에 금요일 저녁에 주일 1부 예배를 드릴 수 있는가에 대해서 질의를 했습니다. 신학자들이 1년 동안 연구했는데 금요일 저녁에도 주일 예배가 가능하다는 결론을 도출했습니다. 왜냐하면 모든 날이 주일이기 때문입니다.

빌립보서, 골로새서

빌립보서의 내용을 제대로 이해하기 위해서는 당시 빌립보라는 도시가 어떤 대우를 받고 있었는가를 기억해야 합니다. 당시 빌립보 시민들은 로마 시민이 누리는 자격을 동등하게 부여받았습니다. 사도행전 16장 12절을 보면 빌립보는 바울이 유럽 선교를 할 때 첫 성입니다. '마게도냐 지방의 첫 성이다'라는 표현이 나오는데 여기에서 '첫 성'이라고 하는 것은 두 가지 의미로 해석이 가능합니다. 지리적으로 첫 번째 성이라는 의미도 되고, 가장 거대한 성이라는 의미도 됩니다. 즉 빌립보는 유럽의 관문이라고도 할 수 있고, 마게도냐 지방에서 가장 거대한 성이라고도 할 수 있습니다.

옛날에는 역사적 위인들을 기념하기 위해서 도시를 세우는 경우들이 많았습니다. 예를 들면 가이사 황제를 위해서 가이사랴라는 도시를 세웠습니다. 빌립보도 마찬가지입니다. 여기 빌립보라고 하는 것은 알렉산더 대왕의 아버지 이름입니다. 알렉산더의 아버지가 필립이었는데 알렉산더는 자기 아버지를 기념하기 위해서 빌립보라는 도시를 건설했습니다. 이후에 로마는 퇴역 군인들을 빌립보로 많이 이주시켰습니다. 평생 로마를 위해서 싸웠던 퇴역 군인들을 빌립보로 이주시키면서 로마는 빌립보 시민들에게 로마 시민권을 부여했습니다. 평생을 로마를 위해 싸웠던 사람들에게 나름의 혜택을 제공해준 것입니다. 그래서 빌립보의 별명이 작은 로마입니다. 당시 빌립보 시민들은 로마 시민과 동등한 권리를 부여받았음을 기억하셔야 합니다. 그만큼 빌립보 시민들은 엄청난 자부심이 있었습니다. 어디에 가서 자신이 빌립보 시민이라고 말하게 되면 사람들은 빌립보 시민들을 무시할 수 없었습니다. 오늘날로 말하면 미국 시민권을 가지고 있는 것과 비슷합니다. 그것 자체가 하나의 권력이 되는 것입니다. 한국적 상황에서는 강남 출신이라고 말하는 것과 유사합니다. 빌립보 시민이라는 사실 하나만으로도 엄청난 자부심을 가지고 있었음을 기억하면 좋겠습니다.

그런 빌립보에 교회가 세워지게 되었고 바울은 빌립보 교인들에게 편지를 보냈습니다. 그것이 빌립보서입니다. 빌립보 시민들은 로마법에 의해 통치되는 로마 시민으로서의 자부심이 대단했습니다. 그러나 바울은 이 서신을 통해서 천국 시민으로서의 특권과 의무, 즉 하나님 나라의 시민답게 살아야 될 것을 강조합니다. 바울은 '하늘에 있는 시민권을 사모하라'고 말합니다. 이 말이 무슨 의미입니까? 빌립보의 시민이라는 자부심보다 하나님 나라의 백성이 되었다는 것을 더 기뻐하라는 것입니다. 작은 로마라고 불릴 정도로 엄청난 혜택을 받았던 빌립보 시민들에게 빌립보 시민으로서의 자부심보다 하나님 나라의 백성이 되었음을 더 기뻐하라고 촉구하고 있는 것입니다. 빌립보 시민 됨보다 하나님 나라의 백성이 되는 것이 더 가치 있고 고귀한 것임을 잊지 말라는 것입니다. 이것을 강조하는 것이 빌립보서입니다.

빌립보 교회는 유럽에서 첫 번째 교회로 바울의 면류관으로 불릴 만큼 바울 사역의 최고 열매였습니다. 당시 많은 교회들이 바울의 사도성을 인정하지 않았습니다. 그러나 끝까지 바울의 사도성을 인정하고 사역을 후원했던 두 교회가 있습니다. 그 교회가 어디입니까? 빌립보 교회와 데살로니가 교회입니다.

빌립보서 1장 5절을 보겠습니다.

너희가 첫날부터 이제까지 복음을 위한 일에 참여하고 있기 때문이라.

빌립보 교회는 첫날부터 지금까지 복음을 위한 일에 참여하고 있다고 말합니다. 이것이 무슨 말입니까? 바울의 선교 사역을 물질적으로 후원하고 있다는 말입니다. 4장 15절입니다.

빌립보 사람들아 너희도 알거니와 복음의 시초에 내가 마게도냐를 떠날 때에 주고 받는 내 일에 참여한 교회가 너희 외에 아무도 없었느니라.

마게도냐에 있는 도시 가운데 바울을 후원했던 교회는 빌립보 교회밖에 없었다는 말입니다. 4장 16절입니다.

데살로니가에 있을 때에도 너희가 한 번뿐 아니라 두 번이나 나의 쓸 것을 보내었도다.

이 말씀들을 통하여 우리는 빌립보 교회가 바울의 사역을 계속해서 후원했던 것을 알 수 있습니다. 재미있는 것이 4장 18절입니다.

내게는 모든 것이 있고 또 풍부한지라 에바브로디도 편에 너희가 준 것을 받으므로 내가 풍족하니 이는 받으실 만한 향기로운 제물이요 하나님을 기쁘시게 한 것이라.

에바브로디도가 빌립보 교회의 후원금을 가지고 바울에게 전달해 주었습니다. 그것을 잘 받았다고 지금 바울이 말하고 있는 것입니다. 그런 의미에서 빌립보서는 빌립보 교회가 바울에게 보낸 후원금을 잘 받았다는 영수증의 역할도 하고 있는 것입니다. 그것이 바로 18절의 내용입니다. 바울은 에바브로디도를 통해 전달된 빌립보 교회의 후원금을 잘 받았음에 대해 고마움을 표시하고 있는 것입니다. 빌립보서가 빌립보 교회의 후원금을 잘 받았다는 영수증의 역할을 하고 있음을 여기서 볼 수 있습니다. 그런데 이런 빌립보 교회에 문제가 있었습니다. 교인들 상호 간에 분열이 있었던 것입니다. 한번 생각해 보십시오. 어느 부모가 자녀들에게 '싸우지 말라'는 이야기를 계속한다면 자녀들이 어떤 상황인 것일까요? 형제들끼리 계속 싸우고 있었기 때문에 부모는 싸우지 말라는 이야기를 하는 것입니다. 요한서신을 보면 요한은 계속해서 '사랑하라'는 이야기를 합니다. 왜 요한이 편지를 보내면서 계속 사랑하라는 이야기를 했을까요? 지금 요한의 편지를 받는 교회 공동체에 사랑이 부재했기 때문입니다. 서로 갈등하고 시기하고 질투하는 등의 문제가 벌어졌기 때문에 요한은 그 교회에 편지를 보내면서 사랑하라는 말을 반복하여 할 수밖에 없었던 것입니다. 이와 마찬가지입니다. 빌립보서에서 '하나 됨'이라는 표현이 자주 등장합니다. 왜 바울은 빌립보 교회에 편지를 보내면서 '하나 됨'을 강조했을까요? 지금 빌립보 교회에 하나 됨이 깨져 있었기 때문입니다.

1장 27절을 보겠습니다.

오직 너희는 그리스도의 복음에 합당하게 생활하라 이는 내가 너희에게 가 보나 떠나 있으나 너희가 한마음으로 서서 한 뜻으로 복음의 신앙을 위하여 협력하는 것과.

여기 '한마음' '한 뜻'이라는 표현이 나옵니다. 2장 2절입니다.

마음을 같이하여 같은 사랑을 가지고 뜻을 합하여 한마음을 품어.

한마음을 품을 것을 권면합니다. 2장 14절입니다.

모든 일을 원망과 시비가 없이 하라.

이런 조언을 하는 이유는 지금 빌립보 교회에 갈등이 있었기 때문입니다. 하나 됨이 깨져 있기 때문에 바울은 하나 됨을 강조하고 있습니다. 이것을 분명하게 말하고 있는 것이 4장 2절입니다.

내가 유오디아를 권하고 순두게를 권하노니 주 안에서 같은 마음을 품으라.

여기 나오는 유오디아와 순두게는 빌립보 교회에 지도자격 인물들입니다. 그런데 빌립보 교회의 지도자격인 두 사람이 지금 갈등하고 있는 것입니다. 30명에서 50명 사이의 작은 가정 교회에서 지도자라고 할 수 있는 두 사람이 갈등하고 있으니 교회의 분위기가 어떻겠습니까? 이 문제를 해결하기 위해 바울은 유오디아와 순두게에게 '주 안에서 같은 마음을 품으라'고 권면하고 있습니다. 하나 됨을 강조하는 표현들을 통해서 우리는 당시 빌립보 교회가 갈등하고 있었다는 것을 알 수 있습니다. 그렇다면 교회 안에 존재하는 갈등을 해결하고 하나 됨을 누리기 위해서 바울은 구체적으로 어떤 조언을 하고 있습니까? 실제적인 바울의 조언이 2장에 나옵니다. 3절입니다.

아무 일에든지 다툼이나 허영으로 하지 말고 오직 겸손한 마음으로 각각 자기보다 남을 낮게 여기고.

바울이 지금 이런 조언을 하는 이유가 있습니다. 지금 빌립보 교회 안에 갈등이 있고 다툼이 있는데 그것이 발생하게 된 가장 중요한 이유는 각자 다른 사람 위에 군림하려고 하기 때문입니다. 자신이 다른 사람보다 낫다는 생각으로 인해 다른 사람이 자기에게 무조건 복종하기를 바라는 마음, 그 마음을 쌍방이 가지고 있다 보니까 교회 안에 갈등이 생기게 된 것입니다. 이 문제를 해결하기 위한 하나의 해답으로 바울은 예수님의 모범을 제시합니다. 그것이 바로 5절부터 7절 말씀입니다.

> 너희 안에 이 마음을 품으라 곧 그리스도 예수의 마음이니 그는 근본 하나님의 본체시나 하나님과 동등됨을 취할 것으로 여기지 아니하시고 오히려 자기를 비워 종의 형체를 가지사 사람들과 같이 되셨고.

6절에 나오는 하나님이 우리가 아는 성부 하나님입니다. 예수 그리스도는 성부 하나님과 동등한 존재입니다. 그런데 그 동등함을 당연한 것으로 여기지 아니하시고 오히려 자기를 비워 종의 형체를 가지사 사람들과 같이 되셨다는 것입니다. 바울은 갈등하고 있는 빌립보 교회를 향해서 문제를 해결하기 위한 하나의 모델로 예수님을 제시하고 있습니다. 예수님은 어떤 분이십니까? 성부 하나님과 동등한 존재였음에도 불구하고 그 동등함을 당연한 것으로 여기지 아니하시고 자신을 성부 하나님보다 낮은 존재로 비워내셨습니다. 이런 예수님의 모범을 제시함으로써 빌립보 교회가 예수를 본받기를 기대하고 있습니다. 빌립보 교회 안에 있는 갈등을 해결할 수 있는 유일한 길은 서로가 다른 사람 위에 군림하려고 하지 말고 예수님처럼 자기를 낮추는 것에 있습니다. 그럴 때만 빌립보 교회 안에 있는 갈등이 해결될 수 있다고 바울은 말하고 있습니다.

2장 7절에 '비워'라는 말의 헬라어는 '케노시스'입니다. 여기서 비웠다는 말은 신의 능력을 내려놓으시고 우리와 똑같은 인간이 되셨다는 것입니다. 이것을 꼭 기억하셔야 합니다. 예수님은 공생애 기간 중에 많은 이적들을 행하셨습니다. 이것을 신앙인들은 예수님은 신이시기 때문에 그러한 이적들을 행하였다고 생각합니다. 그러나 이러한 생각은 바울이 지금 말하고자 하는 바와 맞지 않는 것입니다. 바울이나 성경은 주님께서 우리와 똑같은 인간이 되심을 강조합니다. 예수께서 우리와 똑같은 인간이 되셨다는 말은 무슨 뜻입니까? 신의 가장 탁월한 능력은 전지, 전능, 무소부재함입니다. 예수께서 우리와 똑같은 인간이 되셨다는 것은 신의 전지와 전능과 무소부재함의 능력을 다 내려놓으셨다는 것입니다. 예를 들면 예수님도 갈릴리에서 예루살렘으로 이동하실 때 다른 사람들처럼 며칠씩 걸어서 이동하셔야 했습니다. 예수님도 식사를 하지 못하면 시장하셨습니다. 피곤하시면 주무셔야 했습니다. 우리와 똑같은 인간이 되신 것입니다. 그렇다면 예수님이 행하신 놀라운 이적들은 어떻게 가능했을까요? 그것은 성령의 도우심 때문입니다.

예수님은 출생의 순간부터 우리와 똑같은 인간의 몸을 입고 계셨습니다. 예수께서 공생애 기간 동안 놀라운 사역을 행하신 것을 가지고 그분은 신이시기 때문에 놀라운 사역을 행하셨다고 이해하시면 안 됩니다. 그러면 그분이 우리와 똑같은 인간이 되셨음을 인정하지 않는 것이 됩니다. 나아가 바울이 말하는 것처럼 예수님께서 자기를 비웠다는 말도 성립할 수 없습니다. 진짜 예수님은 우리와 똑같은 인간이 되신 것입니다. 자기를 진짜 낮추신 것입니다. 신으로서 행사할 수 있는 모든 것들을 내려놓으신 것입니다. 그리고 모든 인간과 동일한 삶의 제약 속에서 생활하셨습니다. 그러다 세례 요한에게 세례를 받고 물에서 올라오실 때 성령이 임했습니다. 그 성령의 도우심 가운데 예수님은 공생의 사역을 행하신 것입니다. 이것을 예수님이 인간의 몸은 입었지만 그대로 신성은 가지고 계셨다고 이해하시면 안 됩니다. 신으로서의 모든 능력을 비우고 우리와 똑같은 인간으로 이 땅에 오신 것입니다. 그러한 예수님의 자기 낮춤을 바울은 빌립보 교회의 갈등 문제를 해결할 수 있는 정답으로 제시하고 있는 것입니다.

이렇게 죽기까지 자기를 낮추셨던 예수님을 하나님은 지극히 높이셨습니다. 그리고 모든 이름 위에 뛰어난 이름을 주셨습니다. 10절과 11절이 중요합니다.

> 하늘에 있는 자들과 땅에 있는 자들과 땅 아래에 있는 자들로 모든 무릎을 예수의 이름에 꿇게 하시고 모든 입으로 예수 그리스도를 주라 시인하여 하나님 아버지께 영광을 돌리게 하셨느니라.

일단의 신학자들은 여기에 10절과 11절을 근거로 지옥 잠정설과 만인 구원론을 주장합니다. 10절에 '하늘에 있는 자들'에서 하늘은 하나님의 통치가 온전히 구현되고 있는 곳입니다. '땅에 있는 자들'은 우리를 말하는 것입니다. '땅 아래에 있는 자들'은 죽은 자들 또는 지옥에 있는 자들을 말합니다. 바울은 땅 아래에 있는 자들도 이후에 모든 무릎을 예수의 이름에 꿇고 모든 입으로 예수 그리스도를 주라 시인한다고 말합니다. 이 주장에 근거하여 지옥 잠정설과 만인 구원론을 주장하는 것입니다.

　기독교 신앙에서 사람이 죽은 다음에 어떻게 될 것인가에 대해 크게 세 가지 주장이 있습니다. 첫 번째 주장은 사람이 죽고 나면 영원한 천국과 영원한 지옥이 있다는 것입니다. 한국 교회가 보편적으로 가지고 있는 입장이라고 할 수 있습니다. 사람이 죽고 나면 그가 예수를 믿었는가, 믿지 않았는가에 따라서 영원한 생명과 영원한 저주를 받는다고 보는 것입니다. 영원한 천국과 영원한 지옥이 있다는 것이 첫 번째 입장입니다. 이러한 입장에는 중요한 문제가 하나 있습니다. 이 심판의 잣대가 과연 공의로운가 하는 것입니다. 하나님 심판의 가장 중요한 특징은 공의로움이라고 할 수 있습니다. 여기서 공의롭다는 말은 하나님이 어떤 판결을 내리실 때 하나님의 판결을 받는 사람이 그 판결을 수긍할 수밖에 없다는 것입니다. 이것이 바로 공의로운 판결입니다. 이럴 수는 없습니다. 하나님이 어떤 판결을 내리셨는데 그 판결을 받는 당사자가 너무 억울하고 분해서 도저히 그 판결을 수용하지 못하겠다고 하면 그것은 공의로운 판단이라고 할 수 없습니다. 그러나 하나님의 최후 심판은 하나님께서 내리시는 판결을 사람이 수긍하고 수용할 수밖에 없는 공의로운 판결이라고 우리는 생각합니다. 그런데 인간의 삶은 길어야 100년 정도 아닙니까? 대부분의 사람들은 100년이라는 한정된 시간을 살아가는 것입니다. 그런데 한정된 시간이라는 삶에서 저지르게 된 죄에 대해서 영원한 심판을 받는다는 것이 과연 공의로운 판결이냐는 문제가 제기될 수 있습니다. 우리가 100년의 세월 동안 죄를 범한 것에 대해 500년 정도의 벌을 받는 것은 이해할 수 있지만 한정된 인생에서 발생한 죄에 대한 책임을 영원히 감당한다고 할 때 이 판결이 과연 공의로운가라는 문제가 발생할 수밖에 없는 것입니다. 이처럼 첫 번째 주장에는 이러한 난제가 포함되어 있습니다.

하지만 대부분의 신앙인들은 첫 번째 입장이 가지고 있는 이런 난제에 대해 별로 신경 쓰지 않습니다. 이유가 무엇입니까? 일단 지옥은 자신과는 상관이 없는 곳이라고 생각하기 때문입니다. 대부분의 신앙인들은 죽음 이후에 영원한 천국에 들어간다고 확신합니다. 예수를 믿지 않은 사람들이 지옥에서 영원한 저주와 형벌을 받는 것에 대해서는 별다른 신경을 쓰지 않습니다. 그런데 교회 바깥에 있는 사람들이 볼 때는 첫 번째 주장을 그대로 받아들이는 것이 쉽지 않은 것입니다. 어떻게 한정된 인생에서 저질렀던 죄에 대해서 영원한 형벌을 받을 수 있는가, 이것은 너무나 가혹한 형벌이 아닌가, 이러한 판단을 과연 공의롭다고 할 수 있는가 하는 문제를 제기하는 것입니다. 또한 교회 바깥에 있는 사람들은 이러한 문제 제기도 합니다. 하나님이 우리의 삶에 대해 심판하신다고 할 때 우리가 평생 어떤 삶을 살았는가를 주목하지 않고 단지 예수를 믿었느냐, 믿지 않았느냐는 하나의 잣대만을 가지고 영원한 생명과 영원한 저주를 결정하는 것이 과연 타당한가에 대한 질문입니다. 이러한 문제 제기는 타당한 측면이 있습니다. 교회 생활은 열심히 하지만 인생은 개망나니 같은 사람들이 너무나 많습니다. 교인들 중에 윤리 의식도 없고 도덕의식도 없고 자기밖에 모르는 이기적인 사람들이 얼마나 많습니까? 그런데 예수를 믿었다는 이유로 구원을 받고 정의롭게 진실하게 살았지만 예수를 믿지 않았다는 이유로 구원을 받지 못하는 문제 앞에서 사람들은 문제 제기를 합니다. 또한 건강한 신앙을 가질 기회조차 없었던 사람에게도 예수를 믿지 않았다는 이유로 영원한 심판을 받는 것이 과연 옳은가에 대해서도 사람들은 질문을 던집니다. 지금 열거한 것들이 교회 바깥에 있는 사람들에게는 받아들이기가 너무나 어려운 내용들인 것입니다. 그래서 교회 바깥에 있는 사람들은 하나님을 교회 안에 있는 사람들에게만 너무나 과도하게 사랑을 베푸시는 분으로 이해합니다. 평생을 선하고 의롭게 산다고 하더라도 예수를 믿지 않았으면 영원한 저주를 주는 폭군 정도로 하나님을 이해하는 사람들이 많습니다. 이런 현실을 극복하고자 나온 주장이 두 번째 입장입니다.

두 번째 주장은 교회 바깥에 있는 사람들을 대상으로 선포되는 입장입니다. 이 주장의 핵심은 하나님은 당신들이 생각하는 것만큼 그렇게 폭군이 아니라는 것입니다. 하나님은 사랑이 많으시고 자비가 넘치시고 긍휼이 넘치시는 분이시기에 그 누구도 영원한 저주를 받기를 원하지 않으심을 강조합니다. 두 번째 주장은 영원한 천국은 있지만 지옥은 없다는 입장입니다. 하나님은 당신의 형상대로 지음 받은 피조물을 사랑하는 분이십니다. 하나님은 그들 모두를 구원하기 원하십니다. 당신이 창조하신 피조물이 영원한 저주 가운데 방치되는 것을 원하시지 않으십니다. 이 두 번째 주장은 교회 바깥에 있는 사람들이 하나님을 너무 극단적으로 묘사하는 것에 대한 반박으로 나온 것입니다. 하나님은 교회를 다니는 사람들만 사랑하시고 교회 바깥에 있는 사람들에 대해서는 너무나 가혹한 심판의 잣대를 휘두르신다는 하나님에 대한 부정적인 이미지를 상쇄시키기 위함이 두 번째 주장의 목적입니다. 그런데 이 두 번째 주장은 성경의 주장과 충돌합니다. 두 번째 주장은 하나님의 사랑을 말하기에는 좋지만 하나님의 공의가 상실되는 측면이 있습니다. 한 사람이 어떤 삶을 살았건 간에 하나님이 그들 모두를 구원하신다면 하나님의 사랑을 강조하는 장점은 있지만 하나님의 공의로움은 존재하지 않게 되는 것입니다. 예를 들면 히틀러와 같은 사람도 천국에 들어간다고 생각해 보십시오. 연쇄 살인범이나 성폭행 범이나 하나님을 신실하게 믿었던 사람이나 모두가 천국에 들어간다고 생각해 보십시오. 만약 그렇다면 선하고 의롭게 살았던 사람들은 너무나 억울한 것 아닙니까? 이것이 두 번째 주장의 치명적인 약점입니다. 하나님의 사랑을 말하는 것에는 장점이 있지만 하나님의 공의를 훼손시키는 문제가 있습니다. 그래서 나온 것이 바로 세 번째 주장입니다.

세 번째 주장은 천국도 있고 지옥도 있다는 것입니다. 하나님께서는 우리가 살아왔던 인생의 여정에 근거해서 우리 인생에 대한 판단을 내리신다고 봅니다. 그 판단에 따라서 천국 가는 사람과 지옥 가는 사람이 구별된다는 것을 인정합니다. 여기까지만 말하게 되면 세 번째 주장은 첫 번째 주장과 비슷한 측면이 있습니다. 그런데 세 번째 주장은 천국은 영원히 존재하지만 지옥은 한정적인 시점까지만 존재한다고 봅니다. 이것을 지옥 잠정설이라고 합니다. 왜 지옥은 한정적인 시점까지만 존재한다고 볼까요? 하나님이 지옥을 만드신 목적이 있기 때문입니다. 무슨 목적일까요? 지옥은 죄인들을 갱생시키고 회개시키기 위하여 만든 훈육의 장소라고 봅니다. 한번 생각해 보십시오. 하나님의 최후 심판을 통하여 사람들은 하나님만이 참 신이라고 하는 것을 알게 됩니다. 그리고 지옥에서의 생활을 통하여 자기가 이 땅에서 저질렀던 죄에 대해서 참회하고 반성하고 회개하고 뉘우치는 시간들을 보내게 됩니다. 지옥은 그러한 훈육과 돌이킴을 위한 교육의 장소입니다. 그 사람들이 온전히 뉘우치게 되었을 때 하나님은 무엇을 하실까요? 그때 하나님께서는 회개하고 돌이킨 사람들을 천국으로 인도하신다고 봅니다. 지옥의 존재 목적이 유효할 때까지는 지옥이 존재하겠지만 그 목적을 달성한 이후에는 지옥은 더 이상 존재할 필요가 없어질 것입니다. 지옥의 존재 시점이 언제까지일지에 대해서는 우리가 알 수가 없습니다. 지옥이 언제까지 존재할지는 알 수 없지만 사람들이 지옥에서 자기가 저질렀던 모든 죄에 대한 심판은 다 받고 나서 존재가 갱생되고 회개했을 때 하나님께서 그들을 천국으로 인도하신다는 것이 세 번째 주장입니다. 하나님께서 그들을 천국으로 인도하실 때 어떤 일이 벌어지는 것입니까? 그들 모두가 무릎을 예수 그리스도에게 꿇고 자기 입으로 예수가 그리스도임을 고백하게 될 것입니다. 이처럼 세 번째 주장은 천국과 지옥은 있다는 것, 다만 천국은 영원하지만 지옥은 어느 시점까지만 존재한다는 것을 강조합니다. 이것을 지옥 잠정설이라고 말합니다. 지옥은 어느 시점까지만 잠정적으로 존재한다는 것입니다. 이 세 번째 주장은 하나님의 공의도 충족시키고 하나님의 사랑도 충족시키는 장점이 있습니다.

여러분은 어떻게 생각하십니까? 이 세 가지 주장 가운데 어느 주장이 가장 설득력이 있으십니까? 많은 분들이 세 번째 주장을 가장 많이 선호하시는 것 같습니다. 안타까운 것은 한국 교회에서는 첫 번째 주장 외에는 거의 설명하지 않는다는 것입니다. 사람이 죽고 나서 사후에 어떤 일이 벌어질까에 대해서 세 가지 주장이 있다는 것을 기억하시고 특별히 지옥 잠정설을 주장하는 사람들이 근거로 내세우는 성경 본문이 2장 10절과 11절이라는 사실을 알아두시면 좋겠습니다.

2장 12절을 보겠습니다.

그러므로 나의 사랑하는 자들아 너희가 나 있을 때뿐 아니라 더욱 지금 나 없을 때에도 항상 복종하여 두렵고 떨림으로 너희 구원을 이루라.

본문은 한국 교회가 가지고 있는 구원 절대주의적 사고에 도전하는 말씀입니다. 오늘날 교회 안에 예수를 믿고 세례를 받았으면 구원은 이미 따 놓은 당상이라고 생각하는 분들이 많습니다. 그런 사람들을 부담스럽게 만드는 말씀이 2장 12절입니다. 재미있는 것은 한국 교회가 바울을 참 좋아하지만 바울 서신을 제대로 공부하지는 않습니다. 사람들은 바울의 말씀 중에 자기에게 좋고 유익한 것을 취사선택합니다. 예를 들면 믿음으로 구원받는다는 것을 좋아합니다. 그러나 바울이 '믿음으로 구원을 받는다'고 할 때 그 믿음은 인지적인 동의가 아닙니다. 죽을 때까지 하나님께 충성을 다하는 신실한 믿음입니다. 바울은 끊임없이 구원의 중간 탈락 가능성에 대해 언급합니다. 빌립보서 2장 12절에서도 "두렵고 떨림으로 너희 구원을 이루라"고 말합니다. 고린도전서 10장 12절에는 "그런즉 선 줄로 생각하는 자는 넘어질까 조심하라"고 말합니다. 여기에서 '선 줄로'는 무엇을 말하는 것입니까? 나는 이미 구원받았다는 자신만만함을 말하는 것입니다. 그렇게 자기 구원을 확신하는 사람들에게 바울은 착각하지 말라고 단호하게 말하고 있습니다.

3장 12~14절을 보겠습니다.

내가 이미 얻었다 함도 아니요 온전히 이루었다 함도 아니라 오직 내가 그리스도 예수께 잡힌 바 된 그것을 잡으려고 달려가노라 형제들아 나는 아직 내가 잡은 줄로 여기지 아니하고 오직 한 일 즉 뒤에 있는 것은 잊어버리고 앞에 있는 것을 잡으려고 푯대를 향하여 그리스도 예수 안에서 하나님이 위에서 부르신 부름의 상을 위하여 달려가노라.

바울은 이미 얻었다고 생각하지 않았습니다. 나는 이미 구원을 확보했다고 자만하지 않았습니다. 여기 푯대라고 하는 것이 무엇입니까? 최종적인 구원을 말합니다. 바울은 그것을 향해 자기는 평생 달려가는 존재라고 말합니다. 바울 같은 삶을 살았던 사도조차도 자신은 이미 구원받았다는 자신만만함을 드러내지 않았습니다. 도리어 그렇게 자신만만한 사람들에게 바울은 "선 줄로 생각하는 자들은 넘어질까 조심하라"고 권면합니다. 한국 교회는 바울을 참으로 좋아함에도 불구하고 바울이 말했던 이런 말씀들에는 그다지 주목하지 않습니다. 그래서 어떤 사람들은 한국 교회를 구원 도매업을 하고 있다고 비판합니다. 구원 도매업을 한다는 말은 너무나 쉽게 구원을 세일즈 하고 있다는 말입니다. 교회만 오기만 하면 등록하고 세례만 받으면 구원받을 수 있는 것처럼 너무 쉽게 사람들에게 구원의 확신을 제공해주고 있습니다. 이것을 본회퍼는 '값싼 은혜'라고 했습니다. 하나님의 백성이 된다거나 구원을 받는다고 하는 것은 우리의 목숨을 걸어야 하는 일이고 존재를 다해야 하는 일입니다. 취미 생활하듯이 신앙생활하고 있는 사람들에게 너무 쉽게 구원을 받을 수 있는 것처럼 말하는 것은 너무 값싸게 구원을 세일즈 하는 것입니다. 바울은 그렇게 하지 않았음을 기억해야 합니다.

바울은 십자가를 짊어지는 삶은 세속적인 자랑거리를 무효화하며 세상 자랑거리들을 배설물로 여기는 삶임을 강조합니다. 3장 7~8절입니다.

그러나 무엇이든지 내게 유익하던 것을 내가 그리스도를 위하여 다 해로 여길뿐더러 또한 모든 것을 해로 여김은 내 주 그리스도 예수를 아는 지식이 가장 고상하기 때문이라 내가 그를 위하여 모든 것을 잃어버리고 배설물로 여김은 그리스도를 얻고.

바울은 예수와의 만남 이후에 그동안 자기 인생에서 중요하게 생각했던 많은 것들을 다 배설물로 여겼습니다. 왜 그렇습니까? 가치의 우선순위가 바뀌었기 때문입니다. 바울은 가치관의 전환을 경험했습니다. 바울처럼 가치관이 바뀌고 세계관이 바뀌는 것을 회개한다고 말합니다. 회개라고 하는 것은 '하나님 내가 잘못했습니다'와 같은 고백 이상입니다. 회개를 뜻하는 헬라어는 '메타노이아'입니다. 메타는 바꾼다는 것이고, 노이아는 인식, 관점이라는 뜻입니다. 회개는 인식을 바꾸는 것이고 관점을 바꾸는 것입니다. 세상이 우리에게 심어놓은 세계관과 가치관을 하나님의 말씀으로 새롭게 변화시켜내는 것을 회개라고 합니다. 인식이 달라지면 삶의 내용도 달라질 수밖에 없습니다. 이처럼 인식의 전환에서 출발하여 삶의 변화까지를 총칭하는 말이 회개입니다.

안타까운 것은 교회를 다닌 시간이 오래되면 오래될수록 말씀에 근거해서 가치관이 바뀌고 세계관이 변화되어야 하는데 이런 전환을 이루어내는 신앙인들이 그다지 많지 않다는 것입니다. 예를 들면 수능 기도회를 한번 생각해 보십시오. 언젠가부터 한국 교회는 수능 당일에 수능 기도회를 합니다. 1교시 시험이 시작되면 부모들도 기도회를 시작하고 아이들이 쉬는 시간에는 부모들도 쉬는 시간을 갖습니다. 그렇게 수능 시험이 끝날 때까지 진행하는 것이 수능 기도회입니다. 수능 기도회는 한국 교회에서 가장 뜨거운 기도의 현장입니다. 왜 뜨겁습니까? 간절하게 기도하면 하나님께서 자녀에게 좋은 결과를 허락해주실 것이라고 생각하기 때문입니다. 세계 유일의 분단국가인 대한민국에서 민족의 평화와 통일을 위해 기도하자고 하면 별 관심이 없습니다. 대한민국 사회의 주요한 현안 해결을 위해 기도하자고 해도 별 관심이 없습니다. 하지만 자신에게 해당되는 일이나 특별히 세속의 잣대로 볼 때 성공과 승리를 말할 수 있는 자리에서는 정말 뜨겁게 기도합니다. 이런 모습 자체가 한국 교회가 얼마나 세속적인 가치에 지배를 받고 있는지를 드러내는 것입니다. 이런 현상이 드러나는 이유는 결국 말씀으로 인식의 전환이 일어나지 않았기 때문입니다. 참된 교회는 세속의 가치로부터의 해방구이고 세상과 전

혀 다른 또 하나의 세상이 되어야 하는데 한국 교회는 아직도 참된
교회의 모습과는 거리가 멀다는 것을 인정할 수밖에 없습니다.

3장 20절이 너무 중요합니다.

그러나 우리의 시민권은 하늘에 있는지라 거기로부터 구원하는 자
곧 주 예수 그리스도를 기다리노니.

빌립보 시민들은 로마 시민이라는 자부심으로 똘똘 뭉쳐 있는 사
람들입니다. 그런 빌립보 시민들인 빌립보 교인들을 향해서 바울은
빌립보 시민으로서의 자부심보다 하나님 나라의 백성이 되었음을 더
기뻐하라고, 당신들의 진정한 시민권은 하늘에 있다고 강조하고 있
습니다.

4장 11절을 보겠습니다.

내가 궁핍함으로 말하는 것이 아니니라 어떠한 형편에든지 나는
자족하기를 배웠노니.

바울은 자기가 자족하기를 배웠다고 말합니다. 자족하기를 배웠
다는 말은 더 이상 자신이 상황에 지배받지 않는다는 뜻입니다. 어떤
상황에서건 자족하는 사람들은 상황에 지배를 받지 않습니다. 그리
고 13절의 말씀이 나옵니다. 빌립보서 4장 13절은 한국 교인들이 가
장 사랑하는 말씀 가운데 하나입니다. 교인들을 대상으로 한 설문조

사에서 '당신이 가장 사랑하는 말씀은 무엇입니까?'에서 항상 상위권을 차지하는 말씀들이 있습니다. 욥기 8장 7절의 "네 시작은 미약하였으나 네 나중은 심히 창대하리라", 마태복음 7장 7절의 "구하라 그리하면 너희에게 주실 것이요 찾으라 그리하면 찾아낼 것이요 문을 두드리라 그리하면 너희에게 열릴 것이니", 그리고 빌립보서 4장 13절입니다. "내게 능력 주시는 자 안에서 내가 모든 것을 할 수 있느니라." 재미있는 것은 한국 교회 신앙인들은 13절의 말씀을 이렇게 해석합니다. '내게 능력 주시는 자를 통해서 내가 원하는 모든 것을 가질 수 있다.' 이것이 13절을 이해하는 일반적인 내용입니다. '내게 능력 주시는 자 안에서 내가 모든 것을 할 수 있다'라는 것을 '내게 능력 주시는 자를 통하여서 내가 원하는 모든 것을 가질 수 있다'는 식으로 해석하는 것입니다. 과연 이 해석이 옳은 해석일까요? '내게 능력 주시는 자 안에서'에서 '안에'라는 말은 '함께'라는 의미가 됩니다. 그러니까 '내게 능력 주시는 자 안에서'라는 말은 '내가 예수 그리스도와 함께라면'으로 해석할 수 있습니다. 즉 '내가 그리스도와 함께한다면 모든 것을 할 수 있다'는 것이 13절의 핵심입니다. 그렇다면 여기서 말하는 '모든 것'은 무엇을 말하는 것일까요? 모든 것에 해당되는 것이 12절에 나옵니다.

> 나는 비천에 처할 줄도 알고 풍부에 처할 줄도 알아 모든 일 곧 배부름과 배고픔과 풍부와 궁핍에도 처할 줄 아는 일체의 비결을 배웠노라.

'내가 예수와 함께한다면 모든 것을 할 수 있다'라고 할 때 모든 것

안에 무엇이 포함됩니까? 비천, 풍부, 배부름, 배고픔이 다 포함됩니다. 즉 주님과 함께한다면 어떤 상황에서건 나는 주님과 신실하게 동행할 것이라는 말입니다. 결코 능력 많으신 주님을 통하여서 내가 원하는 모든 것들을 다 가질 수 있다거나 가질 것이라는 선언이 아닙니다. 위의 경우처럼 그 말씀의 원래적인 의미들을 주목하지 않고 너무나 자의적으로 말씀을 해석하여 사사롭게 적용하는 경우들이 많습니다. 욥기 8장 7절 말씀도 마찬가지입니다. "네 시작은 미약하였으나 네 나중은 심히 창대하리라." 일반적으로 이 말씀 구절이 적힌 액자를 교인들이 새롭게 사업을 시작할 때 선물을 많이 합니다. 어떤 마음을 담아서 하는 것입니까? 지금은 파리 날리고 있지만 곧 손님들로 문전성시를 이루게 될 것이라는 소망을 담아서 선물하는 것입니다. 그러나 욥기에서 미약이나 창대라는 단어는 그런 의미가 아닙니다. 중요한 것은 욥기 8장 7절은 하나님의 말씀도 아니고 욥의 말도 아닙니다. 하나님으로부터 옳지 못하다고 판결을 받은 욥의 친구의 말입니다. 한마디로 틀린 말입니다. 왜 틀린 말입니까? 여기서 '네 시작은 미약하다'라고 하는 것은 지금 욥이 처해 있는 상황을 말하는 것입니다. 친구는 지금 욥에게 '네가 지금은 죄를 많이 범했기 때문에 하나님의 심판을 받고 있지만 나중에는 창대해질 수 있어'라고 말하는 것입니다. 그런데 상황의 변화를 위해서는 중요한 전제가 하나 있습니다. 무엇입니까? 욥이 회개해야 합니다. 빌닷이라는 친구는 욥에게 '네가 지금은 죄로 인해 하나님의 심판을 받고 있지만 네가 회개하기만 하면 너는 다시 회복될 수 있어'라고 말하는 것입니다. 이 말이 왜 틀린 말이 되는 것입니까? 욥은 지금 죄를 범해서 심판을 받는 것이 아니기 때문입니다. 그런데 빌닷은 전형적인 인과응보적 사고를 하고 있습니다. 이러한 진단은 욥의 상황과는 전혀 맞지 않는 것입니다. 한마디로 틀린 말인 것입니다. 그런데 하나님의 말씀도 아니고 옳지도 않은 말을 우리는 누군가 개업을 할 때마다 그 말씀 구절이 적힌 액자를 선물하고 있습니다. 너무나 많은 교인들이 성경에 대한 무식 충만함을 드러내고 있습니다.

마태복음 7장 7절도 마찬가지입니다.

구하라 그리하면 너희에게 주실 것이요 찾으라 그리하면 찾아낼 것이요 문을 두드리라 그리하면 너희에게 열릴 것이니.

이 말씀도 너무나 많은 분들이 '내가 구하는 모든 것들을 다 얻어 낼 수 있다'는 식으로 해석합니다. 그러나 그렇지 않습니다. 7절 말씀을 제대로 이해하려면 11절과 연결시켜 보셔야 합니다. 11절에 보시면 "너희가 악한 자라도 좋은 것으로 자식에게 줄 줄 알거든 하물며 하늘에 계신 너희 아버지께서 구하는 자에게 좋은 것으로 주시지 않겠느냐"라고 말합니다. 핵심은 하나님은 구하는 자에게 좋은 것을 주신다는 것입니다. 그렇다면 여기서 말하는 좋은 것은 무엇을 말하는 것일까요? 마태복음 7장과 동일한 말씀이 누가복음 11장에 기록되어 있습니다. 누가복음 11장 10절을 보십시오. "구하는 이마다 받을 것이요 찾는 이는 찾아낼 것이요 두드리는 이에게는 열릴 것이니라." 마태복음 7장 7절과 동일한 말씀이 있습니다. 그리고 13절에 보면 마태복음이 말하는 좋은 것이 무엇인지가 나옵니다. "너희가 악할지라도 좋은 것을 자식에게 줄 줄 알거든 하물며 너희 하늘 아버지께서 구하는 자에게 성령을 주시지 않겠느냐 하시니라." 마태복음에서 말하는 '좋은 것'이 무엇입니까? 성령입니다. 이 말씀은 우리가 구하는 모든 것을 다 받을 수 있다는 의미가 아닙니다. 성령을 구하는 자에게 성령을 주시겠다는 것입니다. 우리가 성경만 제대로 읽어도 그 본문 안에서 이것의 일차 의미가 무엇인가를 알 수 있습니다. 우리는 그 본문에서 말하는 일차 의미를 묻기보다는 너무나 자의적으로 본문을 해석하는 경향이 많습니다. 저는 이러한 것을 큐티의 병폐라고 봅니다. 성경은 큐티 이전에 공부를 해야 되는 책입니다. 큐티를 하는 것이 문제는 안 되지만 제대로 된 큐티를 위해서라도 성경 공부가 선행되어야 합니다. 큐티는 자칫 자기 멋대로의 해석을 만들고 정당화시킬 수 있습니다. 그것을 우리는 경계해야 합니다.

다음으로 골로새서를 보겠습니다. 골로새 교회는 로마 교회와 비슷한 면이 있습니다. 두 교회 모두 바울이 개척한 교회도 아니고 바울이 가본 적이 없는 교회입니다. 골로새 교회는 바울의 전도를 받았던 사람이 자기 고향에 가서 교회를 세운 것입니다. 그런데 골로새 교회 안에 문제가 발생하게 되었고 그 문제를 해결하기 위해서 바울에게 조언을 구한 것입니다. 그래서 바울이 골로새 교회 안에 발생한 문제를 해결하기 위해서 쓴 편지가 바로 골로새서입니다. 그렇다면 골로새 교회는 누가 세웠을까요? 골로새 교회는 사도에게 말씀을 배운 사람이 자기 지역으로 가서 교회를 세운 긍정적인 모델입니다. 한국 교회사에도 소래 교회가 그러합니다. 소래 교회는 만주에서 사역하던 로스와 맥킨타이어라는 선교사에게 복음을 들었던 서상륜이라는 사람이 황해도 소래 지방에 가서 복음을 전한 후에 세운 교회입니다. 이 교회는 선교사가 조선에 들어오기 전에 세워졌습니다. 복음을 수용한 조선 사람들에 의해서 최초의 교회가 세워진 것입니다. 그런 의미에서 소래 교회와 골로새 교회는 비슷한 면이 있다고 할 수 있습니다.

그렇다면 골로새 교회를 세운 사람은 누구일까요? 1장 7절을 보겠습니다.

이와 같이 우리와 함께 종 된 사랑하는 에바브라에게 너희가 배웠나니 그는 너희를 위한 그리스도의 신실한 일꾼이요.

골로새 교인들은 에바브라에게 기독교 신앙을 배웠습니다. 이를 통해 학자들은 골로새 교회를 세운 사람이 에바브라가 아닐까 추측합니다. 그러나 다른 주장도 있습니다. 에바브라를 골로새 교회를 세운 사람으로 보지 않고 그 교회의 목회자로 보는 것입니다. 만약 에바브라가 골로새 교회의 목회자라면 골로새 교회는 누가 세운 것일까요? 학자들은 빌레몬이 세웠을 것이라고 봅니다. 왜 빌레몬이 골로새 교회를 세웠다고 볼까요? 골로새서 4장에 보면 오네시모라는 이름이 나옵니다. 아킵보라는 이름도 나옵니다. 이 사람들의 이름이 나오는 본문이 어디입니까? 이들은 모두 빌레몬서에 나오는 사람들입니다. 그래서 빌레몬이라고 하는 부유한 사람이 자기 집을 예배 장소로 제공을 하면서 에바브라를 골로새 교회의 목회자로 세운 것이 아닐까 하고 생각하는 것입니다.

골로새서 1장 18절에서 바울은 예수님이 교회의 머리이심을 강조합니다. 교회는 그리스도의 몸입니다. 몸 된 교회의 유일한 머리는 예수님입니다. 그리고 중요한 말씀이 1장 20절입니다.

그의 십자가의 피로 화평을 이루사 만물 곧 땅에 있는 것들이나 하늘에 있는 것들이 그로 말미암아 자기와 화목하게 되기를 기뻐하심이라.

예수 그리스도를 통해서 만물이 화목하게 되었다는 것입니다. 화목하게 되었다는 것은 만물이 본래의 모습을 회복하게 되었다는 의미입니다. 골로새서가 말하고자 하는 핵심적인 주장이 바로 이것입니다. 지혜와 지식의 으뜸이신 그리스도 예수의 중보자적인 충분성을 골로새서가 강조합니다. 예수를 통해서 모든 것이 회복되었다는 것이고 완전해졌다는 것입니다. 예수 외에 무엇인가가 더 필요하지 않음을 강조하는데 이것이 골로새서의 핵심입니다. 왜 이것을 바울이 강조하는 것일까요? 2장 18절입니다.

아무도 꾸며낸 겸손과 천사 숭배를 이유로 너희를 정죄하지 못하게 하라 그가 그 본 것에 의지하여 그 육신의 생각을 따라 헛되이 과장하고.

이 말을 바울이 하게 된 이유가 있습니다. 당시 골로새 교회 안에 천사 숭배자들이 있었기 때문입니다. 당시에 고대 근동 사회는 헬레니즘의 지배를 받고 있었습니다. 그들에게는 헬레니즘이 보편적 세계관이었습니다. 이렇게 이해하시면 됩니다. 오늘날 대한민국 사회에 살고 있는 사람들에게 기본적인 세계관은 자본주의적 사고이고 과학적 사고입니다. 오늘날 대한민국 사회에 살고 있는 사람들은 자본주의를 당연한 것으로 받아들이고 민주주의를 당연한 것으로 받아들이고 과학적 사고를 당연하게 받아들입니다. 1세기 고대 근동 사회의 사람들에게는 헬레니즘이 보편적이고 당연한 세계관이었습니다. 헬레니즘을 단순하게 표현하자면 영육 이원론입니다. 영육 이원론을 단순하게 설명하면 영과 육이라는 두 개의 세계가 있다고 보는 것입니다. 영의 세계가 있고 육의 세계가 있습니다. 영육 이원론을 가장 단순하게 설명한 것이 플라톤의 이데아론입니다. 플라톤은 이데아의 세계가 있고 우리가 살고 있는 물질세계가 있다고 보았습니다. 여기서 어디가 진짜 세계입니까? 영의 세계가 진짜이고 우리가 살고 있는 물질세계는 진짜 세계의 그림자일 뿐입니다. 이러한 헬레니즘의 이원론이 고대 근동 사람들이 가지고 있던 보편적 세계관이었습니다. 한 곳은 성스러운 곳이고, 다른 한 곳은 속된 곳입니다. 성스러운 곳과 속된 곳은 단절되어 있기에 소통할 수 없습니다. 이때 영의 세계와 육의 세계를 매개해주는 존재가 필요합니다. 두 세계를 매개해주는 존재를 천사라고 생각했습니다. 물질세계에 살고 있는 사람들은 천사라는 매개자를 통해 영의 세계에 대해 알 수 있는 것입니다. 이러한 사고방식에 익숙했던 교인들 중에 예수를 천사와 같은 존재로 이해한 사람들이 있었습니다. 예수님이 가르쳐주신 주기도문에 이런 내용이 나옵니다. "뜻이 하늘에서 이루어진 것 같이 땅에서도 이루어지리이다." 여기서도 하늘의 세상과 땅의 세계는 구분되어 있습니다. 그렇다면 하늘에서 이루어진 것을 땅에서 구현하기 위해서는 누군가가 하늘이 어떠한지에 대해 알려주어야 합니다. 우리가 하나님께 순종하기 위해서는 하나님의 뜻이 무엇인가에 대해 누군가 알려주어야 하지 않겠습니까? 이처럼 영의 세계와 육의 세계를 연결시켜 주는 중간 매개자가 필요한 것입니다. 초대 교인들 중에는 예수님을 그러한 중간 매개자 가운데 한 존재로 이해하는 이들이 있었습니다. 골로새 교회에도 그러한 사람들이 있었던 것입니다.

골로새 교인 중에는 예수를 영의 세계와 육의 세계를 중간 매개해 주는 천사 중 하나로 이해하는 이들이 있었습니다. 그런데 무수하게 많은 천사 가운데 예수만을 믿고 예수에게만 예배를 드리는 것을 그들은 이해할 수 없었습니다. 그래서 그들은 이렇게 주장합니다. "영의 세계와 육의 세계를 매개하고 있는 많은 천사가 있는데 우리가 왜 예수에게만 예배를 드려야 해? 예수에게 예배를 드려야 하는 것처럼 다른 매개자인 천사들에게도 우리가 예배를 드려야 하는 것 아닌가?" 이러한 주장을 한 사람을 천사 숭배론자라고 합니다. 바울은 지금 그들을 책망하고 있는 것입니다. 그러면서 예수가 하늘과 땅의 중간 매개자로 가장 완전하고 온전하다고 말합니다. 예수 외에 다른 중보자가 필요하지 않다고 선언하는 것입니다. 이것이 바울의 주장입니다.

다시 정리해보겠습니다. 당시에 일반적인 헬레니즘 세계에서는 영의 세계와 육의 세계를 연결시켜주는 중간 매개자가 필요하다고 보았습니다. 그리고 신앙인들 중에는 예수도 그 중간 매개자 가운데 한 분으로 이해하는 이들이 있었습니다. 그들은 중간 매개자인 예수는 믿고 경배하면서 다른 중간 매개자인 천사들을 숭배하지 않는 것에 대해 문제를 제기했습니다. 이런 사람들에 대해서 바울이 지금 예수 한 분만으로 충분하다는 것을 강조합니다. 예수만이 하나님의 뜻을 우리에게 온전히 매개하고 알려주는 유일한 존재이고 그분이 알려주는 그 내용만으로도 완전함을 주장하는 것입니다. 예수 외에 다른 천사들도 숭배해야 된다는 주장에 현혹되지 말라는 것이 골로새서의 핵심적인 주장입니다. 당시 골로새 교회 안에는 하나님과 인간 사이에 무수한 중보자가 있는데 예수를 중보자 중 한 분으로 이해하며 예수뿐만 아니라 다른 중보자들도 섬겨야 된다고 주장하는 일단의 무리들이 있었습니다. 이들이 2장 18절에 나오는 천사 숭배론자들입니다. 이에 대해서 바울은 예수만이 유일한 중보자이고 예수 한 분만으로 충분하다는 주장을 하고 있는 것입니다. 2장 4절입니다.

내가 이것을 말함은 아무도 교묘한 말로 너희를 속이지 못하게 하려 함이니.

2장 8절입니다.

누가 철학과 헛된 속임수로 너희를 사로잡을까 주의하라 이것은 사람의 전통과 세상의 초등학문을 따름이요 그리스도를 따름이 아니니라.

여기 나오는 교묘한 말, 철학, 헛된 속임수는 영지주의를 가리킵니다. 그것을 어떻게 알 수 있습니까? 2장 9절을 보면 알 수 있습니다.

9절에 '그 안에는'에서 그가 누구입니까? 예수입니다. "그 안에는 신성의 모든 충만이 육체로 거하신다"고 바울은 말합니다. 바울이 9절을 기술하는 이유는 4절과 8절을 주장하는 영지주의자들을 반박하기 위함입니다. 영지주의자들은 예수는 영이시지 육이 아니라고 주장했습니다. 어떻게 그 거룩하신 분이 속된 육을 입을 수 있는가 라고 문제를 제기한 것입니다. 그들의 주장에 대해 바울이 뭐라고 반박합니까? 예수는 진짜 성육신하셨다는 것입니다. 영지주의는 초대 교회를 어지럽혔던 가장 강력한 이단입니다. 왜 영지주의라는 이단이 등장하게 되었을까요? 이렇게 이해하시면 됩니다. 오늘날 한국 교회를 보면 하나님을 믿는 신앙과 자본주의가 결합된 형태를 보이고 있습니다. 한국의 기독교는 자본주의화된 기독교입니다. 오늘날 한국 교회는 하나님의 이름으로 맘몬을 섬길 수 있는 길을 열어주었습니다. 성경은 '너희가 하나님과 맘몬을 겸하여 섬길 수 없다'라고 말하지만 한국 교회는 복이라는 이름으로 하나님의 이름으로 맘몬을 섬길 수 있도록 하고 있습니다. 오늘 우리는 물질을 신으로 섬기는 자본주의 사회를 살고 있지 않습니까? 그 자본주의 사회에서 우리가 예수를 믿고 있는 것입니다. 오늘날 교회에서 선포되고 있는 대부분의 메시지를 보면 결국은 하나님의 이름으로 우리의 욕망을 정당화하거나 하나님의 이름으로 자본을 획득하는 것을 복이라고 말하고 있습니다. 기독교 신앙이 이 시대를 지배하는 세계관과 결합된 모습을 보이고 있는 것입니다. 그래서 우리는 예수를 믿으면서도 자본주의 사회에서 살아가는 것에 대해 별로 충돌하지 않습니다. 갈등하지 않는 것입니다. 왜냐하면 신앙의 이름으로 자본주의 사회를 살아가는 것에 대해 너무도 당연하게 생각하기 때문입니다. 그렇다면 1세기 사회는 어떠했을까요?

　1세기는 헬레니즘이 보편적 세계관으로 사람들의 인식을 지배하였습니다. 헬레니즘은 영육 이원론을 핵심으로 합니다. 여기서 중요한 것은 영이고 육은 천한 것으로 인식됩니다. 헬레니즘은 한마디로 영 중심적인 사고라고 할 수 있습니다. 이러한 인식 체계가 한국 교회에는 낯설지 않습니다. 왜냐하면 한국 교회도 철저하게 영육 이원론적인 사고를 하고 있기 때문입니다. 오늘날 교회 안에서 가장 빈번하게 사용되고 있는 단어가 영이라는 표현입니다. 교회에서도 '우리 영으로 찬양합시다', '영적인 예배를 드립시다', '영적인 삶을 살아야 합니다'와 같은 표현들을 자주 듣습니다. 심지어 영이라는 수식어를 갖다 붙이면 부정적인 단어들도 긍정적으로 전환됩니다. 욕망이라는 단어는 약간 부정적으로 다가오지만 거기에 영적이라는 수식어를 붙여 '영적인 욕망'이라고 하면 아주 건강해 보이고 좋아 보입니다. 그래서 어떤 단어이건 간에 그 앞에다가 영적이라는 말을 붙이는 것을 좋아합니다. 영적이라는 말만 붙으면 한국 교회에서는 모든 것이 용납이 됩니다. 이처럼 한국 교회도 영 중심적인 사고를 하고 있습니다. 그런데 1세기 고대 근동 사회는 헬레니즘의 영육 이원론이 보편적인 세계관이었습니다. 영 중심적인 사고가 일반적이었습니다. 영지주의라는 이단은 기독교 신앙과 그 시대를 지배하고 있던 헬레니즘의 이원론이 결합된 사상입니다. 헬레니즘적 사고를 하는 사람들에게 기독교 신앙을 소개하려고 하다가 등장하게 된 주장이 바로 영지주의입니다.

영지주의자들은 그 시대의 헬레니즘적 세계관 안에서 예수를 이해하고 기독교 신앙을 설명하고자 했습니다. 그렇게 해서 탄생하게 된 것이 영지주의라는 이단 사상입니다. 영지주의가 초대 교회를 괴롭힌 가장 강력한 이단이 됩니다. 영지주의의 주장은 크게 세 가지입니다. 첫째는 하나님은 선하시나 물질은 악함으로 세상은 악하다는 것입니다. 둘째는 물질로 되어 있는 인간의 육신도 악함으로 그리스도는 실제로 육체를 갖지 않았다는 것입니다. 셋째는 육체의 부활도 있을 수 없다는 것입니다. 영지주의자들은 예수 그리스도의 성육신을 인정하지 않습니다. 거룩하신 신이 속되고 천박한 물질인 육을 입을 수 없다고 보는 것입니다. 요한 서신에서 사도 요한은 계속하여 영지주의자들을 비판하고 공격합니다. 뭐라고 공격합니까? 적그리스도라고 말합니다. 예수가 육신을 입고 이 땅에 오셨음을 부인하는 자들을 적그리스도라고 주장합니다. 영지주의자들은 육신과 영혼은 별개이므로 육신을 마음대로 사용할 수 있다고 보았습니다. 그래서 영지주의자들은 둘 중 하나로 나뉩니다. 하나는 육체 자체를 부정하게 보기 때문에 육체는 가급적 사용해서는 안 된다는 금욕주의적 입장이고, 다른 하나는 육체는 아무것도 아니기 때문에 마음껏 사용해도 된다는 극단적 쾌락주의의 입장입니다. 이처럼 영지주의는 매우 극단적입니다.

영지주의는 영 중심적인 사고입니다. 영지주의는 그 시대를 지배하고 있던 헬레니즘이라는 세계관 안에서 예수를 이해한 것입니다. 여기에 대해서 바울과 요한은 예수의 성육신을 주장하면서 단호하게 비판합니다. 무엇보다 영지주의적 이해를 가지게 되면 교회 공동체는 두 그룹으로 분열될 수밖에 없습니다. 영지라는 말은 영적인 지식, 비밀스러운 지식을 뜻합니다. 영지주의자들은 비밀스러운 지식을 통해서 하나님과 접촉할 수 있고 구원을 받을 수 있다고 주장했습니다. 교회 안에 영지주의가 들어오게 되면 교회는 비밀스러운 지식을 가진 사람들과 비밀스러운 지식을 아직 갖지 못한 사람들로 구분됩니다. 자연스럽게 영지를 가졌다고 주장하는 사람들은 그렇지 못한 교인들을 하대하고 무시하게 됩니다. 영지주의가 교회 안에 들어오면 자연스럽게 교회의 하나 됨은 깨질 수밖에 없습니다. 그래서 요한이 요한일서와 이서에서 계속해서 사랑을 강조한 것입니다. 요한은 영지주의자들을 반박하는 맥락에서 사랑을 강조합니다. 비밀스러운 지식을 갖는 것보다 지체를 사랑하는 것이 더 중요하다고 한 것입니다. 그것이 바로 하나님의 뜻이라는 것입니다. 영지주의자들은 영지를 소유하고 있는가를 중심으로 사람들을 판단하였고 그 결과 영지를 가진 사람들끼리 소통하면서 영지를 갖지 못한 사람들을 하대하고 무시했습니다. 자연스럽게 교회는 두 그룹으로 나뉘어져 갈등할 수밖에 없었습니다. 여기에 대해 요한은 신앙인이 갖추어야 할 가장 올바른 자세는 지체에 대한 사랑임을 강조하면서 영지주의를 비판하고 있는 것입니다.

3장 5절에서 바울은 탐심을 우상 숭배라고 말합니다. 모든 우상 숭배는 궁극적으로는 자기 숭배입니다. 자기가 잘 되는 것, 자기가 높아지는 것, 자기가 원하는 것을 이루는 것, 그것이 자기 숭배입니다. 우상 숭배는 궁극적으로 이러한 자기 숭배를 추구합니다. 우상을 숭배하는 자들은 하나님을 위해 자기가 존재한다는 것을 인정하지 않습니다. 하나님조차도 나를 위해 존재하는 분으로 격하시킵니다. 이 것이 우상 숭배의 모습입니다. 사람들이 우상을 숭배하는 이유는 자기를 위해서입니다. 자기 숭배가 우상 숭배라고 할 때 그 핵심은 탐심이라 할 수 있습니다. 탐심은 내 욕망을 채우고자 하는 것입니다. 그래서 바울은 그런 우상 숭배적인 삶을 살지 말고 하나님의 백성다운 새로운 삶을 살아갈 것을 촉구합니다. 하나님의 뜻을 추구하고 이웃을 위한 삶을 살아갈 것을 권면하고 있는 것입니다.

3장 18절 이하는 아내와 남편, 자녀와 부모, 주인과 종의 관계에서 어떻게 행동해야 되는지에 대한 새로운 원칙을 제시하고 있습니다. 에베소서 5~6장의 내용과 유사합니다. 에베소서에서 새로운 행동 원칙의 대전제가 무엇이었습니까? 에베소서 5장 21절입니다. "그리스도를 경외함으로 피차 복종하라." 이것이 신앙인에게 요청되는 새로운 행동 원칙의 대전제입니다. 그리고 구체적으로 상호 관계 안에서 어떻게 해야 하는지를 바울은 말하고 있습니다. 중요한 것은 상호 관계 안에서 약자가 강자에게 하는 행동은 지금까지 늘 해오던 것들을 반복하면 됩니다. 새로운 것이 전혀 없습니다. 그런데 관계 안에서 강자였던 자들은 그렇지 않습니다. 강자들은 그동안 약자들을 위해서 반드시 해야 하는 의무 사항이 없었습니다. 그런데 바울은 남편도 아내를 위해서 이렇게 하라고, 부모도 자녀에게 이렇게 하라고, 주인도 종에게 이렇게 하라는 새로운 의무를 부과합니다. 오늘 우리에게는 이것이 낯설지 않는 내용입니다. 왜냐하면 인간 상호간의 평등이라고 하는 가치를 우리는 당연하게 수용하고 있기 때문입니다. 그래서 아내와 남편이 당연히 서로에게 이렇게 해야 하는 것이 아닌가 하고 생각할 수 있습니다. 그러나 그 당시 맥락에서는 이러한 요청 자체가 너무나 놀라운 주장임을 기억해야 합니다. 관계 안에서 약자들은 지금까지 늘 해오던 것들을 반복하면 되는 것이고 강자들은 새로운 행동 양식을 요청받고 있음을 기억해야 합니다.

3장 23절을 보겠습니다.

무슨 일을 하든지 마음을 다하여 주께 하듯 하고 사람에게 하듯 하지 말라.

이것은 신앙인들이 견지해야 될 가장 중요한 행동 원칙이라고 할 수 있습니다. 신앙인들은 무슨 일을 하든지 주께 하듯 해야 합니다. 이것은 무조건 열심히 하라는 말이 아닙니다. 주께 하듯이 하라는 것에서 핵심은 이것이 진짜 주님이 원하시는 일인지를 먼저 물어야 하는 것입니다. 우리가 주님께 하듯 한다고 할 때 주님이 원하시지 않는 일을 주님께 할 수는 없는 것 아니겠습니까? 무엇보다 주님이 원하시는 일도 주님이 원하시는 방식대로 해야 합니다. 주님의 일이라고 하면서 주님이 원하시지 않는 방식으로 해서는 안 된다는 것입니다. 주께 하듯 하라는 말 속에는 이것이 진짜 주님이 원하시는 일인가를 생각하라는 것과 이것이 진짜 주님이 원하시는 방식인가를 생각하라는 말이 내포되어 있는 것입니다.

우리가 주목해야 할 말씀이 4장 9절입니다.

여기에 오네시모라는 이름이 등장합니다. 이 이름이 다시 등장하는 곳이 어디입니까? 빌레몬서입니다. 오네시모는 빌레몬의 종입니다. 한국 교회는 빌레몬서를 해석하면서 빌레몬은 주인이고 오네시모는 종이었는데 오네시모가 주인으로부터 도망쳤다고 생각합니다. 그러다 어느 날 오네시모는 잡혔고 감옥에 수감되어 감옥에서 바울을 만나게 되었다고 봅니다. 이것이 한국 교회가 빌레몬서를 해석하는 일반적인 내용입니다. 이런 해석에서 핵심은 바울과 오네시모가 감방 동기라는 것입니다. 만약 이것이 사실이라면 골로새서 4장 9절을 어떻게 이해할 수 있을까요? 지금 바울은 오네시모를 보내겠다고 말하고 있습니다. 바울이 재판관도 아닌데 어떻게 감방 동기인 오네시모를 보낼 수 있는 것인가요? 또한 바울과 오네시모가 감방 동기라고 할 때 걸리는 문제가 있습니다. 알다시피 바울은 로마 시민권자이고 오네시모는 노예입니다. 어떻게 로마 시민과 노예가 같은 감방에 수감될 수 있을까요? 이런 문제에 답하기 위해서는 기존의 선입견을 잠시 내려놓고 다른 목소리를 경청하는 것이 필요합니다.

신학자들은 오네시모를 바울의 수감생활을 돕기 위해 빌레몬이 보낸 자로 이해합니다. 당시 로마 시민권을 가진 사람이 감옥에 갇히게 되면 그의 수형 생활을 돕기 위해서 종이 함께 생활하는 경우들이 많았습니다. 오네시모도 그렇게 이해하는 것입니다. 빌레몬이 바울의 수감생활을 돕기 위해서 자신의 종인 오네시모를 보냈다고 보는 것입니다. 그래야만 바울이 오네시모를 다시 돌려보낸다는 말이 이해가 됩니다. 빌레몬서를 해석할 때 빌레몬서만 보면 안 됩니다. 빌레몬서는 골로새서와 함께 봐야 합니다. 골로새서와 빌레몬서에는 같은 이름이 계속해서 등장합니다. 빌레몬, 오네시모, 아킵보가 그들입니다. 골로새서 4장 17절에 보면 아킵보라는 사람이 나옵니다. 빌레몬서 1장 2절을 보십시오.

자매 압비아와 우리와 함께 병사 된 아킵보와 네 집에 있는 교회에 편지하노니.

여기도 아킵보라는 이름이 등장합니다. 이처럼 골로새서와 빌레몬서는 매우 긴밀한 연관 관계가 있습니다. 그래서 학자들은 골로새 교회가 빌레몬의 후원 아래 모였던 가정 교회가 아닐까 생각하는 것입니다.

4장 16절을 보겠습니다.

이 편지를 너희에게서 읽은 후에 라오디게아인의 교회에서도 읽게 하고 또 라오디게아로부터 오는 편지를 너희도 읽으라.

바울은 골로새 교회로 하여금 라오디게아 교회와 편지를 회람하라고 말합니다. 다양한 지역에 분포했던 초대 교회는 이런 식으로 사도들의 말씀을 접하게 되었을 것입니다. 이때는 글을 쓰는 행위가 비용이 많이 드는 일이었기 때문에 때마다 편지를 쓰는 일은 쉽지 않았습니다. 어느 교회에 보낸 편지가 다른 교회에도 필요하다고 생각하면 그 편지를 서로 돌려 읽도록 하였습니다. 이것이 회람입니다. 한 교회가 읽은 다음에 다른 교회로 전달해서 그 교회도 읽도록 한 것입니다. 이런 회람을 통해 많은 교회들이 바울의 편지를 접했다는 사실을 기억하시면 좋겠습니다.

데살로니가전후서

데살로니가전서는 바울 서신 가운데 가장 먼저 기록된 서신으로 봅니다. 대략적으로 48~50년 사이에 쓰여지지 않았을까 생각합니다. 3장 1~2절입니다.

이러므로 우리가 참다 못하여 우리만 아덴에 머물기를 좋게 생각하고 우리 형제 곧 그리스도의 복음을 전하는 하나님의 일꾼인 디모데를 보내노니 이는 너희를 굳건하게 하고 너희 믿음에 대하여 위로함으로.

여기 나오는 바울은 아덴에 머물러 있고 디모데를 데살로니가로 보냈던 이야기는 사도행전 17장의 상황입니다. 사도행전 17장을 보면 바울은 데살로니가에서 복음을 전하다가 유대인들이 바울을 죽이려고 하자 베뢰아로 피신합니다. 그런데 그들이 베뢰아까지 바울을 쫓아옵니다. 그래서 바울이 베뢰아에서 아덴으로 피신합니다. 아덴으로 피신한 바울은 데살로니가 교인들이 잘 있는가를 확인하고자 디모데를 데살로니가로 보냅니다. 3장 1~2절의 상황이 사도행전 17장 내용입니다. 데살로니가전서를 바울의 초기 서신으로 보는 이유가 여기에 있습니다. 이처럼 데살로니가전서는 바울이 전도 여행을 하는 중에 기록한 초기 서신으로 봅니다.

데살로니가전서는 거짓 종말론으로 인해 부도덕하고 나태하지 말고 고난과 핍박 속에서도 그리스도의 재림을 소망하며 하나님을 기쁘시게 하는 삶을 살아야 된다는 것을 강조합니다. 데살로니가후서의 내용도 비슷합니다. 데살로니가전후서는 전체적으로 잘못된 종말 신앙에 대해 질타하는 내용을 담고 있습니다. 1992년 10월 28일 예수님이 재림한다고 주장했던 다미선교회라는 단체가 있었습니다. 이장림 목사가 등장해서 한국 사회를 아주 혼란스럽게 만들었습니다. 재미있는 것은 '주님이 언제 오신다'고 시한부 종말론을 주장하는 사람들이 자신을 추종하는 신자들에게는 모든 재산을 헌금하라고 하는데 이게 너무 웃기지 않습니까? 주님이 곧 재림하시는데 교회가 많은 헌금을 축척하는 것이 어떤 의미가 있습니까? 조금만 생각해도 앞뒤가 맞지 않는 행동을 하고 있음을 알 수 있습니다. 이장림 씨는 1993년과 1994년에 만기가 되는 금융 상품에 상당한 금액을 투자한 사실이 이후에 드러났습니다. 이런 행보를 보면 이장림은 예수님이 오시지 않는다는 것을 확신했던 것 같습니다. 매번 이런 종교 사기꾼에게 사람들이 속아 넘어 가고 있는 현실을 보면 참으로 답답합니다.

한국 교회에 사이비와 이단들이 판치는 이유가 있습니다. 한국 교회에 어린아이 수준의 사고를 가지고 신앙생활 하는 분들이 많이 있기 때문입니다. 이들은 주님께서 재림하시기 전까지 교회에 헌금 많이 내고 봉사 많이 하면 구원받을 수 있을 것으로 생각합니다. 무엇보다 주님이 재림하시는 그 순간에 교회에 모여서 예배하고 기도하고 찬양하면 구원은 100% 보장되는 것으로 확신합니다. 이들의 생각 속에는 주님이 재림하시는 그 순간에 내가 어디 있는가가 아주 중요합니다. 그런데 이런 생각이 과연 성경적으로 지지받을 수 있는 것인가요? 성경에는 두 사람이 밭에서 일하다가도 한 사람은 구원받고 한 사람은 구원받지 못한다고 말합니다. 두 여인이 맷돌을 갈다가도 한 여인은 구원받고 한 여인은 구원받지 못한다고 말합니다. 이게 무슨 말입니까? 구원은 주님이 재림하기 전까지 그들이 어떤 삶을 살았는가에 대한 총체적인 판단 가운데 이루어지는 것입니다. 단순하게 주님이 재림하시는 그 순간에 구원의 방주라고 생각되는 교회 안에 있었는가, 없었는가를 가지고 구원이 이루어지는 것이 아닙니다. 그런데 아직까지도 이렇게 단순하게 생각하는 신앙인들이 생각보다 많습니다. 그래서 잊을 만하면 시한부 종말론자들이 등장하여 어리석은 교인들을 현혹하고 있습니다.

초대 교회에도 잘못된 종말 신앙을 주장하며 교회를 어지럽힌 사람들이 있었습니다. 바울은 그들의 문제를 지적하며 올바른 재림 신앙이 무엇인지를 데살로니가전후서를 통해서 강조하고 있습니다. 종말을 준비하는 가장 올바른 자세를 철학자 스피노자를 통해서도 확인할 수 있습니다. 스피노자는 "내일 지구가 멸망하더라도 나는 오늘 한 그루의 사과나무를 심겠다"고 했습니다. 이런 자세가 종말을 준비하는 가장 올바른 자세라고 할 수 있습니다. 예수님이 언제 재림하신다고 하더라도 일상을 신실하게 살아가는 것이 종말을 대비하는 가장 올바른 자세입니다. 당시 데살로니가 교회 안에서 논쟁이 있었습니다. 논쟁의 이슈가 무엇이었습니까? 주의 재림을 보지 못하고 죽은 자들의 운명은 어떻게 되는 것인가 하는 것이었습니다. 초대 교회많은 신앙인들은 임박한 재림 신앙을 가지고 있었습니다. 그런데 주의 재림이 지연되면서 주의 재림을 보지 못하고 죽는 신자들이 생겨났습니다. 이때 사람들은 고민하기 시작한 것입니다. 주님이 재림하실 때 살아 있어야 주의 구원을 받는 것이 아닌가 하는 생각 속에서주님이 재림하기 전에 죽은 사람들의 운명은 어떻게 되는지에 대해걱정하기 시작한 것입니다.

4장 14절을 보겠습니다.

우리가 예수께서 죽으셨다가 다시 살아나심을 믿을진대 이와 같이 예수 안에서 자는 자들도 하나님이 그와 함께 데리고 오시리라.

바울이 이런 말을 하는 이유는 걱정하지 말라는 것입니다. 주의 재림을 보지 못하고 죽은 자들이 하나님의 구원에서 배제되었다고 생각하지 말라는 것입니다. 주님이 재림하시는 그 순간에 살아 있느냐 죽었느냐는 구원의 결정적인 요소가 되지 못한다는 것입니다. 따라서 그러한 문제로 인해 걱정하거나 슬퍼할 필요가 없다는 것입니다. 그렇다면 데살로니가 교회 안에서 잘못된 종말 신앙으로 인해 걱정하거나 논쟁을 했던 사람들이 발생한 이유는 무엇 때문이었을까요? 사도행전을 보면 데살로니가 교회는 바울과 세 번 정도 만난 교회입니다. 매우 짧게 만났지만 바울의 메시지에 신속하게 응답하고 교회가 탄생하게 되었습니다. 그러나 갑작스러운 디아스포라 유대인들의 핍박으로 인해 바울과 데살로니가 교인들은 헤어질 수밖에 없었습니다. 바울의 복음 전도를 듣고 예수를 믿긴 믿었지만 바울로부터 체계적인 신앙 교육을 받지 못한 것입니다. 신앙에서 신생아 단계라고 할 수 있습니다. 기독교 신앙에 대해 체계적인 교육을 받지 못한 결과 데살로니가 교회에는 잘못된 신학적인 이해를 가진 교인들이 많이 있었고 그로 인해 다양한 이슈로 논쟁이 벌어졌던 것입니다.

1장 7절을 보겠습니다.

그러므로 너희가 마게도냐와 아가야에 있는 모든 믿는 자의 본이 되었느니라.

마게도냐는 그리스 북부 지역을 아가야는 그리스 남부 지역을 가리키는 표현입니다. 데살로니가 교회가 그리스 전체에서 믿는 자들의 본이 되었다는 것입니다. 비록 신앙의 연륜은 짧았지만 데살로니가 교회는 많은 교회가 본받을 만한 아름다운 모범이 되었습니다.

4장 9절을 보겠습니다.

형제 사랑에 관하여는 너희에게 쓸 것이 없음은 너희들 자신이 하나님의 가르치심을 받아 서로 사랑함이라.

데살로니가 교회가 믿는 자들의 본이 된 것 가운데 하나가 여기에 나옵니다. 데살로니가 교회는 형제 사랑이 너무나 잘 이루어졌습니다. 이 땅에 있는 교회들을 향해 데살로니가 교회를 본받으라고 기꺼이 말할 수 있을 만큼 교회의 본질을 잘 간직했던 교회가 데살로니가 교회입니다.

2장 19~20절을 보겠습니다.

우리의 소망이나 기쁨이나 자랑의 면류관이 무엇이냐 그가 강림하실 때 우리 주 예수 앞에 너희가 아니냐 너희는 우리의 영광이요 기쁨이니라.

본문은 목회자가 성도들에게 고백할 수 있는 최고의 찬사입니다. 바울에게 있어서 데살로니가 교회는 기쁨이었고 영광이었습니다. 생각만 해도 마음이 따뜻해지는 그런 교회였습니다. 바울이 정말 사랑한 교회이고 또한 바울을 정말 존경한 교회입니다. 그런데 이렇게 멋진 데살로니가 교회 안에도 문제가 있었습니다. 잘못된 종말 신앙을 가진 사람들이 있었던 것입니다. 이들에게 바울이 올바른 재림 신앙을 알려주는 내용이 4장 16~17절입니다. 이 본문은 휴거를 주장하는 사람들이 근거 구절로 인용하는 말씀입니다. 오늘날에는 좀 덜하지만 30년 전만 하더라도 한국 교회에는 문자적인 휴거 신앙을 가진 분들이 많았습니다. 주님이 재림하실 때 이 땅에 있는 신앙인들은 공중으로 올리어져 주님과 만나고 우주 어딘가에 있는 하나님 나라로 이동하여 영생 복락을 누릴 것이라고 믿었습니다. 그리고 이 땅은 하나님의 심판을 받아 불바다가 될 것이라고 믿었습니다. 휴거 신앙을 주장했던 사람들이 근거 본문으로 제시한 구절이 4장 16~17절인데 이러한 휴거 신앙이 얼마나 잘못된 해석인지를 잘 아셔야 합니다. 여전히 이러한 휴거 신앙을 갖고 계신 분들이 주위에 계시다면 제가 드리는 이 설명을 잘 전달해주시기 바랍니다.

4장 16~17절을 보겠습니다.

> 주께서 호령과 천사장의 소리와 하나님의 나팔 소리로 친히 하늘로부터 강림하시리니 그리스도 안에서 죽은 자들이 먼저 일어나고 그 후에 우리 살아 남은 자들도 그들과 함께 구름 속으로 끌어 올려 공중에서 주를 영접하게 하시리니 그리하여 우리가 항상 주와 함께 있으리라.

여기에 '강림하신다'는 말이 헬라어로 '파루시아'입니다. 우리가 보통 주님의 재림을 말할 때 파루시아라는 단어를 사용합니다. 이것을 데살로니가전서에서는 주님이 강림하신다고 말하고 있습니다. 주님이 강림하실 때 어떤 일이 일어납니까? "그리스도 안에서 죽은 자들이 먼저 일어나고 그 후에 우리 살아 남은 자들도 그들과 함께 구름 속으로 끌어 올려"집니다. 여기 '끌어 올려'라는 말에서 휴거라는 단어가 나온 것입니다. "끌어 올려 공중에서 주를 영접하게 하시리니 그리하여 우리가 항상 주와 함께 있으리라." 여기에 '영접한다'는 말이 나오는데 이것이 헬라어로 '아판테시스'입니다. 강림이라는 말은 파루시아이고 영접한다는 말은 아판테시스입니다. 이 두 단어를 올바르게 이해하는 것이 너무나 중요합니다. 여기에 나오는 파루시아나 아판테시스라는 말은 당시 사람들 누구나 알고 있던 단어라고 이해하시면 됩니다. 오늘날 민주주의, 삼권분립이라는 말은 의무교육을 받은 대한민국 시민이라면 누구나 알고 있는 것처럼 1세기 로마제국에서 살아가고 있던 사람들이 당연하게 알고 있던 단어가 파루시아와 아판테시스입니다. 누구나 알고 있는 그 단어를 바울이 사용하고 있는 것입니다.

그렇다면 파루시아나 아판테시스가 어떤 의미를 가지고 있을까요? 로마 제국은 광대한 영토를 가지고 있었습니다. 로마 제국의 최고 지도자는 황제입니다. 한 명의 황제가 광대한 로마 제국 전체를 매일 관리 감독할 수는 없었습니다. 황제는 주로 로마에 있습니다. 대신 여러 지역에 자기가 믿을 만한 사람들을 총독으로 세워서 대리 통치하게 하였습니다. 그리고 몇 년에 한 번씩 황제는 자기의 통치 지역을 방문합니다. 황제가 자기의 통치 지역을 방문하는 것을 파루시아라고 합니다. 바울이 주님께서 재림하시는 것을 파루시아라고 할 때 여기에는 중요한 전제가 하나 있습니다. 주님이 이 땅에 재림하신다고 할 때 이 땅은 주님의 것, 주님의 통치 지역이라는 전제가 있는 것입니다. 주님의 재림은 주님이 자기하고 아무런 상관이 없는 곳에 오시는 것이 아닙니다. 주님이 다스리시는 주님의 땅에 오시는 것입니다. 이것을 파루시아라고 합니다. 황제가 지방에 있는 한 성을 방문한다고 가정해 보십시오. 황제가 오는 것을 뭐라고 했습니까? 파루시아라고 합니다. 황제가 어느 성을 향해 파루시아 한다고 할 때 이 성 안에 있는 총독이나 귀족들이 가만히 앉아서 황제가 올 때까지 기다리고 있을까요? 절대 그렇지 않습니다. 성 안에 있는 총독이나 귀족들은 황제가 파루시아 한다는 이야기를 듣게 되면 성 밖으로 나가서 황제를 맞이하고자 할 것입니다. 황제는 성을 향해 오고 있고 성에 있던 관료들은 황제를 맞이하기 위하여 마중을 나갑니다. 그러면 중간 어느 지점에서 만나게 될 것입니다. 이것을 아판테시스라고 합니다.

이것을 주의 재림의 상황에서 설명해 보겠습니다. 주님은 이 땅에 제자들을 남겨 놓으시고 승천하셨습니다. 지금은 하늘에 계십니다. 주님은 어느 날 당신의 통치 지역을 향해 내려오실 것입니다. 이것을 파루시아라고 합니다. 황제가 자신의 통치 지역인 땅으로 갈 때는 수평적인 이동으로 설명하면 됩니다. 그러나 지금 주님은 승천하셔서 하늘에 계시기 때문에 주님의 파루시아는 수직적으로 설명해야 합니다. 지금 하늘에 계신 주님께서 자기의 통치 지역인 이 땅을 방문하시는 것입니다. 주님은 파루시아를 하시면서 내려오실 것입니다. 그럴 때 이 땅에 있는 주님의 백성들은 주님을 영접하기 위하여 위로 올라가야 합니다. 이 땅에서 가만히 기다리고 있어서는 안 됩니다. 그래서 주님은 내려오시고 이 땅에 있는 주님의 백성들은 주님을 맞이하기 위하여 올라가서 중간 어딘가 공중에서 주님과 만남을 갖게 되는 것입니다. 이것을 아판테시스라고 합니다.

중요한 것은 그다음입니다. 황제가 어느 성을 방문하는 파루시아를 할 때 성 안에 있던 고위 관료들이 황제를 아판테시스하기 위해 나갑니다. 그리고 중간 어딘가에서 황제를 만났습니다. 아판테시스를 한 것입니다. 그렇다면 그다음 행선지는 어디가 될까요? 당연히 황제가 가고자 한 그 성을 향해 갈 것입니다. 이것은 너무나 당연한 것이기에 바울은 그다음 행선지에 대해서 말하지 않은 것입니다. 주님은 이 땅으로 파루시아를 하십니다. 이 땅에 있는 주님의 백성들은 주님을 영접하기 위해서 공중으로 올라갑니다. 공중 어딘가에서 주님과 주님의 백성이 만나게 되면 그다음 행선지는 말하지 않아도 너무나 분명한 것입니다. 그래서 바울은 이것을 말할 필요가 없었던 것입니다. 1세기에 살고 있던 사람들은 하늘에서 이 땅으로 파루시아 하시는 주님과 주님을 영접하기 위해서 올라갔던 백성들이 공중에서 만난 다음에 그다음 행선지는 당연히 주님이 가시고자 했던 이 땅이 된다는 것을 알고 있었습니다. 그런데 휴거주의자들은 공중에서 주님과 주님의 백성들이 만남을 가진 후에 우주 어딘가로 이동한다고 생각합니다. 이러한 인식 자체가 파루시아와 아판테시스에 대한 이해가 없다는 반증입니다. 공중에서 주를 영접하고 나서 그다음 행선지가 이 땅이라는 것은 굳이 말하지 않아도 누구나 알고 있는 내용입니다.

요한계시록에 보면 주님이 이 땅으로 내려오실 뿐만 아니라 새 예루살렘도 하늘에서 이 땅으로 내려옵니다. 우리가 죽은 다음 어디로 가는 것이 아니라 새 예루살렘이 내려오는 것입니다. 그래서 이 땅이 완전히 새로워지는 것입니다. 그런데 한국 교회가 가지고 있는 내세관은 이와는 다릅니다. 우리가 우주 어딘가에 있는 하늘나라도 이동할 것이라고 생각합니다. 이것은 우리 조상들이 가지고 있었던 하늘 신앙에 영향을 받은 것 같습니다. 그 연장선상에서 데살로니가전서

4장을 해석해왔고 이것이 휴거 신앙과 맞물리면서 오랜 시간 한국 교회의 정설처럼 주장되어 온 것입니다. 그러나 데살로니가전서 4장에 나오는 파루시아와 아판테시스에 대한 이해만 제대로 한다면 그런 오해는 하지 않았을 것입니다. 바울이 사용하고 있는 파루시아와 아판테시스라는 단어는 1세기 로마 제국 안에서 누구나 알고 있는 정치 용어라는 것을 꼭 기억하시기 바랍니다. 당시 사람들은 파루시아나 아판테시스의 의미를 이해하고 있었습니다. 그것을 전제로 바울은 편지를 썼던 것입니다. 따라서 공중에서 주를 영접한 다음에 주의 백성들이 주님과 함께 이 땅으로 온다는 것은 너무나 당연한 생각이었습니다. 우주 어딘가의 공간으로 이동한다는 잘못된 휴거 신앙을 빨리 극복할 수 있었으면 좋겠습니다.

5장 8절을 보겠습니다.

우리는 낮에 속하였으니 정신을 차리고 믿음과 사랑의 호심경을 붙이고 구원의 소망의 투구를 쓰자.

왜 정신을 차리는 것이 필요합니까? 어둠의 세력이 매순간 우리를 집어삼키려고 하기 때문입니다. 그래서 그 유혹에 넘어가지 않기 위해서는 정신을 차려야만 합니다. 그리고 바울은 이렇게 말합니다. "믿음과 사랑의 호심경을 붙이고 구원의 소망의 투구를 쓰자." 데살로니가전서는 바울의 초기 서신입니다. 이후에 바울은 데살로니가전서 5장 8절 말씀을 보다 상세하게 풀어서 기술합니다. 그것이 어디에 나옵니까? 에베소서 6장에 나옵니다. 에베소서 6장에서 바울은 "하나님의

전신 갑주를 취하라"고 말합니다. 하나님의 전신 갑주에 대한 설명은
데살로니가전서 5장 8절에 대한 확장판이라고 할 수 있습니다.

5장 16~18절을 보겠습니다.

> 항상 기뻐하라 쉬지 말고 기도하라 범사에 감사하라 이것이 그리
> 스도 예수 안에서 너희를 향하신 하나님의 뜻이니라.

이 말씀을 보면서 많은 분들이 문제 제기를 합니다. '어떻게 항상
기뻐할 수 있어', '어떻게 범사에 감사할 수 있어'라고 하면서 하나님
께서 우리에게 너무 과도한 요구를 하시는 것은 아닌가 하고 문제 제
기를 하는 것입니다. 항상 기뻐하는 것은 쉽지 않습니다. 범사에 감
사하는 것도 쉽지 않습니다. 그러나 전혀 불가능한 것은 아닙니다.
핵심은 항상 기뻐하고 범사에 감사하고자 한다면 내가 기뻐하거나
감사하는 조건이 바뀌어야 합니다. 예를 들면 우리는 어느 경우에 기
뻐합니까? 내가 원하는 대로 일이 술술 잘 풀리면 기뻐합니다. 어느
순간에 짜증을 내고 화를 냅니까? 내가 원하는 대로 일이 풀리지 않
으면 짜증을 내고 화를 냅니다. 우리는 언제 감사합니까? 너무 순탄
하고 기쁘고 즐겁고 행복할 때 감사합니다. 이처럼 일반적으로 우리
가 기뻐하거나 감사하는 조건들은 모두가 나의 상황에 맞춰져 있습
니다. 그런데 내가 기뻐하거나 감사하는 이유나 조건을 나에게서 하
나님에게로 바꾼다고 생각해 보십시오. 오늘도 내가 하나님의 통치
안에 거하는 것, 하나님의 백성으로 살아가는 것, 예수의 제자가 된
것, 오늘도 세속의 가치에 지배받지 않고 다른 삶을 살아가는 것, 오

늘도 믿음의 사람들과 하나 됨을 누리고 있는 것, 이런 것들에 우리가 기뻐할 수 있다면 항상 기뻐할 수 있지 않겠습니까? 이런 것에 감사할 수 있다면 범사에 감사할 수 있지 않겠습니까? 내 상황에 집착하지 않고 내가 기뻐하는 이유와 내가 감사할 수 있는 이유가 변화되어진다면 항상 기뻐할 수 있는 것입니다.

바울이 데살로니가 교인들에게 항상 기뻐하라, 범사에 감사하라고 할 때 핵심은 기쁨과 감사의 조건과 이유가 달라져야 한다는 것입니다. 기쁨과 감사의 조건과 이유가 달라졌기에 바울은 모든 상황에서 기뻐하고 감사할 수 있었습니다. 바울을 감옥 안에 집어넣는다고 해서 바울의 기쁨을 빼앗아갈 수 있겠습니까? 바울이 어디에 있건 간에 예수 그리스도와 신실하게 동행하고 있다는 것이 바울에게 기쁨의 이유가 되었기에 감옥 안에서도 바울은 기뻐할 수 있었습니다. 자신이 하나님의 사람으로 쓰임 받을 수 있음이 바울에게는 감사의 이유였기에 바울은 감옥 안에서도 만나는 모든 이들에게 복음을 전하면서 감사할 수 있었습니다. 항상 기뻐하라, 범사에 감사하라는 이 말씀이 우리에게 이해가 되려면 우리 또한 기쁨과 감사의 조건과 이유가 달라져야 합니다. 그럴 때만 이 말씀의 의미를 이해할 수 있습니다.

5장 22절을 보겠습니다.

악은 어떤 모양이라도 버리라.

여기 '버리라'는 말은 '피하라'는 말입니다. 즉 바울은 '악은 어떤 모양이라도 피하라'고 말합니다. 우리가 신앙의 여정에서 자연스레 경험하게 되는 일이 있습니다. 우리가 하나님의 백성으로 성장하고 성숙되어지면 내가 그동안 만나왔던 어떤 관계는 부담스러워질 수 있습니다. 우리가 말씀에 온전히 사로잡히게 되면 이전에 내가 가지고 있던 생각이나 행동이나 만나왔던 관계가 재편되어질 수밖에 없습니다. 시편 1장 1절이 그것을 말해주고 있는 것입니다. 복 있는 사람은 악인들의 꾀를 쫓지 않습니다. 죄인들의 길에 서지 않습니다. 오만한 자들의 자리에 앉지 않습니다. 왜 복 있는 사람들이 이런 삶을 살아가게 됩니까? 악은 모든 모양이라도 피하려고 하기 때문입니다. 오늘 우리에게도 이러한 신앙의 분투가 가득하길 소망합니다.

다음으로 데살로니가후서를 보겠습니다. 데살로니가후서는 올바른 재림 신앙은 일상생활의 성실한 유지이고 교회 공동체의 덕을 세우는 건전한 노동임을 강조합니다. 주의 재림이 곧 있다고 생각하면서 일상을 신실하게 살아가지 않는 성도들에 대해서 바울이 책망하는 내용이 데살로니가후서입니다.

3장 10절을 보겠습니다.

우리가 너희와 함께 있을 때에도 너희에게 명하기를 누구든지 일하기 싫어하거든 먹지도 말게 하라 하였더니.

바울은 일하기 싫어하는 사람은 먹지도 못하게 하라고 명합니다.

이 말씀을 통해서 우리는 당시 데살로니가 교회 안에 공동 식사가 있었음을 알 수 있습니다. 바울은 일상을 성실하게 살아가지 않는 교인에게는 저녁 만찬에 참여시키지 말라고 명합니다. 당시 데살로니가 교회는 교회 재정으로 저녁마다 공동 식사를 한 것으로 보입니다. 이것은 데살로니가 교회만 그렇게 한 것이 아니고 고린도 교회도 그랬습니다. 많은 교회들이 저녁에 함께 모여서 식사를 했습니다. 그런데 성실하게 노동은 하지 않으면서 저녁 식사에만 참여하는 사람들이 있었던 것 같습니다. 바울은 이런 사람들에 대해 아주 단호한 입장을 취했습니다. 일하기 싫어하는 사람은 먹지도 못하게 하라고 말합니다.

3장 6절을 보겠습니다.

형제들아 우리 주 예수 그리스도의 이름으로 너희를 명하노니 게으르게 행하고 우리에게서 받은 전통대로 행하지 아니하는 모든 형제에게서 떠나라.

여기에 '떠나라'는 말은 그 사람을 공동체 식구로 인정하지 말라는 것입니다. 즉 출교시켜 내보내라는 것입니다. 바울은 아주 단호하고 엄중하게 목회를 했습니다. 그리스도의 신부된 교회의 순결함을 깨뜨리는 행위에 대해서는 한 치의 양보도 하지 않고 분명한 입장을 취했습니다. 오늘날도 마찬가지입니다. 참된 교회를 세워나가기 위해서는 작은 죄 하나라도 교회 안에 침투해 들어오지 못하도록 단호해야 합니다. 그러나 오늘날 목회는 이미 서비스업이 되어 버렸습니다. 엄격하고 단호해야 하는 시점에서도 유야무야 넘어가는 경우들이 너무 많습니다. 그 결과 교회는 세상과의 차별성을 상실하고 세상의 연장으로 존재하는 경우들이 많습니다. 세속의 가치에 함몰된 사람들이 교회 공동체를 어지럽히고 신앙인다운 삶을 살아내지 못하는 상황에서도 그 사람이 상처를 받고 교회를 떠날까 봐 필요한 조언을 하지 못하는 경우들이 너무 많습니다. 그런데 바울은 얼마나 엄격합니까? 일상에서 성실하게 노동하지 않으면서 교회 공동체 식사에는 꼭 참석해서 밥을 먹는 사람들에게 밥도 주지 말라고 합니다. 게으르게 살아가는 자들은 공동체 바깥으로 내보내라고 말합니다. 매우 단호하게 목회하는 바울의 모습을 볼 수 있습니다. 바울이 말하고자 하는 핵심은 일상을 신실하게 살아가는 것이 최고의 재림 준비라는 것입니다.

신명기 5장 12절부터 14절을 보면 안식일을 기억하여 거룩하게 지키라는 4계명에 대한 말씀이 나옵니다. 어떻게 하는 것이 안식일을 거룩하게 지키는 것일까요? 안식일을 거룩하게 지키기 위한 첫 번째 요청은 '6일 동안 열심히 일하라'는 것입니다. 6일 동안 성실하게 노동하는 것이 안식일을 거룩하게 지키는 첫 번째 행위입니다. 오늘 우리는 안식일을 거룩하게 지키는 것을 안식일에 거룩하게 예배드리고 거룩하게 살아가는 것이라고 생각하는데 그렇지 않습니다. 6일 동안 성실하게 노동하며 살아가는 것이 안식일을 거룩하게 지키기 위한 전제 조건입니다. 우리 하나님은 일상의 삶을 성실하게 살았던 사람들의 예배를 기뻐 받으십니다. 6일 동안 나태하고 게으르게 살면서 다른 사람 등쳐먹고 거짓말하고 이웃에게 함부로 대한 사람들이 아무리 거대하고 화려한 예배를 드린다고 해도 우리 하나님은 그런 예배를 받지 않으십니다. 이처럼 우리의 예배가 하나님께 열납되기 위해서라도 일상의 삶 속에서 거룩하고 진실하게 살아가는 것이 필요합니다.

데살로니가 교회처럼 한국 교회에도 잘못된 종말 신앙을 가진 사람들이 많습니다. '내일 주님이 재림하신다면 오늘 무엇을 하시겠습니까'라는 질문에 대부분의 신앙인들은 교회에 와서 예배드리고 기도하고 찬양하겠다고 합니다. 이러한 답변은 어떤 생각의 반영입니까? 주님이 재림하시는 그 순간에 구원의 방주인 교회 안에 있게 되면 구원받을 수 있지 않을까 라는 생각을 하는 것입니다. 지금까지 살아왔던 삶보다 주님이 재림하시는 순간에 어디에 있었는가 하는 것을 더욱 중요하게 생각하는 것입니다. 그러나 마태복음 24장 40~41절은 그렇게 말하지 않습니다. 두 사람이 밭을 갈다가도 한 사람만 구원을 받고 두 여인이 맷돌을 갈다가도 한 여인만 구원을 받습니다. 하나님의 심판은 그가 지금까지 살아왔던 총체적 삶에 대한 판단인 것이지 주님이 재림하시는 순간에 그가 어디에서 무엇을 하고 있는가에 따라 결정되는 것이 아닙니다.

마지막으로 3장 2절을 보겠습니다.

또한 우리를 부당하고 악한 사람들에게서 건지시옵소서 하라 믿음은 모든 사람의 것이 아니니라.

신앙이 좋으신 분들이 가끔씩 안타까워하며 이런 말씀을 하십니다. '교회 안에 진짜 믿는 사람이 너무나 적어.' 맞는 말입니다. 성경이 누누이 말하는 것처럼 진짜 하나님을 제대로 믿고 섬기는 사람이 많지 않습니다. 그러나 참 신앙인이 적다고 해서 실망하거나 좌절하실 필요는 없습니다. 누군가 교회를 다닌다고 해서 그 사람이 예수를 제대로 믿는다고 생각하시면 안 됩니다. 교회를 다니는 것과 예수를 제대로 믿는 것은 별개의 문제입니다. 좁은 문을 통과하여 협착한 길을 걸어가야 하는 신앙의 길을 선택하는 사람들은 언제나 소수입니다. 참 신앙인은 각 시대마다 소수입니다. 왜 그렇습니까? 믿음은 모든 사람들의 것이 아니기 때문입니다. 우리는 이 땅에 교회가 교회다워지면 많은 사람들이 신앙을 가지지 않을까 하고 기대합니다. 그러나 신앙인들이 하나님의 백성다운 삶을 신실하게 드러내고 말씀에 순종하는 삶을 살아간다고 해서 모든 사람들이 하나님을 믿지는 않습니다. 왜 그렇습니까? 하나님에 대한 신앙은 인간의 이기적인 본성, 죄에 기울어지기 쉬운 죄성과 충돌을 불러일으키기 때문입니다. 그러나 소수이지만 말씀의 선포 앞에서 무릎을 꿇고 회심을 경험하는 이들이 있습니다. 동일한 말씀의 선포 앞에서 누군가는 말씀을 배척하고 누군가는 말씀을 아멘으로 수용합니다. 왜 이런 차이가 발생하는 것일까요?

여기서 나온 것이 예정 교리입니다. 동일한 상황에서 동일한 복음을 전했는데 어떤 사람은 복음의 메시지에 아멘으로 화답하고 어떤 사람은 복음의 메시지를 거부하는 이들이 있습니다. 이렇게 다른 결과가 드러난다고 할 때 이것은 전하는 사람의 문제라고 할 수는 없습니다. 똑같은 사람이 똑같은 메시지를 선포했기 때문입니다. 그런데 반응은 하늘과 땅 만큼의 차이를 드러냅니다. 어떤 사람은 영접하고 어떤 사람은 영접하지 않습니다. 이런 상황에서 나온 것이 예정 교리입니다. 하나님이 영원 전부터 구원하기로 예정된 자들은 복음을 받아들이지만 그렇지 않은 자들은 복음을 받아들이지 않는다는 것입니다. 한국 교회에서 진짜 믿는 사람들이 적다는 것으로 인해 실망하거나 괴로워하실 필요는 없습니다. 다만 자신이 하나님의 사람으로 신실하게 살아가지 못하는 것으로 인해 안타까워해야 합니다. 그리고 날마다 하나님의 통치 안에서 새로워지기 위해서 분투해야 합니다.

Q 목사님께서 빌립보서 2장 10~11절을 설명하시면서 사후 세계에 대한 세 가지 주장에 대해 말씀해 주셨습니다. 제가 얼마 전에 톰 라이트가 쓴 「마침내 드러난 하나님 나라」라는 책을 읽었습니다. 그 책에서 저자는 시편 115장을 인용합니다. "우상을 금으로 만들어놓고 그 우상에 생명이 없는데 생명이 있는 것처럼 섬기는 사람들은 우상을 만드는 자들과 그것을 의지하는 자들이 다 그와 같으리로다"는 말씀입니다. 이 말씀을 인용하면서 지옥에 있는 사람들이 하나님이 주신 하나님의 형상을 완전히 잃어버리고 우상을 숭배하다가 우상을 닮아가지 않을까 라고 말합니다. 하나님의 형상을 완전히 상실하고 사람으로 불릴 수도 없는 존재가 되어버리지 않겠느냐 하는 것입니다. 이것이 사후 세계에 대한 네 번째 주장이 아닐까 생각합니다.

A 지금 말씀하신 네 번째 주장이라고 하는 것은 지옥은 있는데 지옥에 던져지는 존재는 하나님의 형상으로서의 존귀함을 상실하고 흉측한 존재로 변화된다는 것이지요?

Q 네, 맞습니다. 예를 들면 반지의 제왕이라는 영화를 보면 골룸이 반지를 탐하다가 점점 흉측해지지 않습니까? 그전에는 건강하고 멋있었던 호빗이었는데 이후에는 그 형상을 다 잃어버리게 되는 것처럼 지옥에 던져진 사람들도 이후에는 사람이라고 불릴 수 없는 존재, 즉 생명체도 아니고 호흡도 없는 존재가 된다는 것입니다.

A 그러한 주장은 안식교가 말하는 영혼 소멸설과 매우 비슷해 보입니다. 사실 교파마다 사후 세계에 대한 다양한 주장들이 있습니다. 영혼 소멸설은 의인들은 하나님의 구원을 받아서 영원한 생명을 누리지만 악인들은 바로 소멸된다고 봅니다. 제가 강조하고 싶은 것은 이것입니다. 방금 전 질문에서 시편 115장을 말씀하셨는데 본문에 나오는 우상 숭배하는 자들은 하나님을 안 믿는 사람들이 아닙니다. 성경이 말하는 우상 숭배는 하나님을 믿기는 하지만 하나님만을 믿지 못하고 하나님과 다른 것을 겸하여 섬기는 것을 말합니다. 오늘날에는 교회만 출석하면 다 구원받을 수 있는 것처럼 말하고 있지만 사실은 교회 안에도 우상 숭배자들이 많이 있음을 기억해야 합니다. 그런 맥락에서 시편 115장을 인용해야 합니다. 그런데 오늘날 한국 교회는 이분법적 해석을 많이 합니다. 교회 안에 있는 사람들은 구원을 받고 교회 바깥에 있는 사람들은 지옥에 간다는 식의 주장들을 많이 합니다. 그러나 성경에는 하나님을 믿는다고 하지만 제대로 믿지 않는 자들에 대한 책망이 많이 있음을 주목해야 합니다.

Q 요한복음에 보면 예수님께서 제자들에게 '내가 너희를 위하여 처소를 예비하러 간다'는 말씀을 하십니다. 여기에 '처소'를 어떤 교수님은 사후 세

계에서 예수님처럼 다스리는 어떤 자리로 설명하셨고, 톰 라이트는 십자가에 달리신 주님께서 옆에 달린 강도에게 '내가 오늘 나와 함께 낙원에 있으리라'에서의 낙원처럼 하나님 나라의 대기 장소로 이해하는 것을 본 적이 있는데 목사님의 의견은 어떠한지 궁금합니다.

A 그런 고민 가운데 등장한 것이 연옥이나 림보 같은 교리입니다. 저는 요한복음에 나오는 '처소'를 장소적인 의미로만 이해할 필요가 없다고 봅니다. 하나님이 베푸시는 최종적인 구원을 받기 위한 어떤 과정으로 이해하면 좋겠다고 생각합니다.

Q 한국 교회가 말하는 죽음과 부활이 불교나 힌두교가 말하는 윤회가 비슷하다는 이야기를 들었습니다. 왜 이런 이야기가 나오는 것인지 궁금합니다.

A 한국 교회가 일반적으로 생각하는 부활은 윤회와 아주 비슷한 부분이 있습니다. 여러분이 장례식을 가셨다고 생각해 보십시오. 보통 목사님들이 장례 예배에서 어떤 말씀을 주로 선포하십니까? 고인의 육신은 흙으로 돌아갔지만 고인의 영혼은 지금 하나님의 품에서 안식하고 있다고 말씀하십니다. 대부분 한국 교회 목사님들의 인식 속에서는 사람이 죽는다는 것은 육신의 숨이 멈추는 것이지 영혼이 죽는 것은 아닙니다. 육신은 죽지만 영혼은 계속 살아서 하나님의 품에서 안식한다고 생각합니다. 그렇다면 이후에 예수님이 재림하셔서 죽은 자들이 부활한다고 할 때 여기서 말하는 부활은 어떤 부활을 말하는 것입니까? 육의 부활을 말하는 것입니다. 죽었던 육이 다

시 소생하는 것이 부활입니다. 그리고 죽은 육이 소생하면서 계속해서 살아 있던 영이 부활한 육과 결합한다고 생각합니다. 보통 이렇게 생각하지 않으십니까? 이것이 바로 윤회의 주장과 비슷한 것입니다. 힌두교나 불교에서 말하는 윤회의 주장이 바로 이것입니다. 윤회에서 핵심도 영혼은 죽지 않는다는 것입니다. 죽는 것은 육입니다. 죽지 않는 영혼이 매시대마다 새로운 육적 존재를 덧입는다고 보는 것이 윤회의 주장입니다. 그러나 기독교가 말하는 부활은 이와 다릅니다. 기독교는 죽은 그 몸이 다시 살아나는 부활을 주장합니다.

부활과 관련하여 신앙인들이 궁금해 하는 지점이 있습니다. 죽은 몸이 부활한다고 할 때 가장 멋지고 아름다웠던 시절로 부활하는 것인지 아니면 죽었을 때의 그 모습으로 부활하는 것인지를 질문합니다. 얼굴 성형을 한 사람들은 성형하기 전의 얼굴로 부활하는 것인지 성형한 이후의 얼굴로 부활하는 것인지를 묻습니다. 가장 좋으신 하나님께서 가장 좋은 부활의 몸을 허락해주실 것으로 믿으시면 되겠습니다. 중요한 것은 기독교는 몸의 부활을 믿는다는 것입니다. 그러나 윤회는 그렇지 않습니다. 윤회에서는 내가 현시대에서는 사람으로 살았는데 다음 생에서는 업보에 따라 사람으로 다시 환생할 수도 있고 개가 될 수도 있고 소가 될 수도 있고 바위가 될 수도 있다고 봅니다. 핵심은 영은 죽지 아니하고 계속 사는 것이고 육의 모습은 그때마다 새로운 형태를 입는다는 것입니다. 이런 순환의 사슬을 끊자라고 하면서 불교는 열반을 강조하는 것입니다.

주목할 것은 대부분의 한국 교회 신자들도 사람이 죽을 때 그의 영은 죽지 않고 육이 죽는 것이라고 생각합니다. 영과 육을 철저하게 분리하여 사고하는 것입니다. 구약 성경이 말하는 헤브라이즘에서는 영과 육을 구분하지 않습니다. 유대인들의 사고 속에서는 영과 육은 한 존재를 구성하는 통전적인 것입니다. 한 존재 안에서 하나님과 밀착되었을 때의 순간을 영적이라고 말하고 하나님과 분리되어 있는 상태를 육적이라고 말합니다. 또한 인간의 드러난 모습을 육이라고 하고 보이지 않는 인간의 모습을 영이라고 합니다. 헬레니즘이 말하는 영육 이원론처럼 여기는 영의 영역이고 저기는 육의 영역이라는 식의 구분을 하지 않습니다. 그러나 한국 교회는 영과 육을 통합적으로 이해하기보다는 헬레니즘이 말하는 것처럼 영과 육을 이원론적으로 이해하는 경향이 강합니다. 그래서 사람들은 육이 죽었을 때 영은 어떻게 되는 것인가에 대해 궁금해 합니다.

저는 이렇게 생각합니다. 한 존재가 죽었다는 것은 그 존재를 이루고 있는 영과 육이 다 멈추는 것입니다. 저는 부활을 그 존재가 새롭게 깨어나는 것으로 이해합니다. 헤브라이즘에 근거하여 충분히 이렇게 설명할 수 있습니다. 그러나 헬레니즘에 근거해서는 이런 주장은 타당하지 않습니다. 왜냐하면 육은 죽지만 영은 죽지 않는다고 생각하기 때문입니다. 그렇다면 한번 생각해 보십시오. 영이 죽지 않는다고 할 때 그 영은 언제부터 존재하는 것인가요? 저는 1970년에 태어났습니다. 제가 태어난 시점부터 저는 영과 육이 통합된 양진일이라는 사람으로 불리어졌습니다. 제가 죽는다는 것은 영과 육이 통합된 양진일이라고 하는 존재가 죽는 것입니다. 그런데 저의 죽음에 대해 양진일이라는 존재의 육은 죽지만 양진일이라는 영은 죽지 않는다고 한다면 죽지 않는 그 영은 언제부터 존재를 하는 것인가요? 죽지 않는 그 영은 거의 신적인 능력을 갖추고 있는 것 아닌가요? 이런 식으로 설명하게 되면 결국 윤회적인 설명을 할 수밖에 없습니다. 유대인들은 인간을 영과 육이 통합된 통전적인 존재로 이해하고 있다고 기억하시면 좋겠습니다.

사후 세계에 대한 설명은 늘 어렵고 아쉽습니다. 왜냐하면 성경이 자세하게 설명해주고 있지 않기 때문입니다. 성경을 아무리 열심히 읽어도 성경은 죽은 다음의 세계에 대해서 별로 언급하지 않습니다. 이것이 많은 신앙인들을 힘들게 만듭니다. 대부분의 신앙인들은 이 땅 가운데서 하나님의 백성으로 어떻게 살아갈 것인가에 대해서는 별 관심이 없습니다. 유일한 관심은 죽은 다음에 구원받을 수 있을까, 하나님 나라는 어떤 모습일까에 지대한 관심을 가지고 있습니다. 하지만 성경은 우리가 기대하는 것 이상으로 죽은 다음의 세계에 대해서 말하지 않습니다. 왜 성경은 사후 세계에 대해 자세한 언급을 하지 않을까요? 저는 차원이 다르기 때문이라고 봅니다. 지금 우리가 살고 있는 세상과 우리가 소망하는 하나님 나라가 동일한 차원의 세계라면 성경은 사후 세계에 대한 상세한 설명을 제공했을 것입니다. 그러나 지금 우리가 살고 있는 세상과 하나님 나라는 차원이 완전히 다른 세상일 것입니다. 따라서 지금 우리에게 차원이 다른 그 나라를 설명하는 것에는 한계가 존재할 수밖에 없습니다.

예를 들면 장애인들은 부활했을 때 지금처럼 자신들이 장애를 갖고 부활하는지에 대해 궁금해 하십니다. 제가 몇 년 전 장애인 단체에서 강의한 후에 이런 질문을 직접 받았습니다. 여러분은 어떻게 생각하십니까? 저는 지금 우리가 살고 있는 이 세계와 하나님 나라는 전혀 질적으로 다른 차원의 세계일 것이라고 생각합니다. 지금 우리는 시공간의 제약을 받는 육신을 입고 있습니다. 한 존재가 동시에 서로 다른 공간에 존재할 수가 없습니다. 제가 서울에 있으면서 부산에도 동시에 있을 수는 없는 것입니다. 같은 시간 때에 한 곳에만 있을 수밖에 없습니다. 그리고 한 곳에 존재한다고 했을 때 인간의 몸은 어느 정도의 공간을 점유하게 되어 있습니다. 그래서 좁은 공간에 너무나 많은 사람들이 밀집하게 되면 숨쉬기가 어려워지면서 사람들은 괴로워하는 것입니다. 그렇다면 우리가 꿈꾸는 하나님 나라에는 몇 명이 모여 있을까요? 바꾸어 말하면 어느 정도의 사람들이 구원을 받을까요? 인류의 첫 시작부터 지금까지 엄청난 수의 사람들이 이 땅에서 살다가 생을 마쳤습니다. 그 가운데 10억 명의 사람들이 구원을 받았다고 상상해 보십시오. 그 10억 명의 사람들은 어떤 삶을 살아갈까요?

얼마 전까지만 하더라도 천국에 갔다 왔다고 간증하는 분들이 많았습니다. 저는 그분들의 간증을 거의 신뢰하지 않습니다. 왜냐하면 그분들이 갔다 왔다고 말하는 천국은 지금 우리가 살고 있는 세상과 너무도 유사합니다. 오래 전 부흥사들도 그런 말을 많이 했습니다. 이 땅에서 하나님께 충성하고 헌신 많이 한 사람은 천국에서 면류관를 쓰고 다니고 그렇지 않은 사람들은 개털 모자를 쓰고 다닌다거나 헌신 많이 한 사람들은 금으로 장식한 수백 평짜리 대저택에서 살고 그렇지 않은 사람들은 초가집에서 살게 된다고 했습니다. 이분들의 주장에 근거해 보면 이 땅에 존재하는 차등적인 질서가 천국에도 그대로 있다는 것입니다. 만약 그렇다면 개털 모자 쓰고 초가집에 사는 사람에게 그곳이 과연 천국이겠습니까? 천국을 차등적인 질서로 이해하는 사람들은 10억 명의 사람들이 하나님 나라에 모여 있다고 하더라도 이 땅에서 하나님께 헌신 많이 한 사람이 하나님 바로 옆에 있다고 생각합니다. 그렇지 않았던 사람들은 저 뒤쪽에서 까치발을 들고 하나님을 보려고 애를 쓴다고 합니다. 이런 식의 설명이 전형적으로 이 땅에 존재하는 차등적인 질서를 가지고 천국을 이해하는 방식입니다.

저는 성경이 하나님 나라에 대해서 상세하게 기술하지 않은 이유는 우리가 사는 세상과 하나님 나라가 차원이 완전히 다른 세계이기 때문이라고 봅니다. 저는 하나님 나라에서는 사람들이 직립 보행하지 않고 날아다닌다고 봅니다. 따라서 설령 다리에 장애가 있다고 하더라도 전혀 문제되지 않습니다. 저는 하나님 나라에서는 마음으로 모든 것을 본다고 생각합니다. 따라서 시각 장애를 가지고 있다고 하더라도 그것이 전혀 문제되지 않습니다. 저는 하나님 나라에서는 구원받은 모든 사람들이 하나님 바로 옆에 있다고 생각합니다. 물리적 법칙에 지배를 받는 이 땅에서는 있을 수 없는 일입니다. 이 땅에서는 어느 한 사람이 어느 공간을 점유하게 되면 다른 사람은 그곳에 함께할 수 없습니다. 그 존재 옆에 있어야 합니다. 그러나 하나님 나라는 상상할 수 없는 그 모든 일이 가능한 곳이라고 생각합니다. 지금 우리가 살고 있는 물리적인 세계와는 차원이 전혀 다른 곳이기 때문입니다. 이것을 과연 1세기 사람들에게 어떻게 설명할 수 있겠습니까?

그래서 신약 성경은 하나님 나라에 대해서 두 가지 모습으로만 설명하고 있습니다. 하나는 물이 넘치는 곳입니다. 유대인을 비롯한 중동 사람들에게 물은 곧 생명입니다. 물이 넘친다는 것은 생명이 넘친다는 뜻입니다. 그만큼 아름답고 좋은 곳입니다. 다른 하나는 하나님 나라는 인간이 상상할 수 있는 가장 멋지고 화려한 곳입니다. 그곳은 금은보석이 반짝반짝 빛나는 곳입니다. 신약 성경은 그 정도의 설명을 통하여 당시 독자들로 하여금 하나님 나라가 얼마나 아름답고 멋지고 좋은 곳인지를 설명해주고 있습니다. 더 상세하게 말하지 않은 이유는 하나님 나라가 우리가 발 딛고 살아가는 이 땅과는 차원이 완전히 다른 곳이기 때문입니다. 우리는 사후 세계에 대해 걱정할 필요가 없습니다. 저는 좋으신 하나님께서 당신의 백성들을 위하여 가장 아름답고 가장 멋지고 가장 훌륭한 나라를 준비해주셨음을 믿습니다. 중요한 것은 하나님 나라가 아무리 멋지고 아름다워도 우리가 그곳에 들어가지 못한다면 이 얼마나 안타까운 일입니까? 진정 하나님의 백성으로 하나님 나라에 들어가기 위해서 우리가 벗어던져야 할 과제, 힘을 다해 몰두해야 할 과제에는 무엇이 있는지를 질문하고 하나님이 기뻐하시는 아름다운 삶을 더욱 힘 있게 살아낼 수 있어야 하겠습니다.

디모데전후서

디모데전서는 목회 서신이자 옥중 서신으로 바울의 생애 끝 무렵인 62년부터 64년경에 기록되었을 것으로 봅니다. 전설에 따르면 바울은 64년에 네로 황제에 의해서 순교를 당합니다. 따라서 바울이 기록했다고 생각되어지는 모든 서신들은 아무리 늦어도 64년 이전에는 기술되어져야만 합니다. 바울이 죽기 전에 감옥에 있으면서 자신의 영적 아들인 디모데에게 보낸 편지가 바로 디모데전서입니다. 디모데전서는 감옥에서 기록했기 때문에 옥중 서신이고 내용은 목회와 관련된 여러 가지 조언들을 담고 있기 때문에 목회 서신이라고 합니다. 신앙의 아들이자 에베소 지역의 목회자였던 젊은 디모데에게 주는 권면이 편지 곳곳에 묻어 있습니다. 베드로의 믿음의 아들은 마가이고, 바울의 믿음의 아들은 디모데와 디도입니다. 우리가 알다시피 바울은 순회 전도자입니다. 한 지역에 들어가서 복음을 전하고 복음을 수용하는 사람들을 중심으로 교회를 세웁니다. 그리고 자신이 믿을 만한 사람에게 교회에 대한 목회를 맡기고 다른 지역으로 이동하여 복음을 전합니다. 바울이 에베소 지역에 가서 복음을 전하고 교회를 세운 다음에 자신의 영적 아들이었던 디모데에게 에베소 교회를 맡깁니다. 그래서 디모데가 에베소 교회 목회자가 된 것입니다.

디모데전서를 보면 교회 직분자를 선출하는 문제를 포함하여 목회에 대한 전반적인 조언들이 기록되어 있습니다. 그래서 디모데전서를 목회 서신으로 부릅니다. 고린도전서에서도 말씀드린 것처럼 바울은 교회를 그리스도의 신부로 이해하고 있습니다. 이것이 바울이 가진 독특한 교회론입니다. 예수는 신랑이고 교회는 그의 신부입니다. 신랑 되신 예수께서 그의 신부된 교회를 취하기 위하여 언제 다시 오실지 모릅니다. 그리스도의 신부된 교회는 항상 신랑을 맞이할 준비를 해야 합니다. 그 핵심이 신부의 순결함을 지키는 것입니다. 바울이 말하는 신부의 순결은 곧 교회의 거룩함입니다. 그래서 바울은 목회를 하면서 교회의 거룩함과 순결함을 깨뜨리는 자들에 대해서 매우 엄격한 목회를 했습니다. 시간이 지날수록 바울에 의해서 징계를 받은 교인들이 많아졌고 이들은 자기들끼리 힘을 규합하여 바울에 대한 부정적인 여론들을 생산해 냈을 것입니다.

또한 바울은 교회를 확대된 가족 공동체로 이해했습니다. 바울이 이해하는 교회는 예수로 인해 탄생하게 된 또 하나의 대가족입니다. 마가복음 3장을 보면 예수의 가족들은 예수의 사역을 중단시키기 위해서 예수를 찾아옵니다. 사람들이 예수께 밖에 가족들이 왔다고 하자 예수께서 이렇게 말씀하셨습니다. "누가 내 어머니이고 내 형제냐? 하나님의 뜻대로 행하는 자가 내 어머니이고 내 형제이다." 하나님의 뜻 안에서 새로운 가족이 탄생하게 된 것입니다. 그 가족 공동체가 바로 교회입니다. 따라서 교회는 예수 때문에 만나게 된 새로운 가족이라고 할 수 있습니다. 우리는 교회 공동체를 통해 어머니 같은 분들도 만나고 이모님 같은 분들도 만나고 삼촌 같은 분들도 만나고 친형제 같은 분들도 만나게 됩니다. 또 믿음의 아들 같은 사람도 만나고 딸 같은 사람도 만나게 됩니다. 예수가 아니었다면 도저히 만날 수 없었던 사람들을 예수로 인해 만나게 된 것입니다. 이처럼 바울은 교회를 예수로 인해서 형성된 큰 가족 공동체로 이해했습니다.

　선교사님들이 조선 땅에 처음 오셔서 복음을 전할 때 '우리는 그리스도 안에 한 가족입니다'라는 말씀을 많이 하셨습니다. 당시 조선 사회에서 내가 누군가와 한 가족이라는 것을 확인하는 것은 이름에 사용되는 돌림자였습니다. 같은 성이나 문중이 같은 사람들은 돌림자만 봐도 그 사람과 자기의 관계를 파악할 수 있었습니다. 선교사님이 '우리는 하나님으로 인해 맺어진 가족입니다'라는 말씀을 많이 하셨기 때문에 신앙인들은 실제적인 가족 공동체를 만들기 위한 실천을 하였습니다. 세례를 받을 때 이름의 끝 자를 '하나님 안에서 한 날 한 시에 하나가 되었다'는 것을 강조하면서 한 일자로 개명을 한 것입니다. 가톨릭 신자들은 영세를 받을 때 영세명을 받습니다. 그런데 개신교는 세례명이 따로 있지는 않습니다. 하지만 강화도 홍의교회는 사람들이 세례를 받을 때 우리가 하나님 안에서 같은 날 한 가족이 되었다는 의미로 이름의 끝 자를 다 한 일자로 개명했습니다. 세례를 받을 때 이름의 끝 자는 한 일자로 개명을 하고 가운데 이름은 제비뽑기를 했습니다. 능할 능, 하늘 천, 순할 순, 믿을 신 등의 글자를 써서 통 안에 넣고 세례를 받는 사람이 하나씩 뽑았습니다. 그것이 자신의 가운데 이름이 된 것입니다. 예를 들면 어떤 분이 '하늘 천'을 뽑게 되면 그 사람의 가운데 이름은 천이 되는 것이고 제일 마지막 이름은 한 일이 되는 것입니다. 그러면 이름이 천일로 개명이 되는 것입니다. '능력 능'을 뽑게 되면 능일, '순할 순'을 뽑게 되면 순일이 됩니다. 이런 식으로 홍의교회 교인들은 세례를 받으면서 이름을 개명했습니다. 개명한 이유가 무엇입니까? 우리가 그리스도 안에서 한 가족이라는 것을 돌림자를 함께 사용함을 통해서 실제적으로도 증거하고자 한 것입니다. 그런데 이런 일도 있었습니다. 아버지와 삼촌과 아들이 같은 날 세례를 받게 된 것입니다. 동일하게 가운데 이름은 제비를 뽑았고 끝 자는 다 일자가 되었습니다. 아버지와 삼촌과 아들이 같은 돌림자를 사용하는 것을 보고 교회 바깥에 있는 사람들이 충격을 받았습니다. 그러면서 교인들을 향해 쌍놈이라고 욕하기도 하고 족보도 모르는 개라고 조롱하기까지 했습니다. 홍의교회 교인들은 선교사님이 선포하신 말씀을 듣기만 한 것이 아니라 교회가 한 가족임을 실천했습니다. 말씀을 살아내고자 한 그들의 열심을 우리들이 본받을 수 있었으면 좋겠습니다.

바울은 교회를 확대된 가족 공동체로 이해했습니다. 따라서 한 가정을 잘 다스린 자가 교회 공동체의 지도자가 되어야 한다고 주장했습니다. 마치 유교가 말하는 수신제가치국평천하와 비슷합니다. 작은 일에 충성한 사람에게 큰일을 맡기는 것입니다. 그러나 여기에는 시대적인 문제가 있습니다. 당시에는 철저한 가부장 사회로 남자들만 인간으로서의 존엄성을 인정받았습니다. 당연히 한 집안의 가장도 남자였습니다. 한 집안을 잘 다스린 자가 교회 공동체의 지도자가 되어야 한다고 할 때 한 집안을 다스리는 자가 남자였기 때문에 자연스럽게 교회 공동체의 지도자들도 남자가 될 수밖에 없었습니다. 이것이 성경이 기록되었던 그때 거기의 시대적 상황입니다. 이것을 21세기 오늘 우리에게도 문자 그대로 적용해야 하는 것일까요?

디모데전서는 1세기에 쓰여진 문서입니다. 그 문서를 우리는 21세기에 읽고 있습니다. 그때 거기에서 쓰여진 편지가 오늘 여기에서 해석되어질 때 일차적으로 그때 거기에서 이 말씀이 어떤 의미를 가지고 있는가를 제대로 파악해야만 오늘 여기에서 제대로 된 실천을 할 수가 있습니다. 그런데 1세기는 철저한 가부장적 사회로 한 집안의 가장도 남자, 한 신앙 공동체의 지도자도 남자인 시대였습니다. 지도자가 됨에 있어서 절대적인 조건은 그가 남자인가 하는 것이었습니다. 그래서 디모데전후서나 디도서 같은 목회 서신을 보면 교회의 주요 지도자를 선출함에 있어서 모두가 남성입니다. 그런데 이것을 문자 그대로 적용하여 성경은 남자들만 교회의 지도자가 될 수 있다고 하더라 하면서 오늘날에도 남자들만 교회의 지도자가 될 수 있다고 한다면 이것을 제대로 된 적용이라고 할 수 있을까요? 그때와 지금은 사람들의 보편적인 가치관이 변화된 시대입니다. 그때는 남성 중심의 사회였지만 지금은 누구나 남녀평등을 당연하게 받아들이는 시대입니다. 그래서 우리가 제대로 된 실천을 하기 위해서라도 그때 거기의 맥락과 상황을 올바르게 이해하는 것이 필요합니다.

당시 가부장적인 사회에서는 가장들만이 교회의 지도자가 될 수 있었습니다. 마찬가지로 노예제 사회에서는 백인들만 교회의 지도

자가 될 수 있었습니다. 백인들이 흑인들을 노예로 부려먹을 때 설령 백인들과 흑인들이 같은 교회를 다닌다 하더라도 흑인들이 교회의 지도자가 될 수는 없었습니다. 백인들만 교회의 지도자가 될 수 있었습니다. 그런데 오늘날은 노예제나 가부장제가 하나님의 시각으로 바라볼 때 옳지 않다고 대부분의 신앙인들은 판단하고 있습니다. 어떤 특정한 시기에는 가부장제를 하나님의 뜻으로 주장하기도 하고 노예제를 하나님의 뜻으로 주장하기도 했습니다. 그러나 21세기를 살고 있는 현대인들 대다수는 흑인들을 짐승 취급하며 부려먹던 노예 제도가 하나님의 뜻에 맞다고 생각하지 않습니다. 마찬가지로 남자는 하늘이고 여자는 땅이라고 주장하며 남성 우월주의적 사고를 당연하게 받아들였던 가부장제도 지금은 대다수의 사람들이 옳은 사고나 제도가 아니라고 생각합니다. 지금은 대부분의 사람들이 남자와 여자는 평등하고 백인과 흑인은 평등하다고 생각합니다. 그것이 21세기의 보편적인 인식이 되었습니다. 그렇다면 가부장제나 노예제를 하나님의 뜻이라고 인정하지 않는 시대를 사는 현대인들은 가부장제나 노예제를 하나님의 뜻으로 받아들였던 시대에 쓰여진 성경을 어떻게 읽고 적용해야 할지를 고민해야 하는 것입니다.

미국에서 탄생한 자유 감리교회라는 교단이 있습니다. 일반적인 감리교회 앞에 '자유'라는 단어를 붙였습니다. 그래서 교단의 이름이 자유 감리교회입니다. 여기서 자유라고 하는 것은 무엇에 대한 자유일까요? 자유 감리교회에서의 자유는 어디에나 앉을 수 있는 자유입니다. 그전까지는 이것이 불가능했습니다. 마치 공연을 관람하러 갈 때 R석처럼 백인들은 교회에서 예배를 드릴 때 울타리가 쳐져 있는 좌석에 따로 앉았습니다. 그곳은 백인들만 앉을 수 있었습니다. 이런 식으로 백인들과 흑인들의 좌석이 명확하게 구분되어 있었는데 자유 감리교회는 이것을 철폐한 것입니다. 백인이건 흑인이건 교회 안에 있는 좌석 어디에나 앉을 수 있는 자유를 선포한 것입니다. 이것이 자유 감리교회입니다. 당시에는 이것이 너무나 혁명적인 일이었지만 오늘날에는 이것을 당연하게 받아들이고 있지 않습니까?

디모데전후서나 디도서를 보면 교회의 지도자는 남자들만이 할 수 있는 것처럼 말하고 있습니다. 그래서 이런 본문을 보면서 우리 하나님은 가부장적이라고 생각하기 쉽습니다. 구약에는 노예와 종들에 대한 말씀이 많이 나옵니다. 이것을 보면서 우리 하나님은 노예제를 옹호하거나 인정하시는 분이구나 그렇게 생각하기 쉽습니다. 그러나 이런 생각은 옳지 않습니다. 하나님의 말씀 때문에 가부장제나 노예제가 만들어진 것이 아닙니다. 이미 신분제가 존재하고 있던 상황에서 하나님의 말씀이 주어진 것입니다. 이미 가부장적인 사회에서 하나님의 말씀이 주어진 것입니다. 이 선후 관계를 혼동하시면 안 됩니다. 어떤 사람들은 하나님이 가부장제를 옹호하는 분처럼 이해합니다. 하나님이 신분제를 옹호하는 것처럼 이해합니다. 그렇지 않습니다. 하나님의 말씀 때문에 신분제나 가부장제가 만들어진 것이 아닙니다. 이미 신분제와 가부장제가 만연한 사회에서 하나님이 말씀을 선포하신 것입니다. 하나님이 어떤 말씀을 주셨습니까? 갈라디아 3장 28절에 '남자와 여자는 그리스도 안에서 하나라'는 말씀, 에베소서 5장 21절에 '남편과 아내는 상호 복종하라'는 말씀을 주신 것입니다. 하나님 때문에 신분제나 가부장제가 만들어진 것이 아니라 이미 신분제와 가부장제가 편만했던 세상을 향해 하나님께서는 당신의 뜻을 선포하신 것입니다. 당시의 맥락과 상황에서 하나님의 말씀이 어떤 의미로 다가왔을까를 잘 기억해야 합니다.

디모데전서에서 교회 지도자의 조건으로 제시되는 것을 주목해야 합니다. 예를 들면 '교회 지도자는 한 여인의 남편이어야 한다'는 말씀이 있습니다. 이것을 문자 그대로 받아들여 오늘날 한 여인의 남편만 교회의 지도자가 될 수 있다고 말하면 이것은 성경을 제대로 적용하지 못하는 것입니다. 디모데전서가 쓰여진 1세기에는 남성들만 온전한 인간으로 인정받던 시대입니다. 그것이 당시의 보편적인 가치관이었습니다. 그런 사회에서 한 교회 공동체의 지도자로 남성들만 선택된 것입니다. 그러나 오늘날은 '남자들만 온전한 인간이다'라는 식의 주장은 보편적인 가치로 용납되지 않습니다. 오늘날에는 남자와 여자가 동등한 인간이고 동등한 관계이며 누가 누구 위에 있는 것이 아니라는 것이 보편적인 가치관으로 수용되는 시대입니다. 이런 상황에서 여전히 성경을 문자 그대로 준수하면서 남자들만 교회의 지도자가 될 수 있다고 말하는 것은 성경을 제대로 적용하지 못하는 것입니다. 우리가 헷갈려서는 안 되는 것이 하나님의 말씀 때문에 신분제나 가부장제가 만들어진 것이 아니라 하나님의 말씀은 이미 신분제가 존재하고 있던 현실, 이미 남자들만 한 인간으로 인정받던 가부장적인 현실 속에서 선포된 것임을 기억해야 합니다. 이런 기억 속에서 하나님의 말씀이 기존 체제를 어떻게 타파하며 새로운 변화를 도모하고 있는지를 주목해야 하는 것입니다. 본문의 말씀을 시대가 변했음에도 불구하고 문자 그대로 준수하는 것은 너무나 게으른 성경 해석의 자세입니다. 절대 그래서는 안 됩니다. 우리가 그때 거기의 말씀을 오늘 여기에 제대로 적용하기 위해서라도 당대의 맥락, 상황, 의미 등을 제대로 이해해야 합니다. 남성들만 교회의 지도자로 세운 이 말씀을 모든 시대를 관통하는 하나님의 뜻이라고 주장하는 것을 조심해야 합니다.

3장 2절부터 7절을 보면 교회 지도자의 조건이 나옵니다. 특별히 주목해야 할 것은 교회에서 감독이나 집사나 장로를 선출할 때 교회 바깥에 있는 외인들에게도 인정받는 사람이어야 한다는 것입니다. 교회 안에서 감독이나 집사나 장로 같은 사람들은 교회를 대표하는 사람들입니다. 즉 교회의 얼굴 같은 존재들입니다. 윤리 도덕적이지 않은 사람이나 인격이 개차반 같은 사람들이 교회의 지도자가 되고 교회를 대표하면 세상 사람들은 교회에 대해 실족할 수밖에 없습니다. 그래서 교회의 지도자를 뽑을 때는 교회 바깥에 있는 사람들에게도 존경받을 수 있는 인물을 뽑아야 합니다. 그런 맥락에서 저는 오늘날에도 장로 선거를 할 때 교회 바깥에 있는 사람들에게 추천서 열 장은 받아야 한다고 생각합니다. 친구들이나 이웃 주민, 직장 동료들에게도 추천서 열 장은 받아야 하지 않겠습니까? 장로가 되고자 하는 분이 교회 안에서만 인정받는 사람이 아니라 직장에서도 살고 있는 지역에서도 그리고 오랫동안 관계를 맺어왔던 친구들에게도 정말 인정받고 존경받는 사람임을 입증해야 한다고 봅니다. 그런 분들을 교회의 장로로 세워야 만이 교회를 바라보는 인식이 좀 변화될 수 있지 않겠습니까? 그래서 '외인들에게도 인정받는 사람이어야 한다'는 이 조건이 아주 중요하다고 생각합니다. 오늘날에도 장로 선거를 할 때 이 기준을 실천했으면 좋겠습니다. 다시 한 번 강조하지만 교회의 지도자를 선출할 때 세상의 평가에도 귀를 기울이는 것이 중요합니다. 어린아이를 입양할 때 직장 동료나 동네 사람들의 의견을 묻는 것과 비슷하다고 보시면 됩니다. 한 집안이 아이를 입양하고자 할 때 아주 까다롭게 조사를 합니다. 철저하게 조사하지 않으면 입양 이후에 아이에게 나쁜 일이 발생할 수도 있습니다. 이 가정이 아이를 양육할 만큼 경제력이 있는가, 부모로서 자질이 있는가, 아이를 양육하기에 적합한 환경을 갖추고 있는가를 모두 조사합니다. 교회의 대표인 지도자들을 선출할 때도 아주 심사숙고하는 것이 바람직하다고 생각합니다.

바울은 죄인 중에 괴수였던 자신이 이방인의 스승이 되었음을 강조합니다. 1장 15절입니다.

미쁘다 모든 사람이 받을 만한 이 말이여 그리스도 예수께서 죄인을 구원하시려고 세상에 임하셨다 하였도다 죄인 중에 내가 괴수니라.

바울은 자신이 하나님의 심판을 받아야 할 죄인 중에 괴수였다고 말합니다. 그런데 2장 7절에 보면 이런 바울이 이방인의 스승이 되었습니다. 하나님의 심판을 받아야 할 사람이 하나님의 도구로 쓰임 받고 있는 것입니다. 이 얼마나 감격스러운 일입니까? 그래서 바울은 끊임없이 왜 하나님이 나를 심판하지 아니하시고 나를 선택하셔서 당신의 도구로 사용하시는가를 고민했습니다. 자신을 구원하신 목적에 대해 끊임없이 물었던 것입니다. 그 고민 속에서 바울이 깨닫게 된 것이 무엇입니까? 자신이 모든 사람들에게 구원의 빚을 지고 있다는 것입니다. 그래서 바울은 죽을 때까지 그 구원의 빚을 갚기 위해 최선을 다했습니다. 빚을 갚는 일에 대해 자랑하거나 박수 받으려고 하지 않았습니다. 도리어 자기가 그것을 행하지 않게 되면 하나님의 진노가 임할 것을 두려워했습니다. 왜 그렇습니까? 바울은 이렇게 이해했습니다. 하나님께서 이방인들을 사랑하지 않으셨다면 자기는 선택받지 못했을 것이라고 봅니다. 즉 자기는 이방인들 때문에 하나님의 선택을 받게 된 것이고 따라서 자기는 이방인들에게 구원의 빚을 지고 있다고 생각했습니다. 그런데 자기가 그 일을 하지 않겠다고 한다면 자기만 그 구원의 선택에서 탈락하는 것이라고 본 것입니다. 그래서 바울은 평생을 이방인들에게 진 빚을 갚기 위해 수고했던 것입니다.

2장 12절을 보겠습니다.

여자가 가르치는 것과 남자를 주관하는 것을 허락하지 아니하노니 오직 조용할지니라.

본문에 근거하여 총신, 합신, 고신 같은 교단은 지금도 여성 목사나 장로를 안수하지 않습니다. 저는 총신대학교를 다녔던 순간부터 남자임에도 불구하고 여성 목사나 장로를 세우지 않는 것을 반대했던 사람입니다. 그러나 지금까지도 보수 교단이 가진 여성에 대한 입장은 변하지 않고 있습니다. 저는 특정 교단이 성경에 나온 말씀을 문자 그대로 수용하면서 성경이 이렇게 말하고 있기 때문에 여성 목사는 안 된다고 하는 것에 대해서는 인정할 수 있다고 봅니다. 다만 일관성이 없는 것이 문제입니다. 총신이 속한 합동교단만 하더라도 2장 12절의 말씀을 앞세우면서 여성 목사를 인정하지 않고 있습니다. 본문이 말하는 '여자가 가르치는 것과 남자를 주관하는 것을 허락하지 아니하기' 때문입니다. 그렇다면 주일학교에서 사역하는 여성 전도사나 여성 교사는 가능한가요? 혹시 여성 전도사나 여성 교사가 사역한다고 하더라도 여성들만 가르쳐야 되는 것 아닙니까? 그런데 합동에 속한 대부분의 교회에서 여성 전도사님들이 주일학교에서 남녀 아이들을 가르칩니다. 주일 학교에서 사역하는 여자 선생님들도 남녀 아이들을 가르칩니다. 이것은 일관성이 없는 것 아닙니까? 저는 성격이 매우 온순한데 이런 일관성이 없는 모습을 보면 아주 짜증이 납니다. 저는 보수 교단이 성경을 문자적으로 해석하고 적용하는 것에 대해서는 인정합니다. 다만 '여자가 가르치는 것을 허락하지 않는다'는 것으로 인해 여성 목사를 반대한다면 동일한 맥락에서 여성 전도사나 여성 교사들도 세워서는 안 된다고 봅니다. 그런데 대부분의 합동측 교회에서 주일학교에 여성 교사들도 세우고 여성 전도사님도 세웁니다. 오직 여성 목사만 안 된다는 입장입니다. 이러한 모습은 너무도 일관성이 없는 것입니다. 아직까지도 보수적인 몇몇 교단에서 2장 12절의 말씀을 근거로 여성 목사나 장로를 인정하지 않는 모습은 참으로 안타깝다는 생각이 듭니다.

그렇다면 이 말씀은 모든 시대를 관통하는 보편적인 명령인가요 아니면 1세기 디모데에게 주어진 구체적이고 특수한 명령인가요? 이 질문이 중요합니다. 우리가 바울 서신을 공부할 때 제일 먼저 강조했던 것이 무엇이었습니까? 바울 서신을 상황 서신이라고 했습니다. 바울 서신은 바울이 그런 말을 할 수밖에 없었던 상황이 먼저 있었습니다. 예를 들면 여성 목사를 반대하는 사람들이 주로 내세우는 말씀이 두 군데 있습니다. 하나는 디모데전서 2장 12절이고, 다른 하나는 고린도전서 14장 34절입니다. 고린도전서 14장 34절에는 "여자는 교회에서 잠잠하라"는 말씀이 나옵니다. 바울 서신에서 고린도 교회에 보낸 편지와 에베소에서 목회하고 있던 디모데에게 보낸 편지에만 바울은 '여자들은 교회에서 잠잠하라', '여자가 가르치는 것과 남자들을 주관하는 것을 허락하지 아니하노라'는 말씀을 기록하고 있습니다. 왜 그럴까요? 어떤 상황이 있었기에 바울이 이런 내용을 고린도전서와 디모데전서에 기술하고 있는 것인가요? 바울 서신이 상황 서신이라는 맥락에서 이 질문을 던지는 것이 너무 중요합니다. 우리가 주목해야 할 것은 고린도와 에베소 모두 여신 숭배가 강했던 지역입니다. 에베소 사람들이 섬겼던 주신이 무엇입니까? 아데미 여신입니다. 에베소 사람들은 '여자는 남자의 창시자다'라는 인식을 가지고 있었습니다. 이것을 주장하는 것이 아데미 제의입니다. 즉 아데미 제의에서 여자는 남자들 위에 있는 것입니다. 여자가 남자의 창시자인 것입니다. 따라서 아데미 제의가 만연했던 에베소에는 여자들이 남자들을 주관하는 것이 전혀 어색한 일이 아니었습니다. 그런 여성 중심의 문화가 팽배했던 곳이 에베소이고 고린도입니다.

에베소와 고린도의 여성 중심의 문화가 교회 안에도 그대로 침투해 들어와서 교회의 기운을 형성하였습니다. 그것이 선한 열매를 맺었다면 아무런 문제가 되지 않았을 것입니다. 사도행전 18장 24절과 26절을 보면 아볼로를 가르친 사람이 누구냐면 브리스길라와 아굴라입니다. 우리가 보통 브리스길라와 아굴라를 부부로 봅니다. 그런데 누구의 이름이 먼저 나옵니까? 브리스길라가 먼저 나옵니다. 아내의 이름이 먼저 나올 만큼 브리스길라의 영향력과 리더십이 강했음을 알 수 있습니다. 브리스길라와 아굴라 부부가 아볼로라는 교회 지도자를 가르친 곳이 어디냐면 에베소입니다. 여자가 남자를 가르친 곳입니다. 그러나 바울은 이에 대해 어떤 문제도 제기하지 않습니다. 그것이 선한 열매를 맺었기 때문입니다. 여성이 가르치는 것이 올바른 내용이라면 그것은 전혀 문제가 되지 않습니다. 그렇다며 바울이 고린도전서와 디모데전서에서 '여자가 가르치는 것을 금한다' 거나 '여자는 교회에서 잠잠하라'고 말한 이유는 무엇일까요? 그것이 심각한 문제를 발생시켰기 때문입니다. 기독교 신앙에 대해 차근차근 배워야 할 한 여성이 배움에 열심을 내기는커녕 자꾸만 누군가를 가르치려고 하는 문제가 벌어진 것입니다. 그런데 그 사람이 가르치는 내용 자체가 신앙적으로 잘못된 것입니다. 이런 상황에서 바울이 그런 내용들을 기술하게 되었음을 기억하셔야 합니다. 예를 들면 2장 12절 바로 앞인 11절을 보십시오. "여자는 일체 순종함으로 조용히 배우라." 중요한 것은 여기에 나오는 '여자'가 단수라는 것입니다. '그 여자'인 것입니다. 그 여자가 지금 배움에는 열심을 내지 아니하고 자꾸만 누군가를 가르치려고 합니다. 그런데 그것이 잘못된 가르침입니다. 이런 상황 때문에 바울이 이런 권면을 하고 있는 것입니다.

　바울은 여자라는 이유로 가르침을 금한 것이 아닙니다. '그 여자'가 사람들에게 잘못된 거짓 가르침을 전하고 있기 때문에 그 여자의 가르침을 금한 것입니다. 에베소 교회 안에 있었던 거짓 교사가 여성이었기 때문에 이런 말이 주어진 것이지 만약 거짓 교사가 남성이었다면 '그 남자'는 교회 안에서 잠잠하라고 말했을 것입니다. 거기에서 '그 남자'는 일반적인 남성이 아닙니다. 문제를 일으키고 있는 그 사람을 말하는 것입니다. 2장 12절의 말씀을 제대로 이해하기 위해서는 11절과 연결해서 읽어야 합니다. '그 여자'는 배워야 하는 단계에 있는데 배움이 완성되지 않았음에도 불구하고 누군가를 가르치려고 합니다. 그 가르치는 내용이 온전할 수 있겠습니까? 잘못된 가르침, 왜곡된 가르침을 전파하고 있었습니다. 그런 상황에서 주어진 권면의 말씀이 2장 11절과 12절입니다. 이것은 모든 시대에 모든 여성들에게 주어진 하나님의 명령이 아닙니다. 이 말씀이 주어지게 된 이유가 무엇입니까? 문제를 일으키는 여성 성도가 있었기 때문입니다. 그러한 특수한 상황에서 주어진 특수한 말씀인 것입니다. 그렇게 보아야 하는 근거는 무조건 바울이 여성의 가르침을 금지시키거나 부정적으로 인식하지 않았다는 것입니다. 에베소 교회는 브리스길라와 아굴라 부부가 아볼로를 가르친 곳입니다. 브리스길라라는 여성이 아볼로라는 교회 지도자를 가르쳤음에도 불구하고 바울은 그것에 대해 그 어떤 문제도 제기하지 않습니다. 바울이 책망한 적이 없습니다. 그것이 올바른 가르침이었기 때문에 아무런 문제가 되지 않았던 것입니다. 그런데 '어떤 한 여성'이 계속해서 잘못된 가르침을 가르치는 상황이 벌어지게 되었습니다. 그런 상황에서 바울은 단호하게 2장 11절과 12절의 말씀을 기록하고 있는 것입니다.

4장 7절에서 바울은 디모데에게 이렇게 권면합니다.

망령되고 허탄한 신화를 버리고 경건에 이르도록 네 자신을 연단
하라.

여기서 ‘연단하라’는 말은 ‘끊임없이 하나님의 사람으로 새로워지
라’는 것입니다. 우리는 끊임없이 하나님의 사람으로 새로워져야 합
니다. 생각도 삶도 관계도 날마다 성장을 멈추지 말아야 합니다. 그
다음에 5장 9절부터 11절에서 바울은 60세 이상의 참 과부를 돕고
젊은 과부는 거절하라고 말합니다. 신앙인들 중에는 착한 아이 콤플
렉스를 가진 분들이 많습니다. 너무나 착해서 조금만 힘들고 어려운
사람을 보게 되면 무조건 도와주려고 합니다. 그런 분들은 5장에 나
오는 바울의 말씀을 주목하는 것이 필요합니다. 바울은 과부라고 해
서 무조건 도와주라고 말하지 않습니다. 아주 엄격한 조건을 제시합
니다. 그 내용이 5절부터 11절에 나옵니다. 먼저 ‘과부로 명부에 올릴
자는 나이가 60세가 되고 한 남편의 아내였던 자’여야 합니다. 여기
‘한 남편의 아내’라는 말은 꼭 결혼을 했어야 한다는 말이 아니고 성
적으로 문란하지 않아야 된다는 말입니다. 장로들의 기준에서도 마
찬가지입니다. 장로는 ‘한 아내의 남편’이어야 한다는 말은 장로가
되려면 꼭 결혼을 해야 한다는 말이 아니고 성적으로 문란하지 않아
야 한다는 것입니다. 우리가 주목해야 할 것은 참 과부로 명부에 이
름을 올리려면 60세가 넘어야 한다는 것입니다. 당시 60세는 아주
많은 나이입니다. 1세기 사람들의 평균 수명이 40세 정도 되었다고
봅니다. 당시의 기준으로 60세라고 하는 나이는 아주 연로한 나이임

을 알 수 있습니다. 당시 60세 이상의 노인들은 거동도 불편하고 스스로의 힘으로는 할 수 있는 것이 거의 없는 상태의 사람들입니다. 이런 사람들만 참 과부의 명부에 올리라는 것입니다.

10절을 보면 참 과부로 인정을 받으려면 선한 행실의 증거가 있어야 한다고 말합니다. 일상의 삶에서 선한 행실이 없는 자를 도와주어서는 안 된다는 것입니다. 그리고 "자녀를 양육하며 나그네를 대접하며 성도들의 발을 씻기며 환난 당한 자들을 구제하며 모든 선한 일을 행한 자라야"합니다. 과부를 구제함에 있어서 매우 엄격한 기준을 제시하고 있음을 볼 수 있습니다. 그렇다면 바울은 왜 이렇게 엄격한 기준을 제시하고 있을까요? 크게 두 가지 이유 때문입니다. 첫째는 사도행전 6장과 연관이 있을 것입니다. 사도행전 6장은 예루살렘 교회에서 발생한 과부 구제 문제로 인한 갈등이 기록되어 있습니다. 당시 예루살렘 교회가 가지고 있던 자원은 한정적이었는데 도움을 받아야 할 과부는 너무도 많았습니다. 재화는 한정적이고 도움을 받아야 할 과부는 많다 보니까 결국 히브리파 사람들은 팔이 안으로 굽어버렸습니다. 히브리파 과부들에게는 구제를 해주었는데 헬라파 과부들을 소외시킨 것입니다. 이로 인해 예루살렘 교회에서 히브리파 사람들과 헬라파 사람들 사이에 갈등이 생겼습니다. 이처럼 바울이 과부의 구제와 관련하여 엄격한 기준을 제시하는 이유는 교회가 가지고 있던 자원이 한정적이었기 때문입니다. 교회가 제한된 자원을 가지고 있는데 이 제한된 자원으로 진짜 도움을 받아야 할 과부를 돕기 위해서 바울은 엄격한 기준을 제시하고 있는 것입니다.

둘째는 자기 이익을 위해서 교회에 오는 사람들을 차단하기 위함입니다. 바울은 참 과부의 조건으로 '선한 행실이 있어야 된다'고 했습니다. 왜 이런 기준을 제시했을까요? 당시에 교회를 이용하고자 하는 사람들이 너무 많았기 때문입니다. 이런 사람들을 경계하는 것입니다. 이런 사람들은 자기 이익을 추구하고자 교회에 왔습니다. 교회에 오면 밥도 주고 자신의 빈궁한 삶도 도와주니까 자기 이익을 위해서 교회에 오는 것입니다. 마치 복음서에 나오는 무리와 같습니다. 무리는 항상 예수님 주위에는 있지만 예수에게 순종하고자 하는 마음은 전혀 없는 사람들입니다. 예수를 통해서 먹을 것을 기대하거나 병 고침을 기대하면서 자기 이익을 위해서 예수 옆에 붙어 있는 것입니다. 그러나 예수에게 순종하고자 하는 마음이 없으니 예수의 말씀을 경청하거나 순종하고자 하지 않습니다. 이런 사람들은 5년이 지나고 10년이 지나도 어떤 삶의 변화도 일어나지 않습니다. 이렇게 무리와 같이 교회를 이용하고자 하는 사람들을 바울은 돕지 말라고 말합니다. 이런 모습은 오늘날 교회의 모습과는 많이 다릅니다. 오늘날 교회는 무리에 대해서도 즐거운 마음으로 구제를 합니다. 도움이 필요한 자들에게 도움을 제공하는 것을 교회의 사명으로 생각하는 분들도 많이 계십니다. 그러나 초대 교회에서는 진짜 도움을 받아야 할 사람들을 돕기 위함과 교회를 이용만 하고자 하는 사람들을 경계하기 위한 목적으로 구제 문제와 관련하여 매우 엄격한 기준을 제시했던 것입니다.

6장 10절을 보겠습니다.

돈을 사랑함이 일만 악의 뿌리가 되나니 이것을 탐내는 자들은 미
혹을 받아 믿음에서 떠나 많은 근심으로써 자기를 찔렀도다.

　돈을 사랑함이 일만 악의 뿌리가 된다는 말은 돈이 모든 죄의 근원
이라는 말입니다. 이 땅에 존재하는 일만 악이 있는데 그 악의 뿌리
를 거슬러 가보니 모든 악이 돈에 대한 욕심에서 시작된다는 것입니
다. 자본주의 사회를 살아가고 있는 우리에게 더욱 다가오는 말씀입
니다. 돈으로 인한 갈등, 돈으로 인한 전쟁, 돈으로 인한 온갖 죄악들
이 난무하는 시대를 우리가 살고 있습니다. 성경 전체에서 신앙 공동
체 지도자의 조건으로 꼭 제시되는 내용이 있는데 돈을 사랑하지 않
는 것입니다. 즉 더러운 이익을 취하지 않는 것입니다. 돈 문제와 관
련하여 깨끗한 사람, 돈에 대한 욕심이 없는 사람이 신앙 공동체의
지도자로 세워져야 한다는 것을 구약부터 신약에 이르기까지 강조
하고 있습니다. 예수님도 하나님의 백성 된 우리가 '하나님과 맘몬을
겸하여 섬길 수 없다'고 하셨습니다. 하나님과 맘몬은 함께 섬길 수
없는 것입니다. 그런 의미에서 오늘날 한국 교회는 돈에 대한 지나친
사랑으로 인해 무너지고 있습니다. 오늘날 교회는 자본주의와 손을
맞잡고 성공주의와 손을 맞잡고 승리주의와 손을 맞잡았습니다. 성
경에는 하나님과 맘몬을 겸하여 섬길 수 없다고 분명하게 말씀하고
있는데 한국 교회는 하나님의 이름으로 맘몬을 섬길 수 있는 길을 열
어주고 있습니다. 그만큼 신앙의 긴장감을 상실했습니다. 돈을 사랑
하는 목사와 장로들이 너무 많고 돈을 사랑하는 교인들이 너무 많습
니다.

    미국의 한 유튜버가 미국 교회 유명 목사님들이 집회를 인도할 때 사진을 찍고 클로즈업을 한 후에 목회자가 착용하고 있는 시계, 옷, 신발, 안경 등의 브랜드와 가격을 알려주는데 목사들이 착용하고 있는 상품들의 가격이 정말 상상을 초월합니다. 신발이 640만 원 정도 하고, 시계는 1억이 넘는 것도 있고, 안경도 몇 천만 원 한다고 합니다. 목사들이 이런 고가의 물건들을 주렁주렁 매달고 설교하고 있는 것입니다. 그런 목사의 설교를 아멘하며 듣는 교인들은 과연 기독교 신앙의 본질을 제대로 붙잡고 있는 성도라고 할 수 있을까요? 신앙인에게 있어서 가장 중요한 덕목이 분별력입니다. 저 사람이 진정 예수의 사람으로 살아가고 있는 목사인지 아니면 예수를 팔아 자기의 부귀영화를 추구하는 삯꾼인지 분별할 수 있어야 합니다. 그러나 미국 교회나 한국 교회나 그런 분별력을 갖춘 교인들이 그리 많지 않습니다. 그 이유가 무엇입니까? 미국 교회나 한국 교회는 자본주의와 손을 맞잡은 기독교, 하나님의 이름으로 돈을 사랑하고 돈을 추구하는 기독교를 만들어냈기 때문입니다. 이런 상황에서는 부귀영화를 누리는 목사가 더욱 하나님의 사람답게 인식됩니다. 가난하고 병든 목사들은 하나님께 버림 받은 자처럼 생각됩니다. 그러면 다메섹 도상 이후의 바울의 삶도 하나님께 버림받은 삶인가요? 순교를 당한 신앙인들, 십자가에 달려 돌아가신 예수님의 삶도 실패한 것인가요? 우리가 성경만 제대로 읽어도 지금 교회가 주장하고 있는 내용들 중 얼마나 왜곡되고 잘못된 것이 많은지를 알 수 있을 것입니다. 지금의 교회는 하나님의 말씀으로부터 너무나 많이 탈선해 버렸습니다. 많은 신앙인들이 자본주의 사회에서 돈을 사랑하면서도 하나님을 사랑한다고 고백하는 것이 전혀 어색하지 않은 현실 속에 우리들이 살아가고 있습니다. 우리의 삶을 보면 진짜 무엇을 믿고 섬기고 있는가 하는 것이 드러날 수밖에 없습니다. 하나님의 최종 심판대 앞에서 우리가 어떤 판결을 받게 될지 참으로 두려울 뿐입니다.

마지막으로 바울은 6장 12절에서 이렇게 권면합니다.

믿음의 선한 싸움을 싸우라 영생을 취하라 이를 위하여 네가 부르심을 받았고 많은 증인 앞에서 선한 증언을 하였도다.

믿음의 선한 싸움을 싸워야 만이 영생을 취할 수 있습니다. 영생은 하나님으로부터 주어지는 참된 생명입니다. 왜 우리가 선한 싸움을 싸우는 것이 중요합니까? 대부분의 신앙인들은 착한 사람으로 살아가면서 착한 사람이라고 평가받는 것을 좋아합니다. 누구하고도 갈등하지 않고 대립하지 않고 사이좋게 살아가기를 소망합니다. 그러나 참된 신앙의 길을 걸어가다 보면 내가 원하지 않지만 나를 부담스러워하는 사람들을 만날 수밖에 없습니다. 우리가 믿음의 선한 싸움을 싸워야 하는 이유는 우리의 신앙을 넘어뜨리고자 하는 대적들이 너무도 많기 때문입니다. 우리가 발 딛고 살아가는 대한민국 사회도 우리의 신앙을 격려하거나 지지하지 않습니다. 사회 곳곳에 우리의 신앙을 한순간에 무너뜨리는 유혹들이 얼마나 많습니까? 우리로 하여금 정직하게 진실하게 거룩하게 살아가지 못하도록 방해하는 것들이 얼마나 많습니까? 우리가 정직하게 살아가면 거짓 충만한 사람들은 우리를 싫어합니다. 우리가 정의를 추구하면 불의한 사람들이 우리를 싫어합니다. 우리가 무엇을 잘못해서가 아니라 옳은 길에 서 있다는 이유만으로도 미움을 받을 수 있습니다. 이 세상이 죄악으로 충만하기 때문이고 불의한 자들이 힘을 쥐고 있기 때문입니다. 이런 상황에서 누구든지 깨어 있지 못하면 한순간에 넘어지게 됩니다. 그런 의미에서 신앙인들은 투사의 마음으로 살아야 합니다. 착한 사람으로 살아가면서 모든 사람들과 좋은 관계를 유지하고자 하는 것을 뛰어넘어야 합니다. 때로는 단호하기도 하고 엄격하기도 하고 분명하기도 해야 합니다. 무엇보다 매순간 말씀 앞에 깨어 하나님과 동행하는 삶을 살아야 합니다.

다음으로 디모데후서를 보겠습니다. 디모데후서는 바울 서신 중에 가장 늦게 쓰여진 편지입니다. 바울의 유언적인 훈계가 담겨 있습니다. 유언적인 훈계는 남다른 무게를 가집니다. 사람들은 늘 말을 하며 살아가지만 사람들이 사용하는 말도 그 무게가 천차만별입니다. 부모님이 늘 하시던 말씀과 돌아가시기 전에 유언으로 하시는 말씀은 그 무게가 같을 수 없습니다. 그런 의미에서 디모데후서는 문장 하나하나가 엄청난 무게감을 가지고 있습니다. 디모데후서 전체가 바울의 유언 같은 메시지이기 때문입니다. 디모데후서의 주제는 복음을 수호하라는 것입니다. 교회 외부의 핍박과 내부의 거짓 가르침이 난무한 불경건한 시대 속에서도 믿음의 아들인 디모데가 담대할 것과 흠 없는 지도자로서 나갈 것을 당부하고 있습니다.

2장 4~6절을 보겠습니다.

병사로 복무하는 자는 자기 생활에 얽매이는 자가 하나도 없나니 이는 병사로 모집한 자를 기쁘게 하려 함이라 경기하는 자가 법대로 경기하지 아니하면 승리자의 관을 얻지 못할 것이며 수고하는 농부가 곡식을 먼저 받는 것이 마땅하니라.

바울은 하나님의 사역자를 그리스도의 군사, 경기하는 자, 수고하는 농부로 비유하고 있습니다. '그리스도의 군사'는 그리스도를 위한 군사입니다. 누가 우리를 그리스도의 군사로 부르셨습니까? 하나님이십니다. 그리스도의 군사는 우리를 그리스도의 군사로 부르신 하나님을 기쁘시게 하는 존재가 되어야 합니다. 하나님의 명령에 철저하게 복종하는 삶을 살아야 하는 것입니다. 목회 사역은 그리스도의 군사로 부름 받은 것입니다. 목회 사역은 자원병 사역이 아니라 징집된 병사들의 영적 전쟁입니다. 징집된 병사는 자기가 원하는 바대로 행동할 수 없습니다. 나를 부르신 하나님이 원하시는 바가 무엇인지를 묻고 매순간마다 하나님이 원하시는 바에 정성을 다 쏟아야 하는 것입니다.

3장 5절을 보겠습니다.

경건의 모양은 있으나 경건의 능력은 부인하니 이같은 자들에게서 네가 돌아서라.

바울은 이런 사람들과는 관계 맺지 말라고 합니다. 어떤 사람들입니까? 경건의 모양은 있으나 경건의 능력은 부인하는 사람들입니다. 이들은 외형적으로는 하나님을 믿는 것처럼 보입니다. 매일 큐티도

하고 기도도 하고 예배도 잘 드립니다. 경건의 모양을 갖춘 것처럼 보입니다. 그러나 경건의 능력은 부인합니다. 여기서 경건의 능력을 부인한다는 것은 무엇일까요? 예를 들면 이런 것입니다. 주변에서 목사님들을 만나다 보면 목사님들로부터 이런 이야기를 많이 듣습니다. 자기가 아무리 정성껏 말씀을 준비해서 설교해도 성도들은 바뀌지 않는다는 불평을 자주 듣습니다. 그런 목사님들에게 제가 살았던 공동체 이야기를 하게 되면 목사님들 대부분은 '그런 교회가 어떻게 가능하지?'라는 반응을 보입니다. 그리고 일부는 신앙인들이 어떻게 그렇게 결단하며 살 수 있는지에 대해 놀라워하십니다. 어떤 경우에는 꼭 그렇게까지 신앙의 삶을 살아야 하는가에 대해 문제를 제기하는 분들도 계십니다. 그런 분들과의 만남을 통해 본인 스스로 하나님을 믿고 있다고 말하고 하나님의 백성으로 살고 싶다고 소망은 하지만 하나님의 백성으로서의 삶의 변화를 결단한다거나 순종하고 싶은 마음이 없는 분들이 많이 있음을 보게 됩니다. 하나님 안에서 새로운 존재가 되기를 기대하는 마음도 없고 말씀으로 사람이 변화될 수 있다는 것도 믿지 않는 신앙인들이 많음을 보게 됩니다. 이런 사람들을 우리는 실천적 무신론자라고 말할 수 있습니다.

그런데 실천적 무신론자는 머리로는 하나님을 믿습니다. 입으로는 하나님에 대한 신앙을 고백합니다. 그런데 삶으로는 하나님의 백성 된 삶을 거부합니다. 말씀 순종에 자기 인생을 걸지 않습니다. 말씀으로 자기를 변화시켜내고자 하지 않습니다. 이들은 30년 전이나 20년 전이나 10년 전이나 똑같은 신앙생활을 반복할 뿐입니다. 하나님께서 자신을 어떻게 변화시켜 내실지에 대해 소망하는 마음도 없고 하나님께서 우리 공동체를 어떻게 새롭게 하실지에 대해 기대하는 마음도 없습니다. 하나님께서 이루실 역사에 대한 기대와 소망이 전혀 없이 반복적인 종교의식에만 열심을 다하는 것입니다. 하나님께 예배는 드리고 기도는 열심히 하지만 성령께서 우리들을 새롭게 하실 수 있음을 믿지 않습니다. 나아가 성령의 역사에 온전히 순종하고 싶은 마음도 없습니다. 이런 것들이 경건의 모양은 있지만 경건의 능력은 부인하는 모습입니다. 바울은 이런 사람들에게서 돌아서라고 명령합니다. 오늘도 이 명령은 여전히 유효합니다. 실천적 무신론자들과 어울려 교제하거나 관계를 맺게 되면 아무런 유익이 없습니다. 그 사람들을 올바른 길로 견인해낼 만큼 마음의 의지나 역량이 없다면 이런 사람들과는 빨리 관계를 정리하는 것이 좋습니다.

3장 12절을 보겠습니다.

무릇 그리스도 예수 안에서 경건하게 살고자 하는 자는 박해를 받으리라.

죄악으로 가득한 세상은 하나님의 뜻대로 살아가는 사람들을 좋아하지 않습니다. 우리가 거룩하게 진실하게 정직하게 살아가면 우리를 부담스러워하고 미워하는 사람들이 나타나게 되어 있습니다. 그런데 그런 사람들이 세상에만 존재하지 않는다는 것입니다. 신앙인들 중에도 하나님의 뜻대로 살아가는 사람들을 좋아하지 않는 이들이 있습니다. 자기와 다른 삶을 살아가는 것에 대해 부담스러워하는 것입니다. 그러면서 '꼭 그렇게까지 살아야 해'라고 문제를 제기합니다. 이들의 특징은 자기 스스로가 순종의 한계를 규정해 놓는다는 것입니다. 본인이 생각하는 신앙인의 모습이 있습니다. 한 달에 어느 정도 금액을 헌금하고 몇 번 예배에 참석하고 가끔씩 하나님께 기도하고 성경도 읽으면 그 정도면 나름 건강한 신앙인이라고 생각하는 것입니다. 그 이상의 신앙의 삶을 살아가는 사람을 만나게 되면 '굳이 그렇게까지 해야 해'라는 문제를 제기하는 것입니다. 자신의 세속적인 가치관과 판단의 기준을 하나님의 말씀 앞에서 성찰하고 하나님의 뜻이 아닌 것은 과감하게 내어던지고 하나님의 말씀으로 자신의 가치관을 새롭게 정립하며 자기 삶을 변화시켜 내고자 애쓰며 실천하는 이들을 과도한 신앙생활로 규정합니다. 이처럼 자기가 설정해 놓은 순종의 범위 안에서만 머물고자 하는 사람들은 존재를 다해 하나님께 순종하고자 하는 사람들을 이해할 수가 없습니다.

여러분은 장기려라는 이름을 들어보신 적이 있으십니까? 장기려라는 이름을 처음 들어보신 분들은 꼭 검색해 보시기를 바랍니다. 누군가가 저에게 '한국 기독교 140년 역사에서 누구를 가장 존경 하십니까'라고 묻는다면 저는 두 명을 말합니다. 해방되기 이전에는 김교신이고, 해방 이후에는 장기려입니다. 우리나라 의료보험 제도가 비교적 잘 되어 있는데 의료보험 제도를 가장 먼저 시행한 분이 장기려 박사입니다. 그분이 보여준 감동적인 이야기들은 너무나 많이 있습니다. 이런 신앙인이 한국 교회에 있었다는 사실에 많은 도전과 은혜를 받을 수 있을 것입니다. 장기려는 죽을 때까지 예수의 사람으로 살고자 했습니다. 그런데 한국 교회에서는 장기려라는 이름이 금기어가 되었습니다. 그 이유가 무엇일까요?

중앙집중적 구조를 가지고 있는 가톨릭은 주기적으로 누군가를 내세워 가톨릭 신앙을 홍보합니다. 안중근을 내세우기도 하고, 이태석 신부를 내세우기도 합니다. 그런데 개교회 중심적인 개신교는 이런 마케팅에는 아주 수동적입니다. 신앙의 위대한 인물을 말할 때도 대부분 목사님을 언급합니다. 이런 모습을 볼 때마다 참으로 안타깝습니다. 저는 개인적으로 아무리 위대한 목사님도 평범한 성도보다 위대할 수 없다고 봅니다. 이것은 제가 성도님들에게 잘 보이려고 하는 말이 아닙니다. 이것은 제 나름의 신념입니다. 제가 볼 때 목사님들이 수고하고 헌신하는 것은 사실입니다. 그러나 많은 경우에는 자신이 헌신한 것 이상으로 대우를 받고 있습니다. 물질적인 보상도 받고 교인들로부터 존경도 받습니다. 그런데 성도님들은 그렇지 않습니다. 자기 시간을 드리고 자기 물질을 바쳐서 수고하지만 어떤 대가도 받지 않습니다. 저는 목회자들이 나중에 하나님 앞에서 무슨 상을 받을 수 있을까 질문해 보면 받을 수 있는 상이 거의 없지 않을까 생각합니다. 저도 예외가 아닙니다. 여러분이 저를 천국에서 보지 못한다 하더라도 너무 놀라지 마시기 바랍니다. 하나님께서 오직 긍휼히 여겨 주시기만을 간구할 뿐입니다.

한국 교회에서 위대한 신앙의 인물을 이야기할 때 목사님들의 이름을 언급하는 것은 여전히 한국 교회가 목사 중심적인 사고를 하기 때문입니다. 목회자들보다 한 교회를 세워나가고자 이름 없이 빛도 없이 수고하고 애쓰신 분들의 노고를 더 높이 주목해야 한다고 봅니다. 또한 교회 안에서만 인정받는 신앙인이 아니라 한국 사회 전체적으로 존경받을 수 있는 신앙인을 한국 교회가 존경하는 것이 더욱 바람직하다고 생각합니다. 그런 의미에서 저는 김교신과 장기려를 존경합니다. 김교신은 학교 선생님이었고, 장기려는 의사였습니다. 장기려는 직업이 의사였음에도 돌아가실 때 통장에 천만 원 정도밖에 없었습니다. 노년의 몇 십 년 동안을 옥탑 방에서 생활하셨습니다. 그렇게 검소하게 살았던 의사입니다. 그런데 왜 한국 교회는 이 위대한 신앙인에 대해 말하지 않는 것일까요? 평생을 예수 제자답게 살고자 발버둥 쳤던 장기려가 나이 80세가 넘어서 한국 교회를 떠났기 때문입니다. 장기려는 자기가 평생 함께했던 산정현교회를 떠나 30명 정도 모이는 작은 공동체로 옮겼습니다. 그 이유는 한국 교회에 예수가 없다고 생각했기 때문입니다. 장기려가 산정현교회를 떠나던 날 교인들이 그를 붙잡고 울부짖었다고 합니다. 교인들은 어린 시절부터 장기려를 통해 신앙을 배웠던 사람들입니다. 그들은 "장로님, 장로님을 진심으로 존경하는 우리를 버리고 어디로 가시려고 하십니까"라고 애원했습니다. 그때 선생님은 이렇게 말했습니다. "당신들이 진정 나를 존경한다면 나를 따라와야지 내가 믿음의 걸음을 내딛고자 하는데 나를 가로막으면 어떻게 하는가" 하면서 그들을 책망했습니다.

평생을 예수의 사람으로 살려고 했던 장기려는 80세가 넘어서 한국 교회를 떠났습니다. 그때 한국 교회는 한국 기독교 100주년 행사를 성대하게 치루고 있었습니다. 개신교인들의 숫자가 1,200만 명이라고 대대적으로 홍보할 때입니다. 장기려는 크고 거대하고 화려한 행사에는 예수가 없음을 보았습니다. 그래서 한국 교회에는 예수가 없다고 하면서 30명 정도 모이는 작은 공동체로 옮기셨습니다. 그때부터 한국 교회에서 장기려는 금기어가 되었습니다. 왜냐하면 장기려를 말하는 순간 그분의 인생의 마지막 시기를 말하지 않을 수 없기 때문입니다. 문제는 지금도 그러하다는 것입니다. 신앙의 공동체 안에 진짜 예수처럼 살고자 하는 신앙인이 있다면 다른 신앙인들이 보고 존경하고 따라올 것 같지만 실상은 그렇지 않습니다. 많은 경우에는 그런 분을 부담스러워합니다. 오늘날 한국 교회는 너무도 하향 평준화되어 있습니다. 만약 예수님이 한국 교회에 오신다면 대다수 신앙인들로부터 배척을 받으실 것입니다. 이것이 참으로 안타깝습니다. 예나 지금이나 진짜 경건하게 살고자 하는 사람들은 교회 밖에서도 핍박을 받고 교회 안에서도 미움을 받을 것을 각오해야 합니다.

3장 16절과 17절에는 하나님께서 우리에게 성경을 주신 목적이 명확하게 나옵니다.

모든 성경은 하나님의 감동으로 된 것으로 교훈과 책망과 바르게 함과 의로 교육하기에 유익하니 이는 하나님의 사람으로 온전하게 하며 모든 선한 일을 행할 능력을 갖추게 하려 함이라.

오늘날 교인들은 하나님의 말씀을 통해서 위로만 받으려고 합니다. 말씀과의 정직한 대면을 거부하고 있습니다. 우리가 기억해야 할 것은 하나님께서 우리에게 당신의 말씀을 주신 목적입니다. 하나님께서 기록된 계시의 말씀인 성경을 주신 목적은 힘들고 고단한 우리의 삶을 위로하기 위함이 아닙니다. 어떻게 살아가야 될지에 대한 교훈을 주기 위함이고, 죄악 된 길로 치닫고 있는 우리를 책망하기 위함이고, 왜곡되어 있는 우리를 올바르게 하기 위함이고, 하나님의 뜻대로 살고 있지 않는 우리를 하나님의 뜻대로 살고자 하기 위함입니다. 이것이 성경을 우리에게 주신 목적입니다. 이 목적을 망각하고 성경 말씀을 통하여 위로와 평안만을 얻으려고 해서는 안 됩니다. 말씀과 대면하는 순간 내가 교훈을 받을 것을 생각해야 되고, 죄 된 나의 삶에 대한 책망을 받을 것을 각오해야 합니다. 말씀을 통해서 뒤틀리고 왜곡된 우리의 삶이 올바르게 정립될 것을 기대해야 합니다. 그것이 하나님이 우리에게 말씀을 주신 목적입니다.

4장 6절을 보겠습니다.

전제와 같이 내가 벌써 부어지고 나의 떠날 시각이 가까웠도다.

여기서 '떠난다'는 것은 무슨 의미일까요? 하나님의 부르심을 받는 죽음을 말하는 것입니다. 여기 전제가 나오는데 전제는 포도주를 붓는 것입니다. 그러면 전제는 무엇을 상징합니까? 포도주의 색깔은 피를 상징합니다. 전제에서 포도주를 다 붓는 것처럼 바울은 지금까지 자기의 모든 피를 다 쏟아 부었다는 것입니다. 그리고 이제는 하나님의 부르심을 받고 하나님의 품으로 돌아갈 때가 되었다는 것입니다. 바울은 디모데에게 하나님의 부르심을 염두에 두고 유언적인 부탁을 하고자 합니다. 4장 9절부터는 너무나 슬픈 내용이 나옵니다.

너는 어서 속히 내게로 오라.

바울은 믿음의 아들이었던 디모데나 디도에게 편지를 쓰면서 단순히 '오라'고 하지 않고 '속히 오라', '급히 오라'는 표현을 사용합니다. 자신이 지금 언제 죽을지 모르는 상황에서 하루라도 빨리 와야만 마지막 만남이라도 할 수 있다는 것입니다. 그래서 바울은 속히 내게로 오라고 말합니다.

4장 10~11절을 보겠습니다.

데마는 이 세상을 사랑하여 나를 버리고 데살로니가로 갔고 그레스게는 갈라디아로, 디도는 달마디아로 갔고 누가만 나와 함께 있느니라 네가 올 때에 마가를 데리고 오라 그가 나의 일에 유익하니라.

본문을 가지고 성경 퀴즈를 할 때 항상 이런 문제가 출제됩니다. 디모데후서 4장에 보면 바울의 동역자들이 대부분 바울을 떠났는데 끝까지 남은 사람이 있습니다. 누가 끝까지 바울과 함께 했을까요? 정답은 누가입니다. 누가만 끝까지 바울과 함께 했습니다. 바울이 죽을 때까지 끝까지 동역을 한 누가가 이후에 누가복음과 사도행전을 쓰게 됩니다. 안타깝게도 바울과 동역했던 많은 사람들이 마지막 순간에는 바울을 떠났습니다. 10절에 보면 '데마는 이 세상을 사랑하여 나를 버리고 데살로니가로 갔다'는 내용이 나옵니다. 재미있는 것은 이 세상을 '사랑하여'에 사용된 단어가 아가페입니다. 요한복음 강의 때 말씀드렸지만 헬라어에 사랑을 뜻하는 네 개의 단어들이 특정한 사랑에 대해서만 한정적으로 쓰이는 것이 아닙니다. 사랑을 뜻하는 모든 경우에 아가페, 에로스, 스톨게, 필리아라는 단어를 모두 사용할 수 있습니다. 그러나 신적 사랑을 뜻하는 경우에는 아가페라는 단어가 좀 더 많이 쓰인 것이지 아가페라는 단어가 신적 사랑을 뜻하는 경우에만 쓰이는 것은 아닙니다. 그 증거가 4장 10절입니다. 아가페라는 단어가 변함없는 사랑, 신적인 사랑만을 의미한다고 생각하기 쉽지만 여기 나오는 것처럼 세상을 사랑한다고 할 때도 아가페라는 단어가 쓰일 수 있습니다. 예수의 제자들이 마지막 순간에 예수를 떠나버린 것처럼 바울의 동역자들도 마지막 순간에 바울을 떠난 것을 본문을 통해 알 수 있습니다. 처음의 마음을 끝까지 붙잡는다는 것이 참으로 쉽지 않음을 볼 수 있습니다.

마지막으로 4장 21절을 보겠습니다.

너는 겨울 전에 어서 오라.

바울은 믿음의 아들들과 오랜 시간을 함께하고 싶었을 것입니다. 그러나 순회 전도자로서 그러지 못했습니다. 인간적으로는 애처로운 상황입니다. 제가 생각할 때 바울에게는 개인적인 소망이 있었을 것이라고 봅니다. 예컨대 믿음의 사람들과 같이 살아가는 것입니다. 그런데 바울은 하나님으로부터 순회 전도자로 부름을 받았습니다. 한 지역에 가서 복음을 전하고 교회를 세운 다음에 믿을 만한 사람에게 그 교회의 목회를 맡기고 다시 새로운 지역으로 이동하는 것입니다. 순회 전도자로서의 바울의 운명 자체가 사랑하는 사람들과 계속 함께할 수 없도록 만들었습니다. 이것이 바울에게 얼마나 큰 아픔이고 슬픔이었겠습니까? 바울이 믿음의 아들 디모데를 얼마나 보고 싶었으면 계속해서 '속히 오라', '어서 오라'고 말합니다. 믿음의 사람들과의 아름다운 교제와 관계 맺음에 목말라 하는 바울의 모습을 여기서 볼 수 있습니다.

바울 서신 강의

디도서, 빌레몬서

디도서는 바울이 그레데 지역의 목회자였던 영적 아들인 디도에게 보낸 서신입니다. 바울은 이 편지에서 디도에게 자격을 갖춘 장로를 세우고 진리를 고수할 것을 당부하고 있습니다. 교회에서 목회를 함에 있어서 필요한 권면과 조언을 하고 있는 것입니다. 그래서 디모데전후서와 디도서를 목회 서신으로 분류합니다.

1장 9절을 보겠습니다.

미쁜 말씀의 가르침을 그대로 지켜야 하리니 이는 능히 바른 교훈으로 권면하고 거슬러 말하는 자들을 책망하게 하려 함이라.

교회 지도자는 아무나 되어서는 안 됩니다. 교회 지도자에게는 엄격한 자격 조건이 필요합니다. 왜 그렇습니까? 교회의 지도자는 자신이 먼저 말씀에 순종함을 통해서 사람들에게 바른 교훈으로 권면하고 말씀대로 살지 않는 자들을 책망하는 자이기 때문입니다. 오늘날에도 마찬가지입니다. 그런 의미에서 교회의 지도자인 목사나 장로들은 더 엄격하게 말씀에 순종하는 삶을 살아내야 합니다. 지도자라고 하는 사람들이 말씀에 순종하는 삶을 살아내지 못하면 그들이 누구를 권면할 수 있겠습니까? 그들이 누구를 책망할 수 있겠습니까? 본인 스스로도 말씀에 순종하지 않는 자가 누군가를 목회하고자 할 때 권위가 서지 않을 것입니다. 그런 의미에서 오늘 이 시대는 말씀에 순종하지 않는 많은 자들이 교회에서 지도자 행세를 하고 있습니다. 이것이 한국 교회의 비극입니다. 어떤 분은 극단적으로 교회 안에 있는 직분들을 다 없애고 공동체 안에서 서로를 형제자매로 호칭하면 좋겠다고 말합니다. 목사, 장로, 권사, 집사라는 직분이 교회의 덕을 세우기는커녕 사람들을 실족시키고 있음에 대한 안타까움으로 그런 말씀을 하시는 것을 들었습니다. 더욱이 윤리 도덕적인 문제를 일으킨 목사나 중직자들은 원스트라이크 아웃이 되어야 한다고 봅니다. 하나님의 통치를 거부하고 하나님의 백성으로 살고자 하는 마음도 없는 사람에 대해서 한국 교회는 징계하지 않습니다. 그리하여 교회 바깥에 있는 많은 사람들을 실족시키는 경우들이 많습니다. 이 안타까운 현실을 더 이상 방치해서는 안 됩니다. 그런 잘못된 사람들이 여전히 지도자라는 이름으로 누군가에게 말씀을 가르치고 목회를 한다는 것이 우습지 않습니까? 오늘날은 누구나 목사가 되기 쉬운 시대가 되었습니다. 목사가 된다고 해서 순교를 각오해야 하는 상황도 아닙니다. 스스로 자기 성찰과 자기 점검을 하지 않는 자들은 교회 지도자 자리에서 스스로 물러나야 합니다. 교회 지도자들은 교회의 얼굴이고 교회를 대표하는 사람들이기 때문에 더욱 엄격한 기준으로 직분자를 세우는 것이 필요하다고 봅니다.

1장 12절을 보면 디도가 목회했던 그레데 사람들에 대한 평가가 나옵니다.

그레데인 중의 어떤 선지자가 말하되 그레데인들은 항상 거짓말쟁이며 악한 짐승이며 배만 위하는 게으름뱅이라 하니.

그레데 사람들에 대한 매우 부정적인 평가가 여기에 나옵니다. 디도는 이런 그레데인들을 목회했습니다. 디도가 목회자로서 얼마나 힘들었을까를 엿볼 수 있습니다. 우리나라도 지역별 목회의 특징이 있습니다. 한 번은 대전에 집회를 가서 그 지역 목사님들 하고 식사를 하다가 들은 이야기가 있습니다. 지금은 시간이 많이 지나서 목사님도 충청도 사람이 되었지만 처음에 충청도에 와서 목회할 때 너무 힘들었다고 합니다. 왜 힘드셨냐고 물었더니 처음 대전에 부임하고 동네 주민들에게 '이번 주일에 꼭 교회 오세요'라고 전도하면 대부분 '네, 그래야죠'라고 대답을 하시더랍니다. 그래서 목사님은 동네 주민들이 그 다음 주일날 교회에 올 줄 알고 준비를 했는데 한 분도 오시지 않았다는 것입니다. 나중에서야 이게 충청도 사람들의 화법이라는 것을 알게 되셨다고 합니다. 즉 충청도 사람들은 면전에서는 단호하게 거절을 하지 않으신다고 합니다. 그래서 '주일에 교회 오세요'하면 '안 가요'하고 대답하지 아니하시고 '그래요'라고 대답을 하신다는 것입니다. 교인들에게도 무엇을 부탁하면 모두가 '그래요'라고 답해주셔서 다 해주시는 것으로 이해를 했는데 그렇지 않다는 것을 시간이 지나면서 알게 되었다고 합니다.

그레데 사람들은 거짓말쟁이라는 평가를 받았습니다. 그들의 말이 신실하지 못하고 믿기 어렵다는 것입니다. 그리고 악한 짐승이라는 평가도 들었습니다. 자기 본능에 따라 살아가는 사람들이라는 것입니다. 본능에 따라 살아가는 것은 짐승의 삶과 다를 바 없습니다. 그래서 그들은 자기 배만 채우는 게으름뱅이들이었습니다. 이런 그레데 사람들을 대상으로 목회를 했으니 디도가 얼마나 힘들었겠습니까? 목회 스트레스 때문에 암에 걸렸을 가능성이 높습니다. 몇 년 전 필리핀에서 목회하는 친구 목사님을 만났습니다. 친구는 대학교 시절 아주 착한 친구였습니다. 친구가 목회하는 곳은 필리핀에서 휴양지로 유명한 곳인데 한국에서 영어를 배우기 위해서 필리핀으로 오는 학생들이 그곳에 많이들 머문다고 합니다. 친구가 목회하는 교회는 교인들이 50명 정도 되는데 대부분 영어를 공부하기 위해서 온 자녀와 어머니라고 합니다. 교인들 대부분이 기러기 가족인 것입니다. 아빠들은 한국에서 열심히 돈을 벌어서 필리핀으로 송금해주고 엄마와 자녀는 필리핀에서 생활하는 것입니다. 그런데 자기 교회 여성 교인들이 필리핀 남성들과 바람을 많이 피운다는 것입니다. 친구가 교회 문제를 말하기에 곧바로 질문했습니다. "그러면 남편이 있는 여성 교인들이 필리핀 현지 남성들과 바람을 피우는 상황에서 너는 목회자로서 따끔하게 책망을 하고 있냐." 제 질문에 친구는 "어떻게 책망해. 나는 아무 얘기도 못해."

여러분들이 만약 그 교회 담임 목회자라면 어떻게 하시겠습니까? 여성 교인들의 잘못을 책망하게 되면 교회를 떠날 가능성이 높을 것이고 교인이 떠나면 교회 재정은 줄어들 것입니다. 교회 재정이 줄어들게 되면 목회자가 받아야 할 사례를 받지 못할 수도 있습니다. 이런 상황에서 여러분은 목회자로서 어떻게 하시겠습니까? 오늘날 목회는 서비스업이 되었습니다. 교인들의 필요를 채워주고 원하는 바를 제공해주는 서비스업이 되었습니다. 그래서 어느 순간부터 교회 안에서 교훈과 책망의 언어들은 줄어들고 위로와 평안과 복을 비는 언어들이 차고 넘칩니다. 그러나 평생을 그렇게 목회한 사람이 이후에 하나님의 심판대에서 어떤 평가를 받게 될까요? 안타깝지만 그렇게 목회하는 사람을 삯군이라고 말합니다. 저도 친구에게 말했습니다. "그런 상황에서도 아무 이야기를 하지 못한다면 네가 목회하는 이유와 목적이 뭐야? 그런 식의 목회는 삯군들이나 하는 거지." 대학 동기들이 저를 만나는 것을 부담스러워합니다. 제가 직설적으로 말하거든요. 디도의 목회가 참 쉽지 않았겠다는 생각을 하게 됩니다.

1장 16절을 보면 그레데 교인들이 어떤 사람들인지에 대한 내용이 나옵니다.

그들이 하나님을 시인하나 행위로는 부인하니 가증한 자요 복종하지 아니하는 자요 모든 선한 일을 버리는 자니라.

디도가 목회했던 그레데 교인들은 어떤 사람들이었습니까? 입으로는 하나님을 시인하지만 행위로는 부인하는 사람들입니다. 이런 사람들을 우리는 실천적 무신론자라고 했습니다. 그런데 이러한 실천적 무신론자들은 자기들은 분명히 구원받을 것이라는 확신으로 똘똘 뭉쳐 있습니다. 예수님은 마태복음 7장 21절에서 실천적 무신론자들에게 이렇게 말씀하셨습니다.

나더러 주여 주여 하는 자마다 다 천국에 들어갈 것이 아니요 다만 하늘에 계신 내 아버지의 뜻대로 행하는 자라야 들어가리라.

이 말씀은 '주여 주여' 고백하는 것과 하나님의 뜻대로 행하며 살아가는 것은 전혀 별개의 것임을 우리에게 알려줍니다. 하나님이 주목하시는 것은 얼마나 '주여 주여'를 힘 있게 외쳤는가 하는 것이 아닙니다. 자신의 존재와 삶을 통해서 하나님의 뜻대로 살고자 했는가가 중요합니다. 그것이 참된 믿음입니다. 우리가 머리와 입으로 하나님을 믿는다고 고백한다고 해서 진짜 하나님을 믿고 있다고 착각해서는 안 됩니다. 내가 하나님의 이름을 알거나 부르고 있다고 해서 하나님을 믿고 있다고 착각해서는 안 됩니다. 내가 살아내는 삶이 진정 내가 무엇을 믿고 있는가를 증명하는 것입니다. 삶이 그의 신앙을 드러내는 것입니다. 아무리 입으로 하나님을 외쳐도 맘몬을 숭배하는 사람이 있고 자기 욕망을 숭배하는 사람이 있고 권력을 숭배하는 사람이 있습니다. 다른 사람의 눈에는 그것이 환히 보이는데 자기만 모르는 경우들이 있습니다. 그것이 실천적 무신론자들의 일반적인 모습입니다.

1장 7절과 2장 3절에 보면 술에 대한 경계가 나옵니다. 2장 3절입니다.

늙은 여자로는 이와 같이 행실이 거룩하며 모함하지 말며 많은 술의 종이 되지 아니하며 선한 것을 가르치는 자들이 되고.

한국 교회는 술에 대한 경계의 말씀들을 주목하면서 선교 초기부터 교인들에게 금주, 금연, 도박 금지, 춤 금지 등을 강조했습니다. 저는 청교도적 이해에 기반한 선교사님들의 목회가 바람직했다고 생각합니다. 선교 초기에 우리나라에 오신 선교사님들이 볼 때 당시 조선 사회를 병들게 만들고 있는 음주 문화와 흡연 문화 그리고 도박 문화에 신앙인들도 동참하고 있었기에 그것을 단호하게 끊어내고자 하신 것입니다. 그 시대에 가장 적합한 목회적 지침이었다고 생각합니다. 당시 조선 사회에서 음주 문화는 아주 잘못되어 있었습니다. '부어라 마셔라'를 중시하는 음주 문화, 얼마나 주량이 센가에 따라서 남성다움을 입증하고자 하는 문화 등에 너무나 많은 사람들이 지배를 받으며 살았습니다. 도박으로 인해 얼마나 많은 가정들이 깨어지게 되었습니까? 하나님의 백성들이 그런 왜곡된 문화의 지배로부터 자유케 하기 위하여 선교사님들은 단호한 목회를 하셨던 것입니다. 자연스럽게 신앙인들은 금주, 금연의 삶을 살았고 오늘날에도 신앙인 됨의 정체성을 금주, 금연을 통해 입증하고자 하는 전통이 생겨나게 되었습니다.

그런데 성경에는 술에 대한 부정적 언급보다는 긍정적 기술들이 더 많이 나옵니다. 전반적으로 술은 하나님께서 사람들에게 주신 은혜의 도구 중 하나입니다. 이사야에서는 우리가 하나님 나라에서는 눈이 빨개질 만큼 포도주를 마신다는 말씀이 나옵니다. 하나님 나라에서는 모두가 포도주를 마시게 될 것입니다. 지금 포도주를 못 드시는 분들은 포도주를 마실 수 있도록 미리 준비하셔야만 합니다. 여기서 포도주를 마신다는 것은 하나님 나라의 잔치에 참여한다는 말입니다. 성경에서는 잔치의 맥락에서 사용되는 술에 대해서 부정적이지 않습니다. 신명기 14장에 보면 십일조를 바친 후에 포도주와 독주를 사서 잔치를 하라는 말씀도 나옵니다. 성경에서 술은 하나님의 백성들이 잔치를 할 때 그 잔치의 흥을 돋우는 하나의 도구로 등장합니다. 그런데 신약에서 술에 대한 경계의 말씀들이 등장합니다. 왜 그럴까요? 이방 땅에 세워진 교회 구성원들은 크게 두 부류가 있었습니다. 디아스포라 유대인으로 유대교 신앙을 가지고 있다가 예수를 믿게 된 사람들이 한 부류였고, 이방 땅에 존재하던 다른 신앙을 가지고 있다가 예수를 믿게 된 이방인이 한 부류였습니다. 교회가 세워진 이방 땅에서 강력한 힘을 가진 종교들이 있었습니다. 그 종교들은 대부분 제의를 행할 때 과도한 음주 문화가 있고 자연스럽게 음란한 행위들이 뒤따랐습니다. 이런 상황에서 바울은 이방 지역에 있는 교회에 편지를 보낼 때 술에 대한 경계의 말씀들을 많이 하게 됩니다. 그중 대표적인 것이 '술 취하지 말라'는 말씀입니다.

같은 맥락에서 선교사님들이 조선 땅에 오셔서 금주를 강조한 것은 너무 잘하셨다고 봅니다. 당시 조선 사람들이 행해왔던 음주 문화가 너무나 왜곡되어 있었기 때문입니다. 요즘은 덜하지만 30년 전만 해도 대장부임을 입증하는 지표 가운데 하나가 주량이었습니다. 그래서 술 궤짝을 갖다 놓고 마시는 사람들을 대장부로 인정해 주었습니다. 한국 사람들 가운데는 술과 전쟁하듯이 술을 마시는 사람들이 있습니다. 함께 술을 마시는 사람들은 주목하지 않고 술과 싸우는 것입니다. 술은 사람과의 교제를 돕는 하나의 도구가 되어야 합니다. 그런데 왜곡된 음주 문화는 사람을 주목하지 아니하고 술과 전쟁을 하는 형태를 띠게 됩니다. 이런 상황에서 선교사님들이 교인들에게 술과 담배와 도박을 금지한 것은 너무나 잘하신 목회적 가르침이라고 생각합니다. 요즘 젊은 세대들은 음주 문화가 많이 바뀌었다고 하는데 조금은 긍정적인 변화라는 생각이 듭니다.

한국 교회 초기에는 금주, 금연, 도박 금지 등의 가르침뿐만 아니라 축첩을 금지하기도 했습니다. 당시 조선 사회에서 축첩은 죄가 아니었습니다. 그러나 교회는 본부인이 있음에도 첩을 두는 행위를 죄로 규정하고 교인들에게는 축첩을 하지 말 것을 가르쳤습니다. 그래서 신앙인들은 첩을 버리는 결단을 하기도 했습니다. 중요한 것은 교회가 시작한 이런 움직임에 사회도 동참했다는 것입니다. 이후에 조선 사회도 첩을 두는 것을 옳지 않다고 수용합니다. 이처럼 교회에 의해서 시작되었다가 이후에는 조선 사회 전체적으로 수용한 것들이 많이 있습니다. 그것 가운데 하나가 여성 교육입니다. 여성 교육도 교회가 먼저 시작했습니다. 그것을 이후에 조선 사회가 받아들인 것입니다. 첩을 두는 것도 교회가 먼저 죄라고 규정하였고 이후에 조선 사회가 그것을 받아들인 것입니다. 아편을 하는 것도 교회가 먼저 죄라고 하였고 이후에 조선 사회가 그것을 죄로 받아들였습니다. 이런 모든 것들은 기독교가 조선 사회에 끼친 선한 영향력이라고 할 수 있습니다.

그런데 오늘날에도 예수 믿는 사람과 믿지 않는 사람을 구분하는 기준이 금주, 금연 정도에 그친다면 이것은 한국 교회가 성장이 없는 증거라고 할 수 있습니다. 선교사님이 조선 땅에 오셔서 금주, 금연을 강조했던 이유는 당시 음주와 흡연이 단순히 신앙인들만의 문제가 아니라 조선 사회를 병들게 만드는 요소였기 때문입니다. 그래서 신앙인들에게 그것에 동참하지 말라고 한 것입니다. 당시의 음주와 흡연은 그 시대의 중심 죄악이라고 할 수 있습니다. 중심 죄악은 한국 사회를 병들게 만드는 왜곡된 문화입니다. 그렇다면 오늘날 한국 사회를 병들게 만들고 있는 중심 죄악은 무엇일까요? 신앙인들은 오늘 이 시대의 중심 죄악에 동참하지 말아야 합니다. 예를 들면 투기 문화와 학벌 숭배 문화를 꼽을 수 있습니다. 많은 사람들이 행하기 때문에 이것이 얼마나 심각한 잘못인지를 많은 사람들이 인지하지 못합니다. 수능일이 되면 많은 교회에서 수능 기도회를 합니다. 시험 시간에 맞춰서 기도회를 시작하고 쉬는 시간에는 같이 쉬면서 하루 종일 기도회를 합니다. 그날 기도회를 한다고 해서 수험생 자녀들이 좋은 성적을 얻을 수 있습니까? 하나님을 우리 자녀들이 수능 시험을 잘 보도록 도와주는 그런 분으로 축소시키지 말아야 합니다. 오늘날 교회는 하나님을 사람들의 필요에 신속하게 응답해주시는 분으로 만들고 있습니다. 그래서 신앙인들이 하나님께 뜨겁게 기도는 하지만 대부분의 기도는 무엇을 요구하는 기도입니다. 주님이 명령하신 하나님 나라와 의를 구하는 기도는 잘 보이지 않습니다. 목회자들 중에도 수능 기도회에 대한 문제의식을 가지고 있지만 어쩔 수 없이 기도회를 하는 분들이 많이 계십니다. 왜냐하면 수험생 부모들이 강력하게 요청하기 때문입니다. 오늘 한국 사회를 지배하는 가장 강력한 우상은 학벌 우상입니다. 한국 사회는 19세에 치르는 수능을 통해 어느 대학에 입학했는가 하는 것이 평생의 훈장처럼 따라다닙니다. 대한민국 사회는 학벌이라는 우상 앞에 모든 사람들이 무릎 꿇고 있는 학벌 숭배 공화국입니다.

오늘날 대한민국 사회를 어지럽히는 투기 문화, 학벌 숭배 문화, 과도한 사치성 욕망 소비 등에 대해서 신앙인들만이라도 동참하지 말아야 합니다. 그런 것에 동참하지 않고 새로운 문화를 창조하고 살아냄을 통하여 하나님을 인생의 주인으로 고백하는 신앙의 품격을 증거해야 합니다. 한국 선교 초기에는 술 담배 문제를 가지고 선교사님들이 신앙인들의 품격을 드러낼 것을 요청하셨다면 이제는 그것보다 상향 조정된 또 다른 모습들이 필요하다고 생각됩니다. 선교사님의 초기 목회는 너무도 시의적절하고 타당한 목회였다는 생각이 듭니다. 그런데 140년이 지난 오늘날에 이르기까지 여전히 예수 믿는 사람들과 믿지 않는 사람들을 구분하는 기준이 술 담배를 하느냐, 하지 않느냐로 구분하고 있다면 그동안 한국 교회가 의미 있는 성장을 하지 못한 증거라고 생각합니다. 오늘날에는 한국 사회를 병들게 만들고 있는 투기 문화, 과도한 학벌 숭배 문화, 과도한 욕망의 문화에 지배받지 아니하고 절제하고 자족하는 삶을 살아냄을 통하여 하나님을 믿는 사람으로서의 증거를 보여주어야 한다고 봅니다. 이것이 한국 교회가 보여주어야 할 과제이자 성숙의 증거라고 생각합니다.

2장 14절을 보겠습니다.

그가 우리를 대신하여 자신을 주심은 모든 불법에서 우리를 속량

하시고 우리를 깨끗하게 하사 선한 일을 열심히 하는 자기 백성이
되게 하려 하심이라.

하나님이 우리를 구원하신 목적은 선한 일을 열심히 하는 백성이
되게 하기 위함입니다. 여기서 말하는 '선한 일'은 하나님의 일을 말
합니다. 하나님이 원하시는 일이 선한 일입니다. 우리가 하나님이 원
하시는 일을 열심히 행하는 하나님의 백성이 되게 하려는 것이 우리
를 구원하신 목적입니다. 그런 의미에서 우리가 진정 구원받은 하나
님의 백성이라면 하나님의 일을 열심히 해야 합니다. 그런데 하나님
의 일을 열심히 행하기 위해서는 전제가 충족되어야 합니다. 그것이
무엇입니까? 하나님이 원하시는 바가 무엇인지를 제대로 알아야 하
는 것입니다. 이것을 위해 우리가 하나님의 말씀을 배우는 것입니다.
그런데 하나님의 일이라는 말을 들으면 대부분의 신앙인들은 교회
중심적으로 하나님의 일을 생각하게 됩니다. 예배에 열심히 참석하
고 교회 봉사를 열심히 하고 전도도 열심히 하고 단기 선교도 다녀오
는 것을 하나님의 일로 생각하는 것입니다. 물론 이런 것도 하나님의
일이지만 하나님의 일은 그 이상이 되어야 합니다. 이웃 주민들과 좋
은 이웃으로 살아가는 것도 하나님의 일입니다. 세금을 정직하게 납
부하고 교통 법규를 잘 지키는 것, 거짓에 동참하지 않는 것도 하나
님의 일입니다. 정직하고 진실하게 살아가는 것, 연약한 자들을 돕는
것도 하나님의 일입니다.

저는 5층 건물 빌라에서 살고 있습니다. 1층은 필로티 주차장이고
2층부터 5층까지 총 8세대가 살고 있습니다. 저는 이곳에 이사 와서

만나는 이웃 분들에게 먼저 인사를 했습니다. 그런데 깜짝 놀란 사실이 빌라 주민들은 서로 인사를 하지 않았습니다. 어떻게 보면 전형적인 도시 문화라고 할 수 있습니다. 서로에 대한 무관심, 거리 둠을 당연하게 생각했습니다. 그런데 혼자서 계속 인사를 드렸습니다. 그러다보니 저의 인사를 받은 분들은 저에게는 인사를 하셨습니다. 그래서 지금은 빌라 모든 분들이 인사하고 지냅니다. 저는 501호에 살고 있는데 바로 아래 401호와 402호는 할머니 혼자서 살고 계십니다. 402호 할머니는 저희 어머니와 동갑이신데 도움이 필요하실 때마다 전화를 하십니다. 전등이 고장 나거나 보일러가 작동하지 않으면 저에게 전화를 하십니다. 저는 사실 기계치입니다. 그런데 내려가서 보면 단순 문제일 때가 대부분입니다. 할머니는 제가 대단한 능력을 가진 사람이라고 생각할지도 모르겠습니다. 할머니는 음식을 준비해 놓고도 저에게 전화해서 가져가라고도 하십니다. 그러면 저희 가족들은 감사히 먹고 며칠 후에 할머니께 드릴 음식을 가지고 또 내려갑니다. 늘 주고받고 주고받고의 모습들이 반복됩니다. 삭막한 도시에서도 이렇게 좋은 이웃들과 인사하며 살아갈 수 있다는 것이 감사한 일입니다.

진짜 하나님이 원하시는 일은 종교의식적인 것으로 제한될 수 없습니다. 우리가 하나님의 백성임을 드러내야 할 곳은 일상의 삶이고 사회 한복판입니다. 주위에 살고 계신 분들과 좋은 이웃이 되는 것, 쓰레기를 정해진 시간대에 잘 버리는 것, 재활용을 잘 분리하는 것, 다른 이웃에게 불편하지 않도록 주차를 하는 것, 이런 것들이 진짜 하나님이 원하시는 일들입니다. 우리는 하나님의 뜻, 하나님의 일이라는 것을 교회 중심적으로만 생각하는 경향이 있습니다. 교회 중심으로 살아가는 직업적인 목회자들에게 그런 교육을 받았기 때문에 그렇습니다. 그러나 그렇지 않습니다. 종교의식에 최선을 다하는 것은 기름을 주유하는 것과 같습니다. 기름을 주유하는 목적이 어디에 있습니까? 도로에서 잘 달리기 위해 기름을 주유하는 것 아닙니까? 우리가 종교의식에 최선을 다하는 이유는 일상의 삶에서 신실하게 살아가기 위함입니다. 한국의 신앙인들은 교회 안에서의 생활은 거의 100점에 가깝습니다. 그러나 일상에서는 하나님의 주인 되심을 드러내지 못하고 있습니다. 일상에서 살아내는 그것이 진짜 신앙입니다. 교회는 교인들이 일상의 삶에서 하나님의 백성으로 신실하게 살아갈 수 있도록 응원하고 도와주어야 합니다. 다시 한 번 기억해야 할 것은 하나님께서 우리를 구원하신 목적은 하나님의 일을 열심히 잘 감당하는 백성 되게 하기 위함입니다. 그 목적을 위해 하나님께서 우리를 부르신 것입니다. 이것을 기억하며 일상에서 하나님의 뜻을 이루어내는 일에 더욱 힘을 집중할 수 있기를 소망합니다.

3장에서 바울은 디도에게 이단에 속한 사람을 한두 번 훈계한 후에 멀리하라고 말합니다. 3장 9절과 10절입니다.

그러나 어리석은 변론과 족보 이야기와 분쟁과 율법에 대한 다툼은 피하라 이것은 무익한 것이요 헛된 것이니라 이단에 속한 사람을 한두 번 훈계한 후에 멀리하라.

이는 이단에 빠져 있는 사람들과 지나친 논쟁에 휘말리지 말라는 것입니다. 이 말씀을 문자 그대로 받아들이면 신천지나 하나님의교회 같은 이단에 빠진 사람들과는 만나지 말라는 것으로 해석될 수 있습니다. 이렇게 문자적으로 해석하는 것이 올바른 자세일까요? 바울이 믿음의 아들인 디모데와 디도에게 이런 말을 하는 이유를 살펴봐야 합니다. 당시 디모데와 디도가 모두 연소한 사람들입니다. 즉 나이가 어리고 목회 경험이 많지 않은 목회자였습니다. 한마디로 베테랑이 아니었습니다. 디모데나 디도가 바울을 따라오려면 아직 많이 배워야 하는 사람들이고 더 많은 훈련을 해야 하는 사람들입니다. 이런 상황에서 디모데와 디도가 이단에 빠져 있는 사람들과 만남을 가지고 대화하게 될 때 이단에 빠진 사람들을 충분히 설득시켜 빼내올 수 있을까요? 아마도 쉽지 않을 것입니다. 그런 상황에서 바울은 지금 이러한 조언을 하고 있는 것입니다. 만약 바울이 베테랑 목회자에게 편지를 보냈다면 '이단에 빠진 사람들을 끝까지 설득해서 구해내라'고 말했을 수도 있습니다. 바울이 지금 누구에게 이 말을 하고 있는가를 잘 살펴봐야 하는 것입니다. 우리가 성경을 문자적으로 해석하는 것이 위험한 이유가 바로 여기에 있습니다. 이 말씀이 누구를 대상으로 주어진 말씀인가를 망각하게 되면 완전히 잘못된 적용을 할 수가 있습니다. 말의 의미를 제대로 해석하기 위해서라도 이 말이 누구를 대상으로 하는 말인지, 이 말을 하고 있는 이유와 목적이 무엇인지를 잘 살펴봐야 합니다. 바울의 믿음의 아들이었던 디모데나 디도는 연소한 사람들이었고 더 많은 훈련이 필요한 목회자였습니다. 그래서 바울은 이들에게 이단에 빠진 사람들에게는 한두 번 훈계를 하되 그들이 듣지 않는 경우에는 그들과 멀리할 것을 조언한 것입니다.

또 다른 측면에서 볼 때 바울의 편지를 받는 수신인이 베테랑 목회자라고 하더라도 저는 바울이 이단에 빠진 사람들과 지나친 논쟁에 휘말리지 말라고 했을 것 같습니다. 왜 그럴까요? 보통 이단에 빠진 사람들은 매뉴얼대로 말하고 행동합니다. 매뉴얼대로만 사고하고 매뉴얼대로만 말하기 때문에 아주 고집스럽습니다. 이 고집은 매뉴얼을 벗어나지 않고자 하는 고집입니다. 정통 교회에 소속된 신앙인이 신천지에 빠진 교인과 일대일의 논쟁을 하게 된다면 누가 이 논쟁에서 이길까요? 최근 들어 신천지는 공격적으로 포교 활동을 하고 있습니다. 저는 그런 편지를 받아본 적이 없는데 주변의 목사님들 중에 신천지로부터 편지를 받은 분들이 많이 계십니다. 그런데 편지 첫머리에 발신자의 자기소개가 있는데 자기가 어디 교회를 다니는 집사라고 말한다고 합니다. 그러면서 편지의 핵심은 '목사님이 구원받았으면 좋겠어요'라고 하면서 '목사님과 대화를 나누고 싶어요'라는 것입니다. 대부분의 목사님들은 이 편지가 신천지에서 왔다는 것을 알게 되는 순간에 바로 쓰레기통에 넣는다고 하십니다.

제가 볼 때 신천지에 빠진 사람과 일반 교인이 만나서 성경에 대한 이야기를 나누게 되면 거의 대부분 일반 교인들이 밀릴 거라고 생각됩니다. 일단 신천지에 속한 사람들이 성경의 여러 구절들을 자유자재로 인용하는 것에 주눅이 들 가능성이 높습니다. 신천지에서 교육을 받고 수료를 하면 정식적으로 신천지 멤버가 된다고 합니다. 그런데 수료 조건이 아주 까다롭습니다. 짧으면 6개월에서 길게는 1년 동안 매주 세 번씩, 한 번에 3시간씩 성경을 공부합니다. 매주 9시간씩 6개월에서 1년을 공부하는 것입니다. 그리고 시험을 쳐서 통과를 해야만 수료가 가능합니다. 이런 사람들과 논쟁에서 이길 수 있는 교인들이 얼마나 되겠습니까? 일반 교인들 중에 이렇게 치열하게 말씀을 공부하는 사람들이 얼마나 되겠습니까? 논쟁에서 그들을 이기거나 그들을 말씀으로 설득시켜 내는 것은 정말 쉽지 않습니다. 그런데 설령 말씀으로 충만하고 무장된 성도라고 할지라도 신천지에 빠진 사람을 설득시켜내는 것은 쉽지 않습니다. 왜 그렇습니까? 이단에 빠진 사람들은 자기 이야기만 하지 다른 사람들의 이야기를 경청하지 않습니다. 이단에 빠진 사람들은 매뉴얼대로 사고하고 매뉴얼대로 말합니다. 그 원칙을 벗어나지를 않습니다. 자기가 알고 있는 그것을 벗어나지 않기 위해서 아주 고집스러울 뿐만 아니라 상대방의 이야기를 절대로 경청하지 않습니다. 그래서 이단에 빠진 사람들을 건져 내려고 해도 듣지를 않기 때문에 쉽지가 않습니다. 그래서 듣지 않고자 하는 자들에게 더 이상의 이야기를 하지 말라는 맥락으로 바울의 말을 이해할 수도 있는 것입니다. 우리 주님도 '들을 귀 있는 자는 들어라'고 말씀하시지 않으셨습니까? 들을 귀가 있는 자에게만 말씀은 생명의 말씀이 되는 것입니다.

3장 12절에서 바울은 디도에게 이렇게 말합니다.

내가 아데마나 두기고를 네게 보내리니 그 때에 네가 급히 니고볼리로 내게 오라 내가 거기서 겨울을 지내기로 작정하였노라.

우리는 계속해서 바울이 믿음의 아들들에게 '어서 와라', '속히 와라', '급히 오라'고 간청하는 목소리를 듣게 됩니다. 얼마나 바울이 만남에 대한 간절한 열망이 있었는가 하는 것을 볼 수 있습니다. 바울은 믿음의 아들인 디모데와 디도에게 급히 올 것을 부탁하고 있습니다. 디도서도 바울 노년에 쓴 편지입니다. 바울은 지금 언제 죽을지 모르는 상황입니다. 그러니 죽기 전에 얼굴이라도 한번 보고자 하는 부모의 마음이 여기에서 느껴집니다.

마지막으로 빌레몬서를 보겠습니다. 빌레몬서는 그리스도인의 형제 사랑의 극치를 보여주는 서신입니다. 기독교 신앙은 형제 사랑을 촉구합니다. 이것은 신앙인 모두에게 상식 같은 이야기입니다. 그렇다면 형제 사랑의 범위가 누구에게 어느 정도까지 해야 하는 것인가요? 바울은 빌레몬에게 노예인 오네시모에게 형제 사랑을 보여줄 것을 요청합니다. 이러한 요청의 혁명성을 이해하기 위해서는 당시 사회에서 노예가 어떤 대접을 받았는지를 주목해야 합니다. 바울 당시 노예는 사람으로 인정받지 못했습니다. 노예는 인간의 말을 하는 짐승이고 일만 하는 기계로 인식이 되었습니다. 그런 노예를 형제로 대하라는 것입니다. 이것이 빌레몬서를 통해서 바울이 말하고자 하는 주장입니다. 그래서 빌레몬서는 형제 사랑의 극치를 보여주는 서신이라고 말할 수 있습니다.

조선 땅에 복음을 전해주었던 해외 교단 가운데 미국의 남장로교와 북장로교, 남감리교와 북감리교가 있습니다. 장로교와 감리교가 남북으로 나뉘어서 조선 선교를 하였습니다. 왜 미국 안에서 장로교와 감리교가 남북으로 나뉘게 된 것일까요? 1860년에 있었던 미국의 남북 전쟁 때문입니다. 남북 전쟁을 하게 되면서 남쪽에 있던 장로교회는 남장로교가 된 것이고, 북쪽에 있던 장로교회는 북장로교가 된 것입니다. 재미있는 것은 노예제 폐지를 주장했던 북쪽과 노예제 지속을 주장했던 남쪽 모두가 빌레몬서를 자신들의 주장의 근거 본문으로 제시했다는 것입니다. 노예제를 지지하거나 반대하는 것은 정반대의 입장을 드러내는 것 아닙니까? 그런데 상반된 두 주장을 펼쳤던 남쪽과 북쪽 모두가 빌레몬서를 강조했다는 것이 참으로 아이러니합니다. 어떻게 이런 일이 가능했을까요? 우리는 '노예를 형제로 대하라'는 빌레몬서 같은 본문은 노예제 해방을 주장했던 사람들이 좋아할 본문이라고 생각하기 쉽습니다. 그런데 노예제를 지지했던 사람들도 빌레몬서를 좋아합니다. 그 이유가 무엇일까요? 노예제를 지지하는 사람들은 빌레몬서를 가지고 이렇게 주장했습니다. 바울은 노예를 형제로 대하라고 했지 노예 제도를 폐지하라고 말하지 않았다는 것입니다. 성경은 노예를 형제로 대해주라고 말하지 노예 제도를 폐지하라고 하지는 않았다는 것이 노예제를 찬성했던 사람들의 입장입니다. 반대로 노예제를 반대했던 사람들은 노예를 형제로 대하라는 말은 더 이상 그 사람을 노예로 부려먹지 말라는 이야기이니 이것은 노예제를 폐지하라는 것이라고 주장했습니다. 이것이 노예제를 반대했던 사람들의 주장입니다. 이처럼 노예제를 찬성한 사람과 반대한 사람 모두가 자신들의 주장의 근거 본문으로 빌레몬서를 사용한 것입니다.

사실 바울은 노예제의 제도적인 폐지보다는 실제적인 관계의 전환을 촉구했습니다. 바울은 '노예 제도를 폐지하라'고 주장하지는 않았습니다. 그러나 실제적인 관계의 전환을 요청합니다. 노예 제도를 폐지하는 것이 중요할까요, 실제적인 관계의 전환을 이루어내는 것이 중요할까요? 우리나라는 1894년 갑오개혁을 통해 신분제를 폐지했습니다. 그런데 신분제를 폐지했다고 해서 종들이 사라졌습니까? 그렇지 않습니다. 오랜 시간 부유한 집에서는 여전히 종들이 있었습니다. 신분제도는 폐지되었지만 여전히 종과 같은 역할을 했던 존재들이 있었습니다. 형태나 호칭은 달라졌지만 기존의 형태는 계속 유지되었던 것입니다. 노예 제도를 폐지한다고 했을 때도 이런 모습들이 발생할 수 있습니다. 주인들이 노예를 짐승 취급하는 모습은 사라지겠지만 여전히 힘 있는 사람들은 누군가를 무시하고 하대하며 부려먹는 새로운 형태의 질서가 탄생하게 될 것입니다. 그렇게 되면 형태나 호칭만 바뀌었을 뿐 여전히 노예 제도는 지속되는 것과 마찬가지라고 할 수 있습니다. 진짜 중요한 것은 제도의 폐지보다는 실제적인 관계의 전환입니다. 주인 입장에서는 자신이 그동안 인간 취급하지 않았던 노예를 이제는 하나의 인격체로 존중히 여기는 것이 중요합니다. 제도의 변화보다 실제적인 존경, 사랑, 배려와 같은 새로운 관계 맺음이 더욱 중요한 것입니다. 바울 당시 주인과 종의 관계는 넘을 수 없는 담이었지만 기독교 신앙은 이 담을 넘어 새로운 관계 맺음을 요청했습니다.

1장 10절에서 바울은 이렇게 말합니다.

갇힌 중에서 낳은 아들 오네시모를 위하여 네게 간구하노라.

바울이 무엇을 간구합니까? 종이었던 오네시모를 형제로 대해달라는 것입니다. 골로새서에서 오네시모에 대해 설명했던 것을 기억하는지요? 한국 교회에서는 오네시모를 빌레몬이라는 주인에게서 도망친 노예로 봅니다. 그런데 골로새서 4장 9절에 보면 바울은 '너희에게서 온 오네시모를 내가 돌려보낸다'고 말합니다. 만약 오네시모와 바울이 감방 동기라면 어떻게 바울이 오네시모를 자기 마음대로 보낼 수 있을까요? 그래서 많은 학자들은 오네시모를 바울의 동역자였던 빌레몬이 감옥에 있는 바울을 섬기도록 보낸 종이었을 거라고 봅니다. 바울을 섬기도록 온 오네시모는 바울과 함께 생활하면서 기독교 신앙을 배우게 됩니다. 그러면서 자연스럽게 바울의 동역자가 된 것입니다. 그래서 바울은 빌레몬에게 이제 오네시모를 더 이상 종이 아니라 그리스도 안에서 형제로 대해줄 것과 동역자로 인정해 줄 것을 요청한 것입니다. 이렇게 학자들은 빌레몬서를 이해합니다. 저는 둘 중에 하나일 것이라고 봅니다. 오네시모는 빌레몬에게서 도망친 노예일 수도 있고, 빌레몬이 감옥에 있는 바울을 섬기라고 보낸 종일 수도 있습니다. 주목해야 할 것은 바울은 당시의 관점으로 볼 때 생명 있는 도구에 불과했던 노예를 한 인간으로, 더 나아가 그리스도 안에서 한 형제로 존중해 줄 것을 부탁했다는 것입니다. 16절입니다.

이 후로는 종과 같이 대하지 아니하고 종 이상으로 곧 사랑 받는 형제로 둘 자라 내게 특별히 그러하거든 하물며 육신과 주 안에서 상관된 네게라.

바울의 이러한 말은 당시의 맥락에서는 정말 충격적인 주장입니다. 이 말씀에 순종하는 사람들이 많아지게 된다면 노예와 주인의 관계는 형제적인 우애 관계로 바뀔 수밖에 없습니다. 그렇게 되면 자연스럽게 노예 제도 자체가 유지되기가 어려워지게 됩니다. 바울은 노예 제도를 폐지하라고 주장하지는 않았지만 인간의 말만 하는 짐승이나 일만 하는 기계라고 생각했던 노예를 형제로 대해줄 것을 촉구합니다. 지금까지 노예에 대해 보였던 주인의 자세와 태도를 혁명적으로 변화시켜낼 것을 요청하고 있는 것입니다. 바울의 권면처럼 빌레몬이 오네시모를 그리스도 안에서 한 형제로 대하게 되면 두 사람의 관계 안에서는 실제적으로 노예 제도가 폐지된 것과 마찬가지라고 할 수 있습니다. 한국 교회 초기에도 이와 유사한 일들이 많이 있었습니다.

이 땅에 기독교 복음이 들어왔을 당시에 조선 사회는 신분제 사회였습니다. 주인과 종 사이에는 도저히 건널 수 없는 높은 담이 있었습니다. 그러나 교회는 주인과 종을 가로막고 있던 담을 무너뜨리고 주인과 종이 서로를 형제로 부르도록 하였습니다. 종의 입장에서 이얼마나 놀라운 상황입니까? 종들은 교회 가는 것이 너무나도 좋았을 것입니다. '주인님'이라고 부르던 사람을 '형제'로 부를 수 있으니 얼마나 어색하면서도 행복했겠습니까? 그런데 주인들은 교회 갈 때마다 황당하기도 하고 곤혹스럽기도 했을 것입니다. 집에서는 '주인님 주인님'하던 종이 교회만 가면 자기 어깨를 툭툭 치면서 '형제님, 형제님' 하니 때로는 마음이 힘들었을 것입니다. 그럼에도 불구하고 교회는 신분제라는 견고한 담을 무너뜨리기 위해서 각고의 노력을 했습니다. 반상의 위계가 견고하게 존재하던 상황에서도 교회의 어른을 선출하는 장로 선거에서 양반과 천민이 경쟁하여 천민이 장로가 되는 경우도 많았습니다.

김제 금산교회 조덕삼과 이자익의 경우에도 장로 선거에서 주인이었던 조덕삼이 아닌 마부였던 이자익이 장로로 선출되었습니다. 나이도 훨씬 많았던 조덕삼이 '이것은 하나님의 뜻입니다'라며 그 결과를 묵묵히 받아들였습니다. 이런 일이 가능했던 이유가 무엇입니까? 조덕삼이 예수를 믿으면서 인생의 주인을 바꾸었기 때문입니다. 조덕삼이 여전히 성리학이라는 이데올로기를 붙잡고 있는 사람이었다면 가부장제나 신분제나 연장자 우선주의를 뛰어넘을 수 없었을 것입니다. 그러나 예수 그리스도를 자기 인생의 주인으로 모시게 되는 순간부터 성리학의 이데올로기를 뛰어넘는 새로운 실천과 삶을 살아내게 된 것입니다. 이것이 참된 신앙인의 삶임을 기억해야 하겠습니다.

Q 성경에는 거짓 선생이나 삯꾼을 분별하라는 말씀들이 많이 나오는데 현실 교회에서 이것을 분별하는 것은 결코 쉽지 않다는 생각이 듭니다. 목사님들이 선포하는 말씀도 성경적으로 옳은지 그렇지 않은지를 분별하는 것도 참으로 어렵습니다. 심지어 이상한 메시지에도 은혜를 받거나 회심하는 경우들도 보게 됩니다. 이런 현실을 어떻게 바라봐야 하는지에 대해 목사님의 생각을 듣고 싶습니다.

A 먼저 몇 가지 정리해보도록 하겠습니다. 첫째, 보통 목사님들에 대해 '하나님이 세우신 목자'라는 표현을 많이 쓰는데 사실 목사들은

하나님이 세우신 것이 아닙니다. 교단이 임명한 것입니다. 그리고 오늘날 대부분의 교단은 엄격한 기준과 판단에 의해서 목회자를 임명하지 않습니다. 대부분의 신학교들이 미달인데 누구나 입학 원서를 내면 입학이 가능합니다. 그리고 3년의 시간이 지나면 대부분 졸업하고 졸업한 사람들 대부분은 목사 고시를 통과하여 목사로 안수 받게 됩니다. 비인가 또는 무허가 신학교에서 안수 받고 사역하는 목사들도 참으로 많습니다. 누군가 목사라는 타이틀을 가지고 있다고 해서 그 목사를 하나님이 세우셨다고 생각하시거나 하나님이 인정하신 하나님의 종으로 단정해서는 안 됩니다. 교단이 목사를 임명할 때 디모데전후서나 디도서에 기술된 것처럼 엄격한 판단 기준에 근거해서 목사를 세우고 있나요? 전혀 그렇지 않습니다. 제가 볼 때 오늘날 한국 교회의 목사들을 대상으로 성경 시험을 보면 평균 점수가 50점도 되지 않을 것이라고 봅니다. 더욱이 오늘날 목사들이 정말 선한 일을 하고 있습니까? 혹여나 더러운 이익을 취하고 있지는 않습니까? 그들의 윤리 도덕적인 삶에 대해 면밀하게 조사하고 그들이 목회자로 세워진 것인가요? 하나님께서 목사들을 세우셨다면 그 모든 것들을 철저하게 조사하셨을 것입니다. 그래서 자격이 안 되는 사람들은 세우지 않으셨을 것입니다. 그런데 오늘날 너무나 많은 교단들이 돈벌이 수단으로 목사 안수를 남발하고 있습니다. 그래서 저는 성도들이 목회자에 대해서 습관적으로 말하는 '하나님이 세우신 목사'라는 표현은 옳지 않다고 봅니다.

둘째, 하나님께서 설령 목사로 세우셨다고 해도 목사의 모든 말이 하나님의 말씀인가요? 전혀 그렇지 않습니다. 하나님에 의해 세워졌기 때문에 목사는 하나님의 말씀만을 선포해야 하는 것입니다. 그러나 현실 세계에서 목회자는 하나님의 말씀보다는 자기의 생각이나 자기가 선호하는 이념이나 자기의 욕망을 하나님의 뜻인 것처럼 포장하여 말하는 경우들이 많습니다. 그것을 성도들은 분별할 수 있어야 합니다. 그리고 목사가 잘못된 길로 나아갈 때는 목사에게 돕는 배필이 되어주어야 합니다. 그 역할을 하라고 하나님께서 목사와 성도를 만나게 하신 것입니다. 성도들은 목회자가 세움 받은 그 목적에 부합하는 사역을 하고 있는가를 잘 살펴야 하는 것입니다. 국가에 대한 입장도 마찬가지입니다. 하나님이 한 정치 지도자에게 권력을 위임하셨다고 해서 지도자가 행하는 모든 정책에 대해 우리가 지지해야 되는 것은 아닙니다. 하나님이 국가를 세우시고 누군가에게 권세를 허락하실 때 하나님이 기대하시는 바는 무엇입니까? 권선징악을 행하는 하나님의 일꾼, 하나님의 사자가 되기를 기대하시는 것입니다. 따라서 이 땅에 있는 권세는 하나님이 세우신 본래의 목적에 걸맞게 권세를 행사해야 합니다. 국민들은 권세를 행하는 지도자가 그렇게 권세를 사용하고 있는가에 대해 분별해야 하는 것입니다. 교회도 마찬가지입니다. 하나님께서 목사를 세우시는 이유와 목적이 어디에 있습니까? 하나님의 말씀을 제대로 선포하고 성도들을 제대로 목회하라고 세우신 것입니다. 그렇다면 세움 받은 목회자가 하나님이 세우신 그 목적에 걸맞게 하나님의 말씀을 제대로 선포하고 있는지, 교인들을 제대로 목회하고 있는지를 살펴야 하는 것입니다. 하나님이 그를 세우셨다고 해서 그가 행하는 모든 일들이 하나님의 일은 아닌 것입니다. 우리는 그가 하나님의 일을 행하고 있는지를 분별해야 합니다.

셋째, 개신교의 정체성을 분명히 하는 것이 필요합니다. 우리는 사제중심주의를 강조하는 가톨릭이 아닙니다. 가톨릭과 개신교의 가장 중요한 차이가 어디에 있습니까? 가톨릭은 사제중심주의를 말하고, 개신교는 만인사제를 강조합니다. 그런데 오늘날 한국 교회에서 만인사제가 제대로 구현되고 있지 못합니다. 만인사제는 종교 개혁 기간에만 언급할 뿐입니다. 평소에는 가톨릭처럼 목사중심주의의 구조를 가지고 있습니다. 신부가 있던 자리에 목사가 앉아 있는 것만 다를 뿐 구조는 동일합니다. 대부분의 성도들은 목사가 없으면 예배를 드릴 수 없는 것처럼 생각합니다. 목사를 통해서 하나님의 복을 받을 수 있는 것처럼 생각합니다. 하나님과 성도 사이에 목사라는 중간매개자가 꼭 있어야 하는 것처럼 생각하며 목사 의존적이고 목사 의지적이며 목사를 절대화하는 경향이 너무도 강합니다. 이것은 개신교의 정체성에 비춰봤을 때 결코 올바른 태도가 아닙니다. 개신교는 그리스도의 몸 된 교회를 이루고 있는 성도 한 사람 한 사람이 왕 같은 제사장임을 인정합니다. 우리가 이것을 인정한다면 어떻게 목사만 하나님께 세움 받았다고 말할 수 있겠습니까? 성도들이 자신이 제사장임을 기억하며 신앙의 평균 수준을 높이는 일에 힘써야 할 것입니다.

Q 성경 말씀이 가부장제와 노예제가 지배하던 상황에서 쓰여진 것이기 때문에 성경이 가부장제와 노예제를 수용하는 것처럼 비춰진다고 말씀하셨습니다. 그렇다면 성경의 말씀은 당시의 문화와 질서에 대해서 수용만 한 것인가요? 당시의 문화를 변화시켜내기 위한 노력은 없었는지가 궁금합니다.

A 성경은 신분제와 가부장제라고 하는 것이 강력하게 자리 잡고

있던 사회를 향해 하나님의 말씀을 선포한 것입니다. 성경의 말씀을 통해 신분제와 가부장제와 같은 질서가 만들어진 것이 아닙니다. 한 번 생각해 보십시오. 만약 신분제가 강력하게 힘을 발휘하고 있는 한 사회 안에서 '모든 인간은 평등하다', '신분제를 없애야 한다'는 주장을 하게 되면 기독교 신앙이 싹을 피울 수 있었을까요? 그 땅에 연착륙하는 것이 쉽지 않았을 것입니다. 가부장제에 대해서도 마찬가지입니다. 처음부터 '남자와 여자는 하나다'라는 주장을 하게 되면 남자들은 기독교라고 하는 신앙의 싹이 태동하지 못하도록 철저하게 짓밟아버리려고 했을 것입니다. 그런 의미에서 보면 성경은 그 사회가 수용할 수 있는 이야기를 먼저 선포합니다. 그러나 그 선포 안에는 혁명적인 내용이 포함되어 있습니다. 예를 들면 '남자와 여자가 하나님의 형상대로 지음받았다'라는 말 속에는 사실은 가부장제에 대한 저항이 담겨 있습니다. 남자가 하나님의 형상으로 지음 받은 존귀한 존재임을 강조하면서 동시에 여자도 하나님의 형상대로 지음 받은 존귀한 존재임을 강조하기 때문입니다. 가부장제를 옹호하는 듯한 말씀도 있지만 가부장제를 근본적으로 뒤흔드는 말씀도 섞여 있습니다. 그러면서 자연스럽게 여성뿐만 아니라 남성들 중에서도 신앙을 받아들이는 사람들이 생겨나게 된 것입니다.

구약과 신약 성경 모두가 하나님의 말씀이지만 구약과 신약을 우리는 계시의 발전이라는 맥락에서 이해해야 합니다. 예를 들면 구약에 있는 말씀과 신약에 있는 말씀이 충돌하는 경우가 있습니다. 예수님도 '너희가 이렇게 들었으나 나는 너희에게 이렇게 말한다'고 하셨습니다. 하나님의 말씀은 계시를 수납하는 사람들의 수준을 고려하여

주어집니다. 하나님의 말씀을 듣는 이들이 성장하고 성숙되어 질수록 하나님께서도 당신의 본심을 더욱 분명하게 드러내시는 것입니다. 예수님의 말씀이 바로 그런 것입니다. 정리해보면 하나님의 말씀은 그 시대의 질서를 수용하는 듯 보이지만 그 안에서는 혁명적인 전복의 메시지가 내포되어 있습니다. 그것이 서서히 연착륙할 수 있는 방식으로 말씀이 주어지다가 중요한 카이로스의 때가 되었을 때 하나님의 본뜻이 보다 분명하게 드러나는 방식으로 선포되는 것입니다.

Q 제가 다니는 교회에서는 성도 간의 교제가 잘 이루어지지 않고 있습니다. 이런 문제를 해결하기 위해 개인적으로 수고를 많이 해봤는데 교인들은 성도의 교제에 대해 별로 관심이 없는 상황입니다. 이런 상황에서 제가 어떻게 해야 좋을지 조언을 구합니다.

A 우리가 말씀과 정직하게 대면하게 되면 교회의 본질에 대해 고민하지 않을 수 없습니다. 성경이 말하는 교회의 모습과 오늘 우리가 속해 있는 교회의 모습을 비교하면서 극복해야 할 과제들도 발견하게 되고 그런 과제들을 해결하기 위해 지혜도 모으고 함께 실천도 하면서 올바른 교회를 세워나가기 위해 분투하게 될 것입니다. 그런데 오늘날 많은 신앙인들은 교회를 예배드리러 가는 곳으로 생각할 때가 많습니다. 만약 교회가 예배를 드리러 가는 곳이라면 온라인 문화가 발달한 이 시대 속에서는 집에서 예배를 드려도 전혀 문제가 되지 않을 것입니다. 분명히 아셔야 할 것은 교회는 예배드리러 가는 곳이 아닙니다. 교회는 함께 마음모아 예배를 드림과 동시에 성도들과 아름다운 교제를 나누기 위해 가는 것입니다. 예배드림 자체가 목적이

라면 집에서 드려도 문제되지 않습니다. 그런데 우리가 정성을 들여 교회당에 가는 이유는 그리스도의 한 몸 됨을 이루고 있는 지체들을 만나기 위해서 가는 것입니다. 지체들과 함께 밥을 먹고 차를 마시며 삶을 나누는 일, 때로는 필요한 책망도 하고 권면도 하고 조언도 하기 위해 우리는 교회에 가는 것입니다. 따라서 이러한 성도의 교제가 이루어지지 못하고 있다면 교회에 굳이 가야 할 이유가 있을까요? 사실 성도의 교제를 누리지 못한다면 그 사람에게는 교회가 없는 것입니다. 성도 간의 교제가 이루어지지 않는다면 교회다움은 깨져버린 것입니다.

이런 안타까운 현실을 타개하고자 자매님이 노력을 많이 하셨는데 다른 성도님들은 성도 간의 교제에 대해 관심이 없으시다면 자매님이 할 수 있는 일은 거의 없다는 생각이 듭니다. 이런 현실에서 자매님이 무엇인가를 하고자 할 때 호응해주시는 분들도 계시겠지만 많은 분들은 무관심 내지는 변화를 싫어하는 분들도 나타날 것입니다. 교회의 변화를 위한 실천을 해보시면 아시겠지만 교회 안에서 문제의식을 가진 사람들은 항상 소수입니다. 대다수의 교인들은 지금 이대로가 더 좋은 경우들이 많습니다. 문제의식을 가진 사람들은 좋은 마음으로 어떤 변화를 주기 위해 노력합니다. 그러나 내가 어떤 실천을 하려고 하는 순간 어떤 분들은 내가 하고자 하는 바를 부담스러워합니다. 심한 경우에는 반대하기도 합니다. 내부적으로 잘못된 모습을 고칠 수 있다면 그것이 가장 바람직합니다. 그런데 기독교 2천년 역사를 볼 때 잘못된 내부의 문제가 아름답게 개혁된 경우는 많지 않습니다. 이것이 세계교회사의 교훈입니다. 그래서 항상 새 포도주는 새 부대를 만들게 된 것입니다.

초대 교회가 처음부터 유대교에서 나오려고 했던 것은 아닙니다. 루터나 칼빈이나 츠빙글리가 처음부터 가톨릭에서 나오려고 했던 것이 아닙니다. 모두가 내부를 변화시켜내고자 했습니다. 그런데 그 잘못된 체제 안에 있는 기득권자들은 절대로 체제를 흔드는 것을 용납하지 않습니다. 오늘날 한국 교회에서 일어나고 있는 개혁 운동이나 갱신 운동이 아름다운 열매를 맺지 못하는 이유도 바로 여기에 있습니다. 문제 있는 목회자의 탈선으로 인해 개혁 운동의 깃발이 높이 들리게 될 때 모든 교인들이 참여를 하던가요? 절대 그렇지 않습니다. 기존의 체제를 사수하고자 하는 사람들이 훨씬 많습니다. 그 교회가 소속된 노회나 교단은 상식적이고 신앙적인 판단을 내리던가요? 대부분의 경우에는 부패하고 타락한 자들과 한편이 되어 있습니다. 헌 부대에 있는 헌 포도주들은 전혀 문제의식을 갖고 있지 않습니다. 새 포도주가 되고자 하는 사람들은 새 포도주를 담을 수 있는 새 부대를 만들어야 합니다. 절대로 헌 부대가 새 부대가 되지는 않습니다. 이렇게 말씀드릴 수밖에 없다는 것이 저도 참으로 안타깝습니다.

Q 바울 후기 서신들은 바울의 제자나 후계자들이 편집한 것이라고 주장하는 학자의 책을 읽은 적이 있습니다. 이런 후기 서신들도 바울 서신의 기본이 되었다고 봐야 하겠죠?

A 신학을 전공하지 않은 집사님께서 이런 질문을 하시니 신선합니

다. 개론서 정도의 신학 책들을 교인들이 기본적으로 독서할 수 있는 토양이 속히 현실이 될 수 있기를 기대합니다. 질문하신 것처럼 바울을 전공하는 신학자들은 디모데전후서나 디도서를 바울 후기 서신으로 봅니다. 후기 서신을 다른 말로 제2바울 서신이라고도 합니다. 바울의 편지를 바울 서신과 제2바울 서신으로 구분하는 것입니다. 한국 교회에서는 보통 13권의 서신서를 바울 서신으로 분류합니다. 그런데 신학자들은 이것을 7개와 6개로 나눕니다. 7개는 진짜 바울이 쓴 편지이고, 6개는 바울이 죽은 다음에 바울의 후계자나 제자들이 쓰거나 편집한 편지로 이해합니다. 이 6개의 서신을 제2바울 서신 또는 후기 서신이라고 합니다. 이 6개 안에 디모데전후서와 디도서가 들어갑니다.

많은 신학자들이 디모데전후서나 디도서는 바울이 직접 쓴 편지가 아니라고 봅니다. 2세기 초중반에 바울의 후계자 가운데 누군가가 바울의 이름을 빌려 디모데와 디도에게 편지를 보내는 형식으로 목회 서신을 썼다고 봅니다. 이렇게 보는 이유가 무엇일까요? 가장 중요한 것은 서신에 사용된 단어 가운데 2세기에 만들어진 신조어들이 있다는 것입니다. 한글 번역 성경을 읽는 사람들은 이것을 알 길이 없습니다. 그러나 전문적으로 헬라어를 연구하는 성서학자들이 서신에 사용된 단어들을 조사한 결과 바울이 살았을 때는 존재하지 않았다가 2세기에 등장한 신조어가 있음을 발견한 것입니다. 2세기에 등장한 신조어를 1세기에 살았던 바울이 쓸 수는 없는 것 아니겠습니까? 이것이 바울이 직접 쓴 것이 아니라고 보는 가장 큰 이유입니다.

또 다른 이유는 디모데전후서와 디도서를 목회 서신으로 분류합니다. 이 편지에는 목회할 때 부딪히게 되는 여러 문제에 대한 실제적인 조언이 담겨 있습니다. 그런데 제2바울 서신을 주장하는 학자들은 이렇게 주장합니다. 바울이 디모데나 디도에게 편지를 보냈다면 아무리 늦어도 64년 이전에 보냈을 텐데 그때는 교회의 장로와 감독을 뽑는 선거와 같은 목회적 조언이 필요한 시기가 아니라는 것입니다. 감독이나 장로를 선출해야 하는 상황은 지역마다 많은 교회들이 세워지는 확장의 상황에서 있었던 일인데 이것이 1세기의 상황과는 맞지 않다는 것입니다. 나름 설득력 있는 주장이라고 생각합니다. 집사님께서 하신 질문의 핵심은 신학자들이 주장하는 것처럼 6개의 서신이 제2바울 서신이라고 하더라도 이것이 바울 서신을 기본으로 하는 것이 아니겠는가 하는 것입니다. 저도 그렇다고 생각합니다. 바울의 후계자들이 제2바울 서신을 기술했다고 할 때 평소 바울이 여러 교회에 보낸 편지와 양식, 내용을 따랐다고 볼 수 있습니다. 그것을 기본으로 하여 구체적인 상황 속에서 목회를 어떻게 해야 하는가에 대해 조언을 했고 그들의 조언 속에는 성령의 영감이 있었다고 볼 수 있습니다.